社会思潮怎么看 3

本书编写组　编

江苏人民出版社

图书在版编目（CIP）数据

社会思潮怎么看. 3 / 本书编写组编. -- 南京：江苏人民出版社, 2024.6

ISBN 978-7-214-27874-6

Ⅰ. ①社… Ⅱ. ①本… Ⅲ. ①马克思主义－意识形态－理论研究②社会思潮－研究－中国－现代 Ⅳ. ①A811.63②D092.7

中国版本图书馆CIP数据核字(2022)第258215号

书　　名	社会思潮怎么看 3
编　　者	本书编写组
责任编辑	汪思琪
特约编辑	贺银根
装帧设计	有品堂 宋永傲
责任监制	王　娟
出版发行	江苏人民出版社
地　　址	南京市湖南路1号A楼,邮编:210009
照　　排	江苏凤凰制版有限公司
印　　刷	江苏凤凰新华印务集团有限公司
开　　本	718毫米×1000毫米　1/16
印　　张	20.5
字　　数	263千字
版　　次	2024年 6 月第 1 版
印　　次	2024年 6 月第 1 次印刷
标准书号	ISBN 978-7-214-27874-6
定　　价	78.00元

（江苏人民出版社图书凡印装错误可向承印厂调换）

编者的话

意识形态工作是党的一项极端重要的工作，是为国家立心、为民族立魂的工作，事关党的前途命运、事关国家长治久安、事关民族凝聚力向心力。党的十八大以来，以习近平同志为核心的党中央高度重视意识形态工作，就意识形态领域的方向性、根本性、全局性重大问题作出一系列重大决策部署，推动意识形态工作取得历史性成就、发生历史性变革，意识形态领域形势发生全局性、根本性转变，全党全国各族人民文化自信明显增强、精神面貌更加奋发昂扬。同时要看到，新自由主义、历史虚无主义等思潮不断改头换面、企图软性传播，逆全球化、民粹主义、科技霸权主义等思潮愈演愈烈、持续发酵，各种风险挑战潜滋暗长。意识形态斗争这根弦必须始终绷紧，意识形态工作的领导权和主动权必须牢牢掌握。

为进一步加强对社会思潮的科学辨析和有效引导，中共江苏省委宣传部在组织编撰通俗理论读物《社会思潮怎么看》《社会思潮怎么看2》的基础上，再次组织编撰了《社会思潮怎么看3》。全书坚持以习近平新时代中国特色社会主义思想为指导，运用这一思想的世界观、方法论和贯穿其中的立场观点方法，跟踪研判社会思潮的新变化、捕捉分析社会思潮的新特点，致力于讲清楚如何看待、怎样辨析、怎么引导等问题，图文并茂、文风晓畅、说理透彻，集政治性、学术性和可读性为一体，是帮助党员干部群众和青年学生廓清思想迷雾、澄清理论是非的重要辅助读物。

第一章 如何看待新自由主义风光不再？

第二章
如何看待历史虚无主义的新表征?

第三章 如何看待全人类共同价值和“普世价值”的区别？

第四章
如何看待全球化、反全球化与逆全球化的博弈?

第五章
如何看待民粹主义思潮的蔓延？

第六章
如何看待科技思潮的兴起？

第七章
如何看待生态思潮的新趋势?

第八章
如何看待青年亚文化?

第九章 如何看待女权主义及其滥用？

第一章
如何看待新自由主义风光不再？

我们讲的供给侧结构性改革，同西方经济学的供给学派不是一回事，不能把供给侧结构性改革看成是西方供给学派的翻版，更要防止有些人用他们的解释来宣扬“新自由主义”，借机制造负面舆论。

——2016 年 1 月 18 日，习近平总书记在省部级主要领导干部学习贯彻党的十八届五中全会精神专题研讨班上的讲话在20世纪最后二十年里，新自由主义崛起并逐渐占据统治地位，这成为西方社会最引人瞩目的现象。新自由主义思潮几乎遍及世界政治、经济、社会、文化等发展的各个方面。一时间，整个世界似乎都可以看到新自由主义的魅影，听到新自由主义的规训，给饱受滞胀之苦的美英等国带来了经济发展的福音。然而，随着新自由主义谱系在西方世界多元化发展，以及“华盛顿共识”以国家意识形态形式在第三世界国家和后发国家广泛渗透，新自由主义的天生缺陷和制度弊端日益凸显，政治动机和别有用心图穷匕见。越来越多的国家和人民认识到新自由主义给世界带来的危害，将批判的矛头指向新自由主义。新自由主义在历史大势下影响式微，颓势明显，风光不再。

一、如何看待新自由主义主导下的西方和世界之乱?

“当今世界的变局百年未有，变革会催生新的机遇，但变革过程往往充满着风险挑战，人类又一次站在了十字路口。”[①] 在这个路口处演绎着一场制度比较的大戏。曾经以“民主”为楔子狂飙突进并掀起“第三波”民主化浪潮的新自由主义经历了过山车式的变化，从广泛接受、广为传播到备受质疑、困局显现，新自由主义价值效能的式微逐渐演化为“西方之乱”与世界失序的祸首。

（一）“西方之乱”与新自由主义主导下的治理失效

新自由主义将现实的人变为抽象的概念，鼓吹个人主义，并以其为逻辑起点。新自由主义一边崇尚个人自由，宣扬“天赋人权”，认为个人自由不可被剥夺；另一边却将个人自由与私有制相结合，处处维护资本方利益，否定集体主义与社会主义。基于此，新自由主义之

---

①《习近平谈治国理政》第三卷，外文出版社2020年版，第455页。

下，个人与集体之间存在不可逾越的鸿沟，人与人之间的合作交往也充斥着赤裸裸的利益关系，进而造成一系列社会危机。所以，新自由主义口中的“自由”，注定是片面而虚假的；其盛行之下的国家和地区的治理，也大多是失效的。

新自由主义主导下的治理强调“个人权利优先”，这种强烈的个人主义需要极其严苛的政治、经济和文化条件。在资本主义经济上升期，“小政府”的治理尚且有效。但随着经济危机到来，两极分化、福利萎缩，种族分裂、区域矛盾，产业分歧、工农商分化，等等问题日益显现，新自由主义在层出不穷的危机面前捉襟见肘、举步维艰。近年来发生的一系列政治、经济和公共危机使新自由主义标榜的市场原则和个人主义遭受空前质疑。“西方之乱”表现了新自由主义的治理窘境，而新自由主义主导下的治理失效则构成“西方之乱”的内在原因。

自“华盛顿共识”以降，美英两国成为西方发达国家践行新自由主义的先锋。在享受了新自由主义带来的红利后，2008 年金融危机的爆发使过往的经济红利迅速贬值，代之以频发的治理乱象、政坛恶斗和社会撕裂。

名词解释

新自由主义思潮：从一定时空范围上看，作为新自由主义理论轴心的新自由主义经济学，诞生于 20 世纪 40 年代。包括奥地利裔英国经济学家哈耶克（Friedrich August von Hayek）、奥地利学派的掌门人米塞斯（Ludwig Heinrich Edler von Mises），以及芝加哥学派的领军人物弗里德曼（Milton Friedman）等在内的著名经济学家，于 1947 年在瑞士的朝圣山成立了朝圣山学社。由此开启了新自由主义在世界的发展。新自由主义宣扬私人企业制度的优越性，强调市场机制能促使资源有效配置，主张政府应尽量少干预经济生活。

西方政治之“乱”。新自由主义带来的西方乱象突出表现在政治领域。近年来，美国大选充斥着强烈的新自由主义色彩。一方面，西方民主逐渐空壳化，金钱政治变本加厉，“一人一票”已为“一美元一票”所取代。而候选人在上台之后，也常出台减税政策、缩减社保支出，为金融市场的自由化鸣金开道，俨然成为资本方的代言人。另一方面，“黑天鹅”事件频发，让世界为之瞠目结舌。比如，上演“选举”闹剧。2016 年美国大选中，出乎不少人意料的是，“录音门”“税单门”缠身的地产商人特朗普，居然战胜了“邮件门”“健康门”“信誉门”缠身的希拉里。对此，不少美国民众将之调侃为“在两个烂苹果中选出一个不太烂的苹果”。2020 年美国大选中，特朗普坚持不承认败选结果，在各类社交媒体与公众场合对拜登冷嘲热讽，其部分支持者更是强行闯入美国国会大厦以表达对选举结果的不满，让本就令人不敢恭维的美国大选再次上演“选举”闹剧。

延伸阅读

美式民主的金钱化

美式民主的拥趸通常将自由竞选视作美国民主最引以为豪的标志。在他们看来：自由竞选不仅有助于民众自主择定政治代表，而且预设了民众平等担任公职的权利；竞选者倘若想要赢得选举，必须尽可能全面地向民众展示自身能力、表达自身主张，让选民提前了解竞选者的工作能力和施政承诺。

但是，美式民主的金钱化，让“自由竞选”成为一句空洞的口号。在美国大选中，无论是竞选前期准备，还是善后工作，都离不开金钱的支持。竞选者需要负担媒体宣传、工作人员薪资和竞选活动组织等费用，这些开支也随着竞选时间的拉长而不断增长。例如，2004

年美国大选耗费近 40 亿美元，2008 年美国大选耗费约 50 亿美元，2012 年美国大选耗费约 60 亿美元，2016 年美国大选耗费约 70 亿美元，2020 年美国大选耗费高达 140 亿美元。上述数据表明，当代美国民主政治同资本联系紧密，自由竞选有赖于资本支持，这深刻塑造着美国政治的运转逻辑。

金钱绑架政治，资本扭曲民意。美国民主选举沦为资本家角逐权力的游戏场，美式民主政治日渐走向“钱主”政治。

再比如，掀起“运动”热潮。2018 年，法国的工人、学生等诸多群体因高失业率、生活水平下降等社会现实问题对马克龙政府表示强烈不满，举行大规模抗议活动，并波及波兰、加拿大等国。2020 年，以“弗洛伊德之死”为标志，美国种族问题再次成为政治热点，并引发大规模示威和骚乱。失业、不平等、福利缩减……黑人被困于“铁锈”城市，形成大批贫民窟。贫困滋生犯罪，犯罪引发社会动荡乃至分裂和冲突，更多的“弗洛伊德”成为牺牲品。可以发现，新自由主义主导下的美国社会逐渐扭曲了以“美国梦”构筑的“政治正确”。上至民主体系、中至司法体系、下至执法体系都为新自由主义极端化趋势所吞噬，非但不能给“两个美国”(Two Americas) 这个故事画上句号，甚至还恶化了经济不平等和种族分裂的状况。

延伸阅读

“两个美国”

当下的美国，民主党和共和党都面临内部激进派别的崛起，在选民基础、意识形态、身份认同等方面日益泾渭分明，传统上基于政策妥协的党际平衡难以为继。两党不仅视对方为政治对手，而且视对方为对国家的威胁。《纽约书评》（*The New York Review of Books*）刊文指出，美国已是“两国之国”，共和党和民主党分别领衔两个尖锐对立的国民群体，各自形成一个联邦政府。美利坚合众国已成为美利坚分裂国，“两个美国”之间的不和日益加深，政治极化达到前所未有的严重状况。

两党内斗轮番升级，将政党利益、集团利益置于国家利益之上，相互攻击和指责，无所不用其极。2022 年 8 月 8 日，前总统特朗普位于佛罗里达州的海湖庄园被执法部门查抄。特朗普称司法部玩弄政治，阻拦其再次竞选总统，自己遭到政治迫害。共和党则对拜登总统住所发现机密文件穷追猛打，对拜登政府自阿富汗撤军事件展开调查、推动问责，国家机器沦为政党谋取私利的工具。

西方经济之“乱”。新自由主义在西方经济结出的较大恶果，便是2008 年由美国次贷危机引发的国际金融危机。在国际金融危机与自身债务危机的作用下，希腊、葡萄牙等西方资本主义福利国家在社会福利上面临两难境地：一方面，经济的不景气，让国家财政难以为继，在福利支出上面临重重困境；另一方面，若贸然削减民众福利，势必引起民众的强烈反对，动摇政权的稳定性。这就造成了一个存在于西方资本主义福利国家之中的福利悖论：新自由主义离不开资本主义福利国家，但又难以与之共存。为暂时缓和社会矛盾，不少西方政府常对民众许下一些超出实际执行能力的“承诺”，并将责任转移给下届政府。于是，这些国家常陷入“寅吃卯粮”的福利危机，并背负巨额外债，令自身经济状况易受国际经济动荡的影响。

西方非传统安全威胁之“乱”。环境问题历来是世界各国共同面对的非传统安全威胁之一。在新自由主义盛行的不少西方国家中，干净整洁的环境越来越多出现在大城市里。不少政客为获得诸如化石燃料企业等重要资本力量的支持以赢得竞选，时常堂而皇之地在部分环保议题上选择视而不见或者采取迂回战术。其结果是，在不少边缘地区极易出现针对环保问题的示威游行，诸多环保政策亦得不到连续而有效地贯彻实施。

可见，不少西方国家在政治内斗、经济危机、民族分裂、种族冲突、社会撕裂、公共卫生、社会安全等方面无法拿出有效应对方案，国家能力不断被销蚀，新自由主义主导下的西方治理问题重重。

（二）“民主输出”与后发国家的社会乱象

毋庸置疑，西方国家主导的全球化，目标指向政治全球化和意识形态全球化，其中新自由主义的“民主输出”模式成为西方国家控制第三世界国家和后发国家经济命脉与政治体制、攫取巨额财富、谋求国际霸权的主要手段。冷战结束后，“文明冲突论”“历史终结论”“意识形态终结论”甚嚣尘上，西方政客流露出貌似“胜利者”的傲慢。然而，曾经风光无限的新自由主义如今颓势明显。无论是最早获益的美英等国，还是被动接受的“异质国家”，都面临政治生态恶化、社会动荡不安、民主“春风”不再等问题，陷入了新自由主义的危机与陷阱。

“判断树的好坏，要看果子，而不是叶子。”民主应根植于一国的历史文化传统，成长于一国人民的实践探索与智慧创造。世界上没有定于一尊的民主制度、政治制度。以美国为代表的西方国家通过“胡萝卜加大棒”的手段进行“民主输出”，体现的是国际霸权；这种行径本身就是对民主的践踏。

总之，新自由主义大搞“民主输出”，给当地人民带来了深重灾难：民族经济面临崩溃，社会生活受到重创，大量百姓流离失所，恐怖主义大行其道，无以计数的平民、警察和军人在战争中丧生，世界人道主义灾难频发。

延伸阅读

美国：借“民主”之名，行霸权之实

叙利亚北部重镇阿勒颇受到轰炸的老城区

2021 年 12 月外交部发布的《美国民主情况》报告显示，美国借助“民主输出”在拉美推行“新门罗主义”，鼓噪“泛美主义”，借“民主”大旗肆意采取非此即彼的霸权行径，破坏了拉美地区独立谋求发展的愿望。格鲁吉亚“玫瑰革命”、乌克兰“橙色革命”和吉尔吉斯斯坦“郁金香革命”等所谓“颜色革命”直接造成了原苏东地区政权紊乱，间接引发了当前的俄乌冲突。“9 · 11”之后，在“民主”“正义”“自由”等旗号下，美国等西方国家发动阿富汗战争和伊拉克战争，煽动并参与了叙利亚内乱。此外，利比亚、埃及、也门、突尼斯等不同程度受到影响，“阿拉伯之春”演变成了“阿拉伯之冬”。那些认为只要推翻独裁统治就能使所谓问题得到根本解决的设想并未实现。最终的事实是，伊拉克、利比亚等并未迎来民主，而是面临更加严峻的社会乱象。那个曾经靠能源与粮食出口保持了地区稳定与民生富足的叙利亚，在 2011 年内战爆发后，由于以美国为首的西方国家的全面干预，冲突全面升级，最终经济倒退、民生多艰、难民潮涌动。

（三）四大“赤字”凸显新自由主义的全球治理困境

党的二十大报告指出：“和平赤字、发展赤字、安全赤字、治理赤字加重，人类社会面临前所未有的挑战。”[①]其根源是新自由主义主导下的国际秩序和全球治理体系难以应对全球化时代经济与国际格局的新变化，其构筑的全球治理模式已经陷入困境。

“今天，和平与发展已经成为时代主题，但世界仍很不太平”[②]，“和平赤字”居高难下。西方国家普遍接受国际社会无政府状态的虚假设定，无视国际安全规则，以实力逻辑一味追求所谓绝对国家安全与绝对国家利益的行径，降低了以《联合国宪章》为国际行为准则的效力。其根源在于西方国家全球推行新自由主义的霸权行径，奉行非此即彼的国际交往，宣扬弱肉强食的“丛林法则”，兜售“站队”“抱团”的结盟机制。在霸权主义与强权政治的钳制下，民族问题、宗教问题、地缘冲突纷纷被唤醒，诱发更为严重的恐怖主义与极端主义。

近年来，世界经济发展动能明显不足，保护主义、单边主义、逆全球化愈演愈烈，全球贫富分化、南北差距持续扩大，“发展赤字”高居不下。新自由主义以金融资本全球化为圭臬，难以解决全球增长动能不足、经济治理滞后和发展失衡三大问题。当前，国际经济力量对比深刻变化，新兴经济体对世界经济贡献率持续上涨、份额逐渐增大，然而旧的全球治理体系未能反映新变化、作出新改变，引发了全球供应链、价值链和产业链问题。西方国家主导的新自由主义经济体系在全球“割韭菜”，通过不合理的国际分工榨取后发国家资源与市场，转嫁发达国家内部危机，独享国际社会共创的经济发展成果，挤压后发国家的发展空间，导致后发国家陷入“中等收入陷阱”。

---

① 习近平：《高举中国特色社会主义伟大旗帜　为全面建设社会主义现代化国家而团结奋斗——在中国共产党第二十次全国代表大会上的报告》，人民出版社2022年版，第60页。

②《习近平谈治国理政》第二卷，外文出版社2017年版，第446页。

延伸阅读

"经济恐怖分子"——美国"秃鹫基金"

臭名昭著的"秃鹫基金"(vulture funds)是美国维护金融霸权的重要"工具"之一。

"vulture"一词本指"秃鹫",在英文中也指"乘人之危的人或趁火打劫的人"。"秃鹫基金"就是指在以低价收购违约债券后借恶意诉讼谋求高额利润的基金,因对违约债券的兴趣如同秃鹫喜食腐肉而得名;其本质上是垃圾债券投机商。"秃鹫基金"公认的特质是刁钻、强硬、野蛮,一旦被其盯上难免"失血掉肉"。

2014年,由于未能与美国"秃鹫基金"达成协议,阿根廷陷入债务违约。图为在首都布宜诺斯艾利斯的广场上,阿根廷民众打出西班牙语横幅——"对秃鹫说不"

"秃鹫基金"在历史上对阿根廷等几十个发展中国家恶意追诉主权债务、阻挠其债务重组,这不仅源于其嗜血本性,更与美国政府姑息纵容、金融司法强权和美国国家战略的总体考量不可分割。

在当前的全球经济风云激荡中,人们又更加清晰地看到美国政府与"秃鹫基金"等金融大鳄联手而磨刀霍霍收割全球利益的身影。

随着霸权主义、冷战思维、集团对抗威胁持续上升,大国博弈升级、权力逻辑回归,地缘政治博弈和风险愈演愈烈,全球"安全赤字"日趋加重。西方发达国家将自身安全建立在别国不安全的基础上,无视他国对安全的合理关切,热衷于搞"小圈子""小集团""小联盟",鼓吹集团对抗、价值观冲突。此外,除了传统安全外,卫生安全、网络安全、气候变化、难民危机等非传统安全也越来越影响到全球民众的生活,给全球安全增加了更多变数，使得全球安全形势更加复杂。

全球治理是全人类共同面对的难题。当今世界，“全球热点问题此起彼伏、持续不断，气候变化、网络安全、难民危机等非传统安全威胁持续蔓延，保护主义、单边主义抬头，全球治理体系和多边机制受到冲击”[①]，在全球气候治理、生态保护、疾病防控、粮食安全等问题上，由于受到利益优先原则干扰，回退到单边主义边缘，无法有效组织全球治理，加上传统安全威胁持续，引发了“治理赤字”。

（四）民粹主义与逆全球化思潮泛起的新自由主义根源

近年来，西方社会思潮出现新动向。在欧美，民粹主义与逆全球化一度进入政治领域，成为左右政治的重要因素。右翼民粹主义势力强劲崛起，逆全球化思潮甚嚣尘上，新自由主义思想价值与实践活动的颓势凸显，标志着人类正在进入越发复杂的历史阶段。近年来，随着特朗普获胜、英国“脱欧”、法国爆发“黄马甲运动”和第十届欧洲议会选举结果显示欧洲议会向右倾斜等，民粹主义上升的形势更加明显。随着资本主义金融经济虚拟化发展，资本所有者、高级白领和高级技术工人逐渐攫取了“蛋糕”的绝大部分，而底层民众、中产阶级和低端制造业工人因丧失利益分红陷入相对贫困，“涓滴效应”未能发生。

在日渐分化的资本主义市场中，新自由主义话语体系日渐苍白，资本主义的左翼和右翼民粹主义逐渐主导了政治叙事，逆全球化“声名鹊起”。资本全球化的实质是服务于特定垄断集团的金融资本全球化，无论是初期的产业资本转移还是后期的金融资本流动都加剧了国内与国际收支不平衡。全球化逆向回退更具体的原因是生活下行、就业压力增大、福利缩减、收入下降等问题日益恶化。“占领华尔街”运动后不久，美国蓝领群体利用手中选票反击精英团体，使特朗普在右翼民粹主义情绪

①《习近平谈治国理政》第三卷，外文出版社2020年版，第460页。

的推动下当选美国总统的行为，正是逆全球化成为民粹主义宣传、竞选与施政的重要抓手的一个体现。而特朗普上台后极力宣传“美国优先”，发动针对中国的贸易战和技术限制、出台“禁穆令”、以各种理由和方式“退群”等行为，也体现了这一点。

相关链接

在美国，仅占总人口 1% 的富人阶层占据 34.9% 的国民财富；占半数以上的底层人口的财富占比仅为 1.5%；中产阶级的财富占比自 20 世纪 80 年代以来持续缩小，现已降至 27.8%。在法国，收入最高的 1% 人口占有 27% 的社会财富，处在底层的人口只占有 4.9% 的财富并且呈下降趋势。在英国，底层民众持续受到精英阶层的压榨，社会分层日益明显；其中收入最高的 1% 人口占有 21.3% 的社会财富，而处在底层占半数以上的人口仅占有 4.6% 的社会财富。

亚里士多德说过，“一切内讧通常都是以不平等为发难的理由”。在新自由主义引导的全球资本主义秩序中，有人获益有人受损，在益损之间产生冲破不平等的矛盾力量。在这个层面上，民粹主义和逆全球化思潮泛起是新自由主义体系的一场内讧。但无论是民粹主义还是逆全球化都并未抓住问题的核心，它们很可能产生极其不负责任的政策，使人类和平发展遭遇新困境。

二、为什么新自由主义在西方风光不再?

新自由主义作为西方现代性自我实现的思想旗帜，在西方现代政治、经济、社会和文化等方面曾发挥了重要作用。而当西方国家的社会结构日益成熟并趋于僵化时，新自由主义的深层结构性矛盾也不断以经济运行“失调”、民主神话“失灵”、融合机制“失效”、普世主义“失真”等形式暴露出来，使新自由主义在经济理论、制度设计、政策体系、意识形态方面都出现了内生危机，这是新自由主义风光不再的根本原因。

（一）金融危机频发，经济运行“失调”

20 世纪 70 年代，西方资本主义国家爆发了严重的滞胀危机。在此背景下，以自由放任为核心、以市场万能为导向、以私有产权为支撑的新自由主义，成为美英等国新的主流经济理论和经济运行机制。以“撒切尔新政”和“里根革命”为代表，新自由主义资本积累方式开始兴起并在全球传播。经济重心从实体产业转向了金融产业，金融产业和金融机构在资本主义经济中逐渐占据统治地位——称为“金融大爆炸”抑或“垄断 - 金融资本主义”都不为过。然而，相比古典自由主义，新自由主义极力推崇市场原教旨主义、私有产权、市场竞争，竭力鼓吹个人自由。以美国为代表的西方发达国家的经济运行趋向经济金融化、金融虚拟化、金融衍生产品泡沫化以及金融运作自由化。这种“以钱生钱”的纯粹逻辑衍生出了股票促销、庞氏骗局、通货膨胀、公司诈骗、跨国避税等畸形经济现象，致使发达国家社会经济出现混乱。

名词解释

庞氏骗局（Ponzi Scheme）：指骗人向虚设的企业投资，将后来投资者的钱作为快速获得的盈利付给最初投资者以诱使更多人上当。这种骗术得名于一个名叫查尔斯·庞兹（Charles Ponzi）的意大利裔美国投机商，是一种最古老和最常见的投资诈骗，是金字塔骗局的变体。很多非法的传销集团就是用这一招聚敛钱财的。

为了解决这种停滞，以美国为首的国际金融垄断资本利用美元霸权对发展中国家进行金融扩张和金融扼杀，强迫其实行全面自由和开放的政策，洗劫发展中国家的民族财富。正如马克思所说："资本来到世间，从头到脚，每个毛孔都滴着血和肮脏的东西。"[①]资本主义愈发展，其依赖"外在于自身"的东西缓解资本主义发展危机的可能空间就愈狭窄，大量过剩资本必须不断转向具有很强投机性的金融领域，而金融化和虚拟化程度的提高又必然带来"泡沫—危机"的循环加剧。同时，金融资本的全球扩张还会导致世界范围内的金融和经济危机。例如，2007 年美国爆发次贷危机，后演变成金融危机，迅速蔓延至欧洲国家，最终转变成一场全球性金融危机和经济危机。正是此次危机的爆发，使得以美英为代表的新自由主义发展模式受到严重质疑和批判。从当今时代来看，尽管世界范围内的各种反危机措施使西方国家的金融经济运行似乎趋向稳定，但是金融危机的根源并未彻底消除，西方国家的金融市场和金融产业依然存在恶化风险，各种不确定因素依然存在。

可以确定，新自由主义的兴起是由金融在资本主义政治经济中日益增长的力量推动的，"金融化"是新自由主义时代资本主义结构性转变的重要标志。正如美国左派社会思想家诺姆·乔姆斯基（Noam Chomsky）所认为的，"新自由主义的一个基本信条就是金融"[②]。西方国家金融和经济危机的周期性爆发和全球性蔓延，无异于宣告了新自由主义作为一种经济理论和政策实践的破产。

---

① 《马克思恩格斯全集》第 42 卷，人民出版社 2016 年版，第 777 页。

② Noam Chomsky，*Profit over People: Neoliberalism and Global Order*，New York: Seven Stories Press，2011，. p. 12.

延伸阅读

美国硅谷银行破产　市场担忧危机蔓延

2023 年 3 月 10 日，美国加利福尼亚州金融保护和创新部以“流动性不足和资不抵债”为由，关闭硅谷银行，并指定美国联邦储蓄保险公司为接管方。

硅谷银行成立于 1983 年，为全美第 16 大银行，主要为初创企业提供融资。法新社报道，截至 2022 年底，硅谷银行总资产大约 2090 亿美元，总存款约 1754 亿美元。

按照法新社的说法，硅谷银行是自 2008 年金融危机以来美国倒闭的最大银行，也是美国有史以来破产的第二大零售银行。

美国 YC 创业孵化器首席执行官加里·塔恩说：“这对初创企业来说是毁灭性事件……我已经听到我们数以百计的创始人要求帮助他们渡过难关。”

受硅谷银行破产影响，纽约股市三大股指 10 日显著下跌。

一些分析师预计，这一事件将加剧投资者对美国银行业隐藏风险以及其易受资金成本上升影响的担忧，银行业将承受更多压力。

（二）政治危机四起，民主神话“失灵”

新自由主义将市场化、私有化、自由化的经济法则延伸至政治领域，以经济逻辑统领政治领域，以经济原则主导政治决策，以经济价值评估政治判断，无视经济和政治的异质性，导致西方国家出现了严重的政治衰败，西方民主神话走向“失灵”。这种以新自由主义为指导原则而构建的民主形式，其实质不过是资本主义经济基础的政治表现形式，代表的是资产阶级的政治诉求。正如恩格斯所说：“现代国家，不管它的形式如何，本质上都是资本主义的机器，资本家的国家，理想的总资本家。”[①]

在新自由主义经济法则主导下，货币不断流向金融部门，金融资产的保存和强化在经济发展中的占比更加重要，迫使国家政治权力日益臣服于金融资本家的经济需求，于是经济权力转化为了政治权力。资本大亨和金融寡头利用金钱推出利益代理人参加议会和参与竞选，以获得对政治权力的实际控制。而被西方奉为民主政治圭臬的“选举民主”也早已为资本所绑架，沦为西方资产阶级精英用来分散和控制民众、维护阶级利益和统治地位的工具。英国的保罗·金斯伯格（Paul Ginsborg）指出：“现代西方民主越来越封闭，政治被划归到一个单独的领域，该领域由职业政治家所占据，由政党精英加以组织，并由技术性话语和行政人员的官僚予以保障，它在相当大的程度上是与广大公众绝缘的。”[②]近年来，一贯以“民主灯塔”自我标榜的西方接连上演“民主闹剧”、暴露“民主丑闻”，令世界各国大跌眼镜。继 2008 年国际金融危机爆发之后，西方国家政治无序化状态不断加剧。“操纵民意之天才”特朗普当选美国总统和英国举行“脱欧”公投等“黑天鹅”事件，民族主义、民粹主义、极右翼势力等抬头，无不体现出西方国家的政治失能和治理失灵。

2021 年 12 月，美国举办首届所谓“领导人民主峰会”，将民主政治化、工具化、武器化，服务美国私利，维护美国霸权

① 《马克思恩格斯选集》第 3 卷，人民出版社 2012 年版，第 810 页。

② ［英］保罗·金斯伯格：《民主：危机与新生》，张力译，中国法制出版社 2012 年版，第 29 页。

实际上，西方民主的形式化、资本化、民粹化危机无疑与新自由主义在政治实践层面的狂飙突进密切相关。西方民主乱象所引发的对西方民主的思考，再次证明了只要新自由主义的逻辑存在，其内在矛盾就一定会不断“复制”其失灵的过程。当然，西方国家也在采取一系列“救赎”措施，如降息、斥资、增加福利开支等。但这些只是治标之策，没有从根本上消除民众对未来的悲观和对现存民主制度的疑虑。当工具和技术层面解决不了根本问题时，民众对自由民主的信任也会被逐渐蚕食。到那时，对民主制度的困惑必将上升为严重的政治危机。

（三）社会分化严重，融合机制“失效”

作为自由主义的一种发展阶段，新自由主义是古典自由主义的现代形态。古典自由主义的核心是西方主流经济学所提出的“理性人”假设，这种假设认同基于契约关系的最大化的交换自由。新自由主义继承了古典自由主义的这一核心价值理念。在社会方面，新自由主义鼓吹个人主义和自由选择，认为个人自由是至高无上的，私有制是最好的经济制度，集体利益是个人利益的总和，等等。这种新自由主义的自由观把人理解为“原子式”存在，从而把个人自由看作与他人和社会无关的事情。

与这种个人自由的理念和追求相适应的后果，就是在社会平等方面，新自由主义者追求的是一种机会平等而非结果平等。以机会平等为导向，决策者立足新自由主义经济的“成本效益”，用以衡量平等“绩效”。其结果便是，平等作为一种理想追求和社会原则本身已并非最佳选择，代之以服务于经济发展和去政治化的“武器”。于是，在西方新自由主义国家，个人自由与社会平等成了一对矛盾体：一方面，社会中的个人要受到社会平等规范的束缚；另一方面，为了寻求个人利益最大化，个人总是会想方设法突破社会的平等规范。这样一来，“不平等”反而会被赞许和推崇。从这个意义上说，新自由主义是一种“不平等哲学”，是“社会达尔文主义”的当代表现。例如，在医疗资源的配置上，美国往往将优质的医疗资源向有权有势的政商名流倾斜并以此为合理。可见，在美国政客的眼中，这样的不平等似乎已是稀松平常之事了。

正是新自由主义社会治理的缺陷，致使西方国家普遍出现了中产阶层规模缩小、财富和收入差距拉大、贫困人口持续增加等现象，导致社会分化严重。正如马丁·雅克（Martin Jacques）所说，新自由主义时期最具灾难性的特征是不平等的巨大增长[①]，由此导致社会融合机制失效。

（四）价值输出困境，普世主义“失真”

马克思曾说：“人们奋斗所争取的一切，都同他们的利益有关。”[②]随着新自由主义向社会各领域侵染，其逐渐由经济领域延伸至政治领域，并借助于强势国家和不平等的国际秩序，演化为披着经济理论外衣的意识形态理论，逐步由理论和实践演化为“范式”，又进一步发展为所谓的“模式”和“共识”。

学习在线

实践中，对必须取得突破但一时还不那么有把握的改革，就采取试点探索、投石问路的方法，先行试点，尊重实践、尊重创造，鼓励大胆探索、勇于开拓，取得经验、看得很准了再推开。有些国家搞所谓“休克疗法”，结果引起了剧烈政治动荡和社会动乱，教训是很深刻的。

——2013 年 11 月 12 日，习近平总书记在党的十八届三中全会第二次全体会议上的讲话

① 参见 Martin Jacques，“The Death of Neoliberalism and the Crisis in Western Politics，” *The Guardian*，21 August 2016。

②《马克思恩格斯全集》第 1 卷，人民出版社 1956 年版，第 82 页。

以“华盛顿共识”的生成为标志，新自由主义理论与政策走向了教条化和极端化。“华盛顿共识”是美国为陷入严重债务危机的拉美国家进行经济调整和改革所开出的新自由主义“药方”。它以新自由主义为基础，推崇市场原教旨主义，强调市场机制的功能和作用，主张私有化和贸易自由化。苏联解体之后，美英等发达国家又为原苏东国家开出以自由化、私有化、稳定化为主要内容的“休克疗法”式经济转型方案。这一方案被认为是“华盛顿共识”的翻版，同样以新自由主义为基础，鼓吹“三化”政策。作为新自由主义的完备形态，“华盛顿共识”的推行是以美国为首的西方国家企图将新自由主义的意识形态和价值观念以“普世主义”的形式输出并兜售到发展中国家，瓦解这些国家的意识形态防线，以实现资本主义的全球化和所谓的“历史终结”。因此有人认为，“华盛顿共识”是一种新型的“帝国主义”，是以美国为首的西方国家强权政治和文化霸权的表现。

名词解释

“休克疗法”：指一种激进的经济改革，从医学上的“休克疗法”引申而来，源自美国哈佛大学经济学教授萨克斯（Jeffrey Sachs）为帮助玻利维亚消除恶性通货膨胀而提出的主张。苏联解体、东欧剧变后，萨克斯应邀担任波兰、俄罗斯等国政府经济顾问，参与制定了在短时期内彻底改变集中计划经济体制并建立市场经济体制的激进经济改革方案。主要内容包括放开价格，紧缩财政，全面私有化，对外贸易自由化，使本国货币成为可兑换货币，等等。实施后出现了生产下降、物价暴涨、失业增加、居民生活状况进一步恶化等严重问题，改革步伐有所放慢。

“华盛顿共识”自诩为普遍法则，内含西方文明具有优越性和资本主义制度具有普世性等逻辑预设，为西方新自由主义价值观披上了价值合理性的光环。但实际上，这种逻辑预设不过是西方国家在实践中推行霸权主义的话语载体和在全球范围内进行扩张的精神“卫道士”，在现实运用过程中表现出了明显的逻辑陷阱和内在矛盾：将“华盛顿共识”看作普世“处方”，割裂了社会发展的普遍性和特殊性。“华盛顿共识”不仅不具有真理性和普世性，而且正相反，其由于历史性和阶级性，在理论和实践的发展中会逐步暴露虚伪性、狭隘性、反动性。正是在这个意义上，以“华盛顿共识”为标志的极端新自由主义意识形态在发展中国家的失败，再次证明了新自由主义颓势明显的历史必然性。

三、如何辨析新自由主义思潮对我国国家安全的威胁？

作为西方资本主义国家主流意识形态的新自由主义，伴随着改革开放和全球化浪潮进入中国，以各种理论和实践的形式宣扬西方价值理念，一度对我国国家安全构成潜在威胁。因此，重视非主流社会思潮的批判与引领工作，维护国家意识形态安全，成为中国共产党捍卫中国特色社会主义道路、强化主流价值认同和维护社会稳定的必然选择。

（一）鼓吹“意识形态多元化”以否定马克思主义

习近平总书记指出，“一个政权的瓦解往往是从思想领域开始的”[①]。改革开放至今，国内新自由主义者对马克思主义的诋毁和污蔑从未中断。他们鼓吹“意识形态多元化”，试图打破马克思主义在意识形

①《十八大以来重要文献选编》上，中央文献出版 2014 年版，第 465 页。

态领域的主导地位。因此，厘清新自由主义思潮对主流意识形态的冲击，是捍卫我国意识形态安全的重要方面。

一是国内新自由主义思潮看似鼓吹“意识形态多元化”，实则掩饰着资产阶级意识形态“一元化”的实质。他们认为，马克思主义指导思想造成了意识形态领域的“一元统治”和“垄断主义”，应实行意识形态多元化，允许“思想市场”的存在。这个“思想市场”实则兜售的是西方资本主义自由、民主、人权等所谓“普世价值”，以期否定中国道路、中国制度和中国模式。这种自由主义“企图消除人类的善以及实现善的方式的多样性，它所要求的一致性只是戴着宽容面具的、暗地里却一直在施压的原教旨主义的霸权而已”①。二是主张马克思主义只是众多思潮中的一个“流派”，提出马克思主义过时论、无用论、失灵论，试图以“意识形态终结论”消解马克思主义的主导地位、淡化社会主义的本质属性，将资本主义意识形态功能放大到可以决定历史进程和人类前途命运的地步。“这种冷漠了的、困惑着的、动摇了的、甚至丧失了的政治信仰，使得马克思主义正经受一种政治信仰危机。”② 三是将矛头对准从事意识形态研究的哲学社会科学领域，主张哲学社会科学与意识形态相分离，提出“去意识形态化”，从而将意识形态的真理性和价值性、科学性和人文性对立起来，最终否认意识形态的阶级性和政治性，达到用新自由主义意识形态代替马克思主义指导思想的目的。四是将马克思主义宗教化，认为马克思主义是一种“偏激的意识形态”，只有在国家权力的保护下才能取得类似“国教”的独尊地位。

可见，近几十年来，新自由主义对马克思主义的“围攻”“讨伐”来势凶猛，其在意识形态领域与马克思主义争夺话语权的本质昭然若揭。

---

① 江涛：《自由主义的两张面孔素描（代译序）》，载［英］约翰·格雷《自由主义的两张面孔》，顾爱彬、李瑞华译，江苏人民出版社 2005 年版，第 4 页。

② 樊浩等：《中国大众意识形态报告》，中国社会科学出版社 2012 年版，第 316 页。

对此，我们必须保持高度警惕。习近平总书记明确指出：“经济建设是党的中心工作，意识形态工作是党的一项极端重要的工作。”①

学习在线

坚持团结稳定鼓劲、正面宣传为主，是宣传思想工作必须遵循的重要方针。我们正在进行具有许多新的历史特点的伟大斗争，面临的挑战和困难前所未有，必须坚持巩固壮大主流思想舆论，弘扬主旋律，传播正能量，激发全社会团结奋进的强大力量。关键是要提高质量和水平，把握好时、度、效，增强吸引力和感染力，让群众爱听爱看、产生共鸣，充分发挥正面宣传鼓舞人、激励人的作用。

——2013 年 8 月 19 日，习近平总书记在全国宣传思想工作会议上的讲话

（二）鼓吹“三化”理论以挑战我国基本经济制度

新自由主义鼓吹绝对自由化、完全市场化和彻底私有化，意图解构我国公有制主体地位，对我国的社会主义基本经济制度提出了挑战。因此，对“三化”理论进行剖析和批判，是明确中国特色社会主义方向的必由之路。

一是绝对自由化是新自由主义的圭臬。在新自由主义的思想体系中，作为市场经济内在价值诉求的自由等理念，只有在限制公共权力、彻底实现政府职能转化的自由市场中才能实现。同时，在全球范围内，市场原教旨主义要求各国取消各种经济保护，实现金融和贸易的完全自由和国际化。因此，提出“去国有化”的主张，以彻底动摇公有制的主体地位。二是鼓吹“市场万能论”，主张完全市场化，反对国家干预。新自

①《习近平谈治国理政》第一卷，外文出版社 2018 年版，第 153 页。

由主义者一方面曲解“使市场在资源配置中起决定性作用”是实行完全市场化的宣言书，对“更好发挥政府作用”进行选择性忽视，夸大和鼓吹市场决定性作用，完全否定和反对国家宏观调控。另一方面，将“供给侧结构性改革”等同于西方供给学派，企图通过主张完全市场化的改革贩卖新自由主义自由化、市场化和私有化的政策，误导我国供给侧结构性改革的发展思路。三是在主张绝对自由化和完全市场化的背后，意图将私有制神化为解决中国问题的“灵丹妙药”。他们从“经济人”假设出发，错误地认为公有制会导致极权统治，造成产权不清晰，从而滋生浪费和腐败，发表“若要发展经济，私产制度是一可靠途径”“公有制没有效率”“国有企业是垄断”“国有企业与民争利”等言论。

延伸阅读

为什么要做强做优做大国企？

从中华人民共和国成立到现在，沧桑巨变，斗转星移。神舟飞船“上九天揽月”，蛟龙号“下五洋捉鳖”，C919 圆了中国人的“大飞机梦”，高铁跑出中国速度，港珠澳大桥创下 7 项世界之最……

一件件大国重器的诞生，凝聚了中国人的智慧，彰显出国家实力。这背后，体现了国企“集中力量办大事”的优势。

2016 年 7 月 4 日，习近平总书记在全国国有企业改革座谈会上强调“国有企业是壮大国家综合实力、保障人民共同利益的重要力量，必须理直气壮做强做优做大”，指出了国有企业发展的战略地位和根本目标，为国有企业改革发展指明了方向。

国有企业是国有经济的核心载体，是国民经济的“顶梁柱”，是社会稳定的“压舱石”，是先进文化的“传承者”。新的征程上，全面建设社会主义现代化国家、全面推进中华民族伟大复兴，国有企业不仅不能削弱，还要做强做优做大。

可见，以自由幻象、市场迷思和私有神话为基点的新自由主义在我国经济领域的渗透从未停止。国内新自由主义在经济领域推行的“三化”理论，不仅是对意识形态安全的威胁，更是对我国基本经济制度的挑战。个人至上的价值观带来的拜金主义、享乐主义冲击我国的主流价值观；私有化理论公然挑战我国的基本经济制度；市场万能、“国有无能”冲击党的领导和中国特色社会主义国家制度。为此，我们必须正视新自由主义的错误思潮，批判其错误论调，在正本清源中坚守主流思想舆论阵地。

（三）鼓吹“宪政民主”以攻击我国基本政治制度

随着社会主义法治国家建设的推进，我国提出要完善以宪法为核心的中国特色社会主义法律体系，依宪治国、依宪执政。新自由主义者抓住“契机”，通过大肆鼓吹“宪政民主”，提出“宪政是历史潮流”“中国梦即宪政梦”等错误主张。

一方面，鼓吹“宪政民主”的普世性，认为中国必须顺应大势走“宪政民主”道路。新自由主义者认为“宪政民主”是中国政治改革的“大方向”“长远目标”和“最终目标”，中国社会应该尽快融入世界“宪政大家庭”。新自由主义者对“宪政民主”普世性的鼓吹，目标就是解构以致终结中国共产党的领导，建设所谓的“宪政民主”国家。另一方面，曲解中国是有宪法无宪政的“专制”“独裁”国家。因此，应该修改宪法以适应宪政的原则。这些人以西方“宪政民主”理论和制度模式为参照对我国坚持党的领导、人民当家作主和依法治国有机统一进行评判，给中国特色社会主义法治贴上“人治”“专制”的标签。通过利用人民群众对腐败的痛恨，将腐败归咎于党的“领导”，把党和政府的形象妖魔化，煽动人民群众的对立情绪，借机极力推崇西方“多党制”“两院制”“军队国家化”“司法独立”“联邦制”等原则，主张中国应该用“宪政”代替“专政”，以实现从“恶宪”到“良宪”、从“专制”

到“善治”的转变。新自由主义的目的在于否定党的领导、取消人民民主，最终实现改旗易帜，把西方政治模式搬到中国来。

习近平总书记指出：“我们不‘输入’外国模式，也不‘输出’中国模式，不会要求别国‘复制’中国的做法。”[①]“宪政民主”作为西方资本主义国家的政治产物，是新自由主义对中国进行意识形态渗透的重要内容。我们既不走封闭僵化的老路，也不走改旗易帜的邪路，而是立足国情，实行全过程人民民主。全过程人民民主是全链条、全方位、全覆盖的民主，是最广泛、最真实、最管用的社会主义民主。

（四）鼓吹“公民社会”以瓦解我国社会建设的组织基础

“公民社会”是西方的社会治理理念，在改革开放后传入中国。其基本理念源自西方市场经济原则和公民社会理论，聚焦相对于国家的“私人领域”，以个人主义、多元主义和利己主义为指导原则。这一思潮的传播直接挑战着我国社会建设的组织基础。

西方的“公民社会”是一个“强调自主、自治、多元且与资产阶级的人权、自由、平等、法治等密切相关的概念，在本质上是西方自由主义思想的理论抽象”[②]。一方面，它是以美国为首的西方发达国家在全球范围内宣扬公民社会理念及其“个人权利与自由至上”价值理念所形成的一股政治思潮。国内新自由主义煞费苦心地对“公民社会”在中国的发展现状、合理性以及实践路径进行宣扬，认为“公民社会”就是社会发展的一个自然过程；如要达到现代公民社会，除了继续坚持已经进行了40多年的经济体制改革，还要进行政治体制改革。但是无论是怎样的话语体系都无法改变其弱化党的领导、挑战我国社会建设组织基础的目的。曾几何时，某些“网络大V”“意见领袖”借助社会恶性事件、群

① 习近平：《在中国共产党与世界政党高层对话会上的主旨讲话》，《人民日报》2017年12月2日。

② 王炳权：《当代中国政治思潮研究》，中国社会科学出版社2014年版，第204页。

体性事件和突发性事件中弱势群体的情绪激化社会矛盾、煽动“民主运动”的行为屡见不鲜。他们叫嚣要培育非政府组织，利用维权声明、上访示威等形式建设具有政治指向的民间社团，其用意在于否定党的领导和政府的管理，倒逼中国实行“政治改革”。另一方面，从政治观点看，“公民社会”思潮主张个人权力至上、公民高度自治、价值多元发展、政府退出市场，从而将非对抗性的人民内部矛盾扩大化、非政治性的问题政治化，割裂中国共产党与人民之间的血肉联系，动摇党的领导地位的合法性与稳定性。他们利用具有蛊惑性、低敏感的词汇和貌似中立的语言美化“公民社会”，旨在瓦解我国社会建设的组织基础。因此，必须认清“公民社会”的实质，彰显中国特色社会主义制度优势。

学习在线

党的十八大以来，我们立破并举、扶正祛邪，坚决打赢意识形态领域重大斗争，扭转了意识形态领域一度出现的被动局面，网络空间明显清朗起来。其中，团的战线的努力功不可没。要巩固良好势头，抓好网上舆论斗争，让广大青年在斗争亮剑中明辨是非、健康成长。

——2018年7月2日，习近平总书记在同团中央新一届领导班子成员集体谈话时的讲话

四、如何在激浊扬清中批判和抵御新自由主义的侵蚀?

新自由主义作为当代垄断资本全球运作的制度载体和实践形态，尽管颓势明显、风光不再，但其试图歪曲、瓦解和否定中国式现代化的本性不仅不会改变，甚至有不断加剧的态势。特别是由于经济基础在社会结构中具有基础性地位，新自由主义在政治、社会、历史、文化等各领

域都会产生一定程度的影响。新自由主义尽管受到空前质疑，但倚仗所依附载体的多样性，其不仅没有在短时间内消亡，反而演化出更多的实践样态。例如，在政治建设上，照搬新自由主义的“宪政民主”论调，以混淆全面依法治国的时代要求，曲解建设法治政府的精神实质，模糊政府与市场的边界。在社会建设上，沿袭西方新自由主义的“公民社会”思潮，将“公民社会”的构建视为现代化中国转型的必由之路，甚至把互联网视为中国“公民社会”的“社会公器”和“公共领域的守望者”。他们鼓吹互联网是唤醒公民意识的强有力工具，是社会团体开展活动、发挥作用的重要舞台，是公共知识分子施展才智、自由驰骋的广阔天地。对此，我们不仅要深刻反思和充分认清新自由主义的真实面目，打破新自由主义制造的各种幻象，更要仔细甄别和深入洞察新自由主义的虚伪样态和中国变种，在保持我国改革开放自主性和独立性的基础上，坚持中国特色社会主义的正确改革方向和正确发展道路，以此批判和抵御新自由主义的侵蚀，实现对新自由主义的根本性超越。

（一）坚定理论自信，认清新自由主义发展趋势

马克思主义从根本上揭穿了新自由主义理论的虚假性和欺诈性，从而为中国特色社会主义的建设与发展提供了根本指南。在现阶段国际垄断资本仍旧强势发力的背景下，新自由主义作为垄断资本的全球化扩张工具，通过引发战争、重塑体系、释放制度红利等一系列方式不断调整国际秩序和全球资本市场，以使其更有利于资本主义国家发展。然而，新自由主义推动下的资本全球化无法彻底摆脱“资本增殖逻辑”的天然特性——自 19 世纪 20 年代资本主义国家爆发第一次周期性经济危机以来，资本主义基本每隔 10 年左右便会爆发一次经济危机，2008 年国际金融危机更是引发了继大萧条之后资本主义最严重的经济衰退。面对此次金融危机的蔓延，新自由主义无论是在解释危机方面，还是在克服危机、拯救资本主义的政策方面，都显得力不从心和无计可施。由此可见，

新自由主义尽管借助全球化扩张和金融资本的形态转变使资本主义国家的危机得到了暂时性疏解，但它仍不可避免地要遭遇世界市场的相对有限性与生产供给的无限性之间的矛盾。更为关键的是，这一基本矛盾伴随新自由主义全球化进程向纵深发展呈现出周期性回摆，最终必将导致新自由主义的颓势和衰败。

坚持以习近平新时代中国特色社会主义思想为指导，既是坚定理论自信的重要表现，也是自觉抵御新自由主义的必然要求。作为马克思主义中国化时代化最新理论成果，习近平新时代中国特色社会主义思想从中国国情现实出发，科学阐释了中国特色社会主义生产力和生产关系、经济基础和上层建筑之间的新关系、新特点和新规律，在坚持“使市场在资源配置中起决定性作用”的基础上“更好发挥政府作用”，不仅充分激发了资本市场的经济活力，更有效规避了资本市场的任意性和无序性。与此同时，明确提出“推动供给侧结构性改革”的重大论断，以解决我国经济增长的深层次矛盾，从根本上超越了新自由主义的供给学派理论。对此，我们要把马克思主义的基本立场、观点和方法同我国的具体实际紧密地结合起来，从根本上冲破新自由主义的理论迷障和实践封锁，走出一条真正属于中国自己的发展道路。

（二）筑牢思想防线，强化新时代意识形态建设

习近平总书记指出，意识形态工作事关党和国家前途命运，事关国家长治久安，事关民族凝聚力和向心力。需要认识到，新自由主义承载着资本主义全球化的意识形态战略，本质上是西方世界向其他国家推广“普世价值”的殖民主义战略，以此瓦解其他国家主流意识形态的主导性地位，从而展现出隐藏在新自由主义背后的意识形态暴政和价值独占性。比如，不仅苏联直接成为“华盛顿共识”的牺牲品，而且原本寄望于“休克疗法”以获得经济发展的俄罗斯也遭遇了严重挫败，GDP 总量仅剩美国的 1/10。这些事实告诫我们，即便是在和平与发展成为时代主

题的当下，资本主义与社会主义的意识形态对抗也并没有得到实质性缓解，“对社会主义思想体系的任何轻视和任何脱离，都意味着资产阶级思想体系的加强”[①]。故而，我们只有不断巩固主流社会主义意识形态，才能有效防范意识形态领域的各种风险，积极应对新自由主义发起的现实挑战。

当前，世界百年未有之大变局的加速演进为新自由主义的侵蚀和渗透留有可乘之机。对此，我们坚持把牢牢掌握意识形态工作领导权作为根本任务，积极探索新时代社会主义意识形态建设的有效路径。一是要注重培育一批政治立场坚定、业务水平过硬的意识形态工作者。人才是意识形态建设的关键要素。新时代我们既要注重党员干部队伍、各领域理论研究和理论宣传工作者等基础性专业人才的培育，也要注重挖掘具有不同才能的技能型意识形态工作者。二是要着重强化主流意识形态的正面舆论宣传工作。尤其是要充分利用好新媒体宣传平台，在做好与新自由主义舆论斗争的充分准备的基础上，持续提高主流思想正面宣传的质量和水平，切实巩固好和维护好主流意识形态的舆论阵地。三是要不断完善和健全各种意识形态保障制度。从维护国家政治安全的战略高度，不断提高对敏感舆情的发现力、研判力和处置力，建立健全意识形态领域风险研判、评估、防控、责任和化解等体制机制，竭力阻断新自由主义思潮对我国的渗透和威胁。

（三）超越各种陷阱，锚定中国改革的正确方向

当前，以新自由主义为代表的各种错误思潮常常借“探讨中国全面深化改革”之名，为中国的现代化发展炮制各种陷阱，企图把我国的社会主义改革引向资本主义邪路。例如，唱衰中国的改革开放道路，质疑

①《列宁专题文集：论无产阶级政党》，人民出版社 2009 年版，第 85 页。

社会主义革命的进步性的“中等收入陷阱”；质疑我国政府的公信力，诱导中国民众对政府丧失信任的“塔西佗陷阱”；渲染“中国威胁论”和“中国霸权论”，认为中国必将掉入国强必霸的“修昔底德陷阱”；污蔑中国以一种“示弱”的方式崛起，因不主动担责而使世界陷入“金德尔伯格陷阱”；等等。这些本身就是西方蓄意为我们设下的“话语陷阱”。对此，我们必须在党的坚强领导下，保持战略定力、坚持底线思维，坚定不移地走出一条具有可持续性的、发展全过程人民民主的、和平发展的中国式现代化道路，展现负责任大国担当。

当前全面深化改革面临十分复杂的国内国际环境，我们只有锚定改革的正确方向，坚持中国共产党的领导和社会主义制度不动摇，才能使各类歪曲和抹黑中国道路的言论不攻自破。一是要锚定全面深化改革的总体目标，坚持好、实施好和完善好中国特色社会主义制度，着力解决我国发展面临的一系列突出矛盾和问题，不断满足人民对美好生活的新期待。二是要用好全面深化改革的基本方法，既要通过自上而下的“顶层设计”来为改革定方位、把方向，也要通过自下而上的“摸着石头过河”来积极试错、勇于探索新的改革举措，从而在协调好“全面推进”和“重点突破”的动态平衡中，不断降低全面深化改革的风险成本。三是要落实好全面深化改革的重点任务，在坚持以经济建设为中心的前提下，围绕“五位一体”总体布局和“四个全面”战略布局，不断推进我国在创新能力、协调发展、绿色转型、开放水平、共享发展等重点领域和关键环节的深化改革，从而以改革开放的成功推进回击和抵制新自由主义的负面影响。四是要积极倡导“人类命运共同体”理念，笃实践履世界和平“建设者”、国际秩序“维护者”、全球发展“贡献者”的责任担当，与世界各国共享中国的发展成果、发展红利和发展方案，为塑造合作共赢的新型国际关系和全球治理格局贡献中国力量。

中欧班列开行以来，保持安全稳定畅通运行，开创了中欧国际运输新格局，搭建了沿线经贸合作新平台

（四）立足基本国情，实现国家治理体系现代化

坚持和完善中国特色社会主义制度，推进国家治理体系和治理能力现代化，既是实现中华民族伟大复兴的必然要求，也是新时代应对新自由主义的战略举措。新自由主义标榜西方制度的唯一正确性，其目的是要通过“全盘西化”，从根本上颠覆我国社会主义制度。尽管新自由主义一直吹嘘西方模式“优越论”，却并没有显示出足够令人信服的治理效能。在政治领域，“宪政民主”使公共议题常因党派之争陷入“议而不决、决而不行、行而不实”的境地；在经济领域，市场原教旨主义不仅造成本国的金融泡沫风险骤升，更使阶层流动停滞，贫富分化不断加剧[①]；在社会文化领域，西方社会普遍存在的各族裔内部的社会分化、阶层固化等问题凸显，社会内部撕裂日趋严重，从而使“西方之乱”与“东方之治”形成了鲜明对比。中国共产党带领人民勤奋务实、团结进取，在政治上形成了中国共产党领导的多党合作的良好局面；在经济上创造了世所罕见的经济快速发展奇迹，“打赢了人类历史上规模最大的脱贫攻坚战，全国八百三十二个贫困县全部摘帽，近一亿农村贫困人口实现脱贫，九百六十多万贫困人口实现易地搬迁，历史性地解决了绝

① 加州大学伯克利分校经济学家伊曼努尔·萨兹发表的统计数据显示，美国前10%富人的人均年收入是后90%人口的9倍多，前1%富人的人均年收入是后90%人口的40倍，而前0.1%富人的人均年收入是后90%人口的196倍。

对贫困问题，为全球减贫事业作出了重大贡献。……国内生产总值从五十四万亿元增长到一百一十四万亿元，我国经济总量占世界经济的比重达百分之十八点五，提高七点二个百分点，稳居世界第二位；人均国内生产总值从三万九千八百元增加到八万一千元”①；在文化上大力发展社会主义先进文化，积极弘扬革命文化，不断推动中华优秀传统文化创造性转化与创新性发展。

当前我国正处于实现中华民族伟大复兴的关键时期，在“中国奇迹”印证了社会主义制度优越性的同时，“中国之治”也被赋予了更多的动能和信心。一方面，我们要基于“社会主义初级阶段”和“世界上最大的发展中国家”这两个最大国情，秉持实事求是原则，不断发展和完善中国特色社会主义制度，进一步强化制度在国家治理中的基础性作用；另一方面，我们也要充分认识到新的历史阶段和发展方位为我们创造的时代机遇，在不断发展和完善中国特色社会主义制度的基础上，把制度优势充分转化为国家治理效能，激发国家治理体系和治理能力现代化的内生力量，从而以高质量发展给予新自由主义最有力回击。

深度阅读

习近平：《在哲学社会科学工作座谈会上的讲话》，《人民日报》2016 年 5 月 19 日。

习近平：《为实现党的二十大确定的目标任务而团结奋斗》，《求是》2023 年第 1 期。

习近平：《全面深化改革开放，为中国式现代化持续注入强劲动力》，《求是》2024 年第 10 期。

（执笔人：王岩）

① 习近平：《高举中国特色社会主义伟大旗帜　为全面建设社会主义现代化国家而团结奋斗——在中国共产党第二十次全国代表大会上的报告》，人民出版社 2022 年版，第 7—8 页。

第二章 如何看待历史虚无主义的新表征？

唯物史观是我们共产党人认识把握历史的根本方法。如果历史观错误，不仅达不到学习教育的目的，反倒会南辕北辙、走入误区。现在，一些错误倾向要引起警惕：有的夸大党史上的失误和曲折，肆意抹黑歪曲党的历史、攻击党的领导；有的将党史事件同现实问题刻意勾连、恶意炒作；有的不信正史信野史，将党史庸俗化、娱乐化，热衷传播八卦轶闻，对非法境外出版物津津乐道，等等。要坚持以我们党关于历史问题的两个决议和党中央有关精神为依据，准确把握党的历史发展的主题主线、主流本质，正确认识和科学评价党史上的重大事件、重要会议、重要人物。要实事求是看待党史上的一些重大问题，既不能因为成就而回避失误和曲折，也不能因为探索中的失误和曲折而否定成就。要旗帜鲜明反对历史虚无主义，加强思想引导和理论辨析，澄清对党史上一些重大历史问题的模糊认识和片面理解，更好正本清源、固本培元。

——2021 年 2 月 20 日，习近平总书记在党史学习教育动员大会上的讲话古人云："灭人之国，必先去其史。"古今中外的无数经验早已表明，对历史的书写，特别是对一个国家、政党发展史的阐释，历来是不同政治力量进行意识形态博弈和较量的关键领域。一段时期以来，历史虚无主义沉渣泛起、暗流涌动，对社会造成了极大危害。学界对其展开一系列鞭辟入里的批判，揭露其通过篡改、割裂、歪曲历史，瓦解中华传统文化根基，否定马克思主义，反对社会主义制度，妄图推翻中国共产党领导的险恶用心，使其在一定程度上受到遏制。然而，随着微博、微信、短视频、移动客户端等网络平台的兴起，历史虚无主义通过乔装打扮，以更隐蔽、更多样、更便捷的形式粉墨登场，大大增加了辨识和防范难度。因此，必须善于透过现象看本质，紧紧抓住那些本质性、规律性的东西，运用马克思主义的立场观点方法进行深入分析，旗帜鲜明地抵制和批判其错误观点。

一、当前历史虚无主义思潮的实践新样态有哪些?

（一）历史剪裁的"蒙太奇"：拼凑历史"碎片"，导演历史"真相"

作为一种电影创作手法，"蒙太奇"（来自法语：montage）一词是指根据创作构思，运用艺术技巧，将原本分别拍摄的镜头、场面、段落进行重新剪辑、组合，产生连贯、对比、呼应、联想、悬念等效果，构成一个连绵不断的有机的艺术整体——一部反映生活、表达思想、条理贯通、生动感人的影片。[1]蒙太奇主义者认为，两个镜头剪辑到一起可以产生意想不到的新含义，而主导这一过程的就是创作者本人的思想、情感、态度和创作意图。历史虚无主义者恰恰是利用了这种手法，打着"还

① 参见许南明、富澜、崔君衍《电影艺术辞典》，中国电影出版社2005年版，第150—152页。

原历史”的幌子，有目的地筛选历史“碎片”，再按照自己的逻辑重新加以剪裁、拼接，以此导演历史“真相”。历史虚无主义的这种新样态与当前网络传播的“碎片化”特征“一拍即合”，将受众淹没在海量的碎片化信息之中，让普通读者、网友难辨真假，稍不注意便落入其圈套和陷阱。

有的历史“碎片”本身就是伪造的，由这些虚假碎片拼接出来的历史根本谈不上任何的真实性，想要揭开其虚伪面纱自然不难。但如果抛开历史过程，孤立的历史“碎片”本身可能是真实的，只是在剪辑拼接时，历史的因果关系及其连续性过程被“导演”重置重构，最终呈现出的历史整体就会彻底扭曲和背离历史真相。这种行为往往或打着“探明历史真相”的幌子，或披着学术研究的外衣，具有超强的迷惑性，从而大大增加了辨识和还原难度。列宁曾指出：“在社会现象领域，没有哪种方法比胡乱抽出一些个别事实和玩弄实例更普遍、更站不住脚的了。挑选任何例子是毫不费劲的，但这没有任何意义，或者有纯粹消极的意义，因为问题完全在于，每一个别情况都有其具体的历史环境。如果从事实的整体上、从它们的联系中去掌握事实，那么，事实不仅是‘顽强的东西’，而且是绝对确凿的证据。如果不是从整体上、不是从联系中去掌握事实，如果事实是零碎的和随意挑出来的，那么它们就只能是一种儿戏，或者连儿戏也不如。”[①] 也就是说，在面对历史片段时，我们必须将其还原到具体的历史语境中，从整体上、从联系中把握历史事实。

比如，2020 年 5 月 2 日，美国驻华大使馆在微博公开发文，题为《美国向苏联提供多项援助帮助赢得二战胜利》。文中写道：“虽然苏联和德国在 1939 年 8 月签署了互不侵犯条约，但是，1941 年 6 月，随着德国向苏联发动进攻，双方联盟崩溃，苏联与德国反目为敌，苏联投

---

① 《列宁全集》第 28 卷，人民出版社 1990 年版，第 364 页。

入到抗击纳粹德国的战争中。富兰克林·罗斯福总统说服美国国会，美国应向‘对捍卫美国至关重要的’国家提供军事援助。”文章一出，评论区便炸开了锅。这篇文章里，仿佛 1941 年 6 月以前的苏联和纳粹德国本是一丘之貉，由于德国的背叛才发生了苏德战争，美国才是那个始终站在正义一方的救世主；换言之，美国才是世界反法西斯战争胜利的决定性力量。虽然苏德签订《互不侵犯条约》、德国进攻苏联和美国通过《租借法案》都是真实发生过的，但是由此拼接出的“美国救世”却非全部的历史“真相”。该文全然不提英、法借《慕尼黑协定》祸水东引给苏联带来巨大威胁这一先在原因，闭口不谈美国参战前向德、意、日等法西斯轴心国大量贩售军火和战争物资的史实，而是紧紧抓住人们对法西斯国家普遍痛恨的社会心理，通过苏联与纳粹德国签订《互不侵犯条约》来丑化社会主义苏联，塑造和拔高美国“正义无私伟大”的形象，从而消解人们对苏联在反法西斯战争中作出了巨大牺牲和贡献的历史认知，进而达到诬蔑和否定社会主义的更高的意识形态目的。

从这一事件不难看出，历史虚无主义者正是通过对真实历史进行碎片化处理与移花接木式重构，解构真实历史的事件、主线、主流及意义，以假乱真，赋予他们想要的意义以达成目的。

延伸阅读

BBC 恶意剪辑抹黑中国被美国学者无情揭穿

以 BBC、CNN 为代表的西方主流媒体通过恶意剪辑拼凑“真相”的套路屡见不鲜。2021 年 12 月 1 日，美国政治学者黛博拉·布劳蒂加姆（Deborah Brautigam）在其供职的约翰斯·霍普金斯大学中非研究所官方网站上发表题为《BBC 曲解我对于“债务陷阱外交”的看法》的文章，揭露 BBC 通过恶意剪辑曲解其原意的丑陋行径。事件经过如下：

2021 年 11 月 30 日，针对所谓的“中国债务陷阱”问题，英国广播公司属下的一档节目《今天》（*Today*）电话采访了黛博拉·布劳蒂加姆。在采访过程中，布劳蒂加姆给出了大量证据证明所谓的“中国债务陷阱”论调站不住脚。然而节目组有意识地截取了布劳蒂加姆对“债务陷阱外交”的“理念”与“常规”的解释，却完全抛弃了她之后列举的关于“为什么常规解释不适用于‘中国债务陷阱’”的所有证据。在这段采访之前还剪辑了一个布劳蒂加姆从未被问过的问题：“我们能做

THE CHINA★AFRICA RESEARCH INITIATIVE BLOG

China in Africa

THE REAL STORY

JOHNS HOPKINS SCHOOL of ADVANCED INTERNATIONAL STUDIES

Home　Publications　Research Ideas　The Dragon's Gift

Wednesday, December 1, 2021

BBC Misrepresents my Views on "Debt Trap Diplomacy"

The BBC misrepresented my views this morning, and I admit I'm stunned. I'm a big fan of the BBC. Living in Taiwan and Hong Kong, in the 1970s; doing fieldwork across Africa in the 1980s, I used to listen to the BBC World Service on my shortwave radio and I trusted them to present nuanced and balanced analysis.

Last night I had a call from London. I picked up to find a BBC reporter who wanted my views on Chinese "debt trap diplomacy." Apparently the head of Britain's intelligence service, Richard Moore, had given the BBC an interview in which he said that the Chinese have deliberately used debt as leverage to acquire strategic assets. We spoke for awhile on background and I outlined why this idea had little basis in fact, drawing on my extensive research with Meg Rithmire about the Hambantota Port in Sri Lanka and other cases, and that of other researchers. I gave examples from Montenegro, Kenya, Zambia, and other places where these fears have been trumpeted in the media, but without evidence to support them. He said that another reporter would call me in an hour and record an interview.

An hour later, a woman called and simply asked me to speak for a minute about this idea: a quick explanation of what debt trap diplomacy is believed to be, an example from Sri Lanka or elsewhere, and why the evidence doesn't support the story. I briefly explained all of this, she recorded it, and we hung up.

This morning I've been getting messages from British colleagues who've been doing research on Chinese investment overseas and who know my research. One said that the recording "seemed to have been edited to make it sound like you were possibly supporting the debt diplomacy narrative, which of course misrepresents your nuanced commentary on this available elsewhere."

I quickly listened to the BBC recording (my clip is about 1 hr 50 minutes into the program) and was horrified to find that the only clip they took from the interview was my explanation of the "idea" of debt trap diplomacy and the "conventional wisdom" about the case in Sri Lanka. They completely discarded all the evidence I presented after that about why that conventional wisdom was not correct. Then, they brought in a former adviser to the Trump administration whom he interviewed at some length about the China threat, but again providing no evidence about "debt trap diplomacy" aside from this: "we've charted it globally and it's fairly widespread". She also repeated the (oft-debunked) claim that the Chinese bring in all their own workers...

The reporter leading the story clearly had his mind made up already about the point of view he wanted to present. My little clip was prefaced by a question I was never asked: "What can we do to combat this?" he said, rather than a question that would have made room for a more balanced discussion of this claim. It all reminds me, rather depressingly, about the widespread belief that the Chinese were acquiring large amounts of land in Africa to grow food to send back to China. I spent three years doing field research on that myth and wrote an Oxford University Press book debunking it. No one makes that claim anymore--not due to me, I think, but simply because a more interesting "threat narrative" has now gripped the media's mind. Sigh.

Update December 2: I reached out to the BBC reporter who originally contacted me, expressed my dismay, and sent him a link to this blog post. He responded right away, with apologies, explaining that my inappropriate clip was an editing decision by an inexperienced producer in a tight production situation. I can understand human error and I'm giving them the benefit of the doubt.

Search Blog Posts

Search

For more...

NEED MORE ON CHINA-AFRICA ?

RECENT DATA

RESEARCH & PUBLICATIONS

FELLOWSHIPS

EVENTS

Visit our Website

CHINA★AFRICA RESEARCH INITIATIVE

www.sais-cari.org

Total Page Views

3,224,472

Popular Posts

些什么来对抗这个？”并在这段采访之后请来了特朗普政府的一位前顾问就“中国威胁”问题进行了详细采访。当节目正式播出后，观众自然而然会认为布劳蒂加姆教授非常认同所谓的“中国债务陷阱”观点。布劳蒂加姆教授在《BBC 曲解我对于“债务陷阱外交”的看法》一文中写道：“这一切让我颇为沮丧地想起，人们错误地认为中国人正在从非洲获得大量土地以种植粮食作物并运回中国。对此，我花了三年时间开展实地研究，并写了《非洲将养活中国吗？》（*Will Africa Feed China?*）一书予以揭穿。如今，已经没有人再提出这种说法了，但我想这不是因为我，而是因为一种更浮夸的‘威胁论调’已经‘深入西方媒体’。这真是让人叹息！”

（二）精心搭建的“信息茧房”：操纵网络算法篡改历史结论

随着互联网、大数据、云计算、人工智能、区块链等技术的发展，个性推荐技术日趋成熟和完善，意识形态精准化渗透的趋势也逐渐显露出来。网络传播的“碎片化”特征与量身定制的个性推荐算法相结合，为历史虚无主义提供了搭建“信息茧房”的可乘之机，给网络意识形态安全的治理带来了极大挑战。

大数据驱动的个性推荐算法通过获取用户个人信息数据，利用特定算法计算个人思想倾向与价值偏好，动态地即时推送用户可能感兴趣的内容。由于其兼具隐蔽性和神秘性，受众在使用平台的过程中往往对特定平台和推荐算法日趋依赖，加上人们往往习惯选择与自己原有兴趣、立场、态度相一致的信息；长此以往，不知不觉将自己束缚在一个温暖、友好的“信息茧房”中，只接受满足、愉悦自己的讯息，即《信息乌托邦》的作者凯斯·桑斯坦（Cass R. Sunstein）所称的量身定制的“个人日报”（dailyme）。个性推荐算法的发展在提升了个体获取信息效率的同时，也加速了“信息茧房”的搭建过程；久而久之，个体把“茧房”当作“世界”，用“茧房”信息理解世界，把“茧房”信息当作世界的意义。

相关链接

所谓“个人日报”（dailyme），是桑斯坦在《网络共和国》一书开篇生动描述的“信息茧房”形式：在互联网时代的宏观背景下，随着网络技术的发达和网络信息的剧增，人们能够在海量的信息中随意选择关注的话题，并且完全可以根据自己的喜好定制相关资讯信息，从而促使每个人都具备为自己量身定制一份“个人日报”的可能，进而导致网络“茧房”的形成。当个人被长期制约在自己所建构的这种“信息茧房”中时，个人生活便会呈现一种定式化、程序化趋势，即长期处于过度的自主选择，沉浸在对“个人日报”的满足之中，最终失去接触不同事物的机会和了解它们的能力。

在大多数人看来，个性推荐算法作为一种科学技术，本应具有客观性和中立性，不应当涉及任何政治目的，抑或带有预先价值导向。但事实上，美国复杂性科学奠基人布莱恩·阿瑟（Brian Arthur）已经深刻地揭示了现代技术最深层的本质：“技术是对现象有目的的编程（programming）。”[①] 在现代社会，科学技术可以轻易实现对人的思维、心理、需要、审美趣味、消费偏好、价值观念、政治立场和社会行为的控制。科学技术通过对人的控制成为世界建构的方式，也成为人类存在的方式，使人和世界融为一体，让人不去意识或根本意识不到科学技术对人和世界的操控。历史虚无主义者正是利用这一点，通过大量制造同

① [美]布莱恩·阿瑟：《技术的本质：技术是什么，它是如何进化的》，曹东溟、王健译，浙江人民出版社 2014 年版，第 54 页。

质化的隐性历史虚无主义内容，借助个性推荐算法将警惕性不高或没有超脱能力的受众“困”在历史虚无主义的“信息茧房”当中。

近年来，由于智能新媒体平台往往设有“关键词屏蔽”“内容审核”等功能，以往那种“直言不讳”式的硬性历史虚无主义日渐式微，代之以隐蔽的软性历史虚无主义。软性历史虚无主义一改以往“长枪大炮”式的狂轰滥炸，转用夹枪带棒的“俘获式”话语，在潜移默化中诱导、牵引受众的认知，歪曲或颠覆历史定论。例如，在生活、情感、文娱等非历史类内容中，软性历史虚无主义针对不同受众发表不同的观点以迎合其兴趣审美，却在论证过程中有意无意地错误引用历史事件，试图“制造真相”“混淆是非”，其表达的人生态度和价值立场则往往“绵里藏针”“软中带硬”。曾有微博大V说李鸿章为了民族尊严，在万国运动会上唱了一首《茉莉花》当作国歌，勇敢地捍卫了国家尊严，赢得全场掌声。后来被中国历史研究院精准辟谣，那届运动会（万国运动会）在雅典举办，清政府并未派代表参加。网民如果长期沉浸在软性历史虚无主义的“信息茧房”中，极易固化原有的错误观点并奉其为圭臬，逐渐由“受害者”转变为历史虚无主义的传播者。

名词解释

网络平台：平台指多方参与且包含了较完善的沟通规则和互动环境的场域。网络平台指由运营方基于互联网技术提供信息交互服务，由运营方和使用方共同使用和发展的数字平台。网络平台的发展几乎重构了人们的生活方式，其不容忽视的影响呼唤着社会公共权利的制约与监管。2019 年，欧盟通过的《数字化单一市场版权指令》（*Directive on Copyright in the Digital Single Market*）第 13 条要求 Facebook、YouTube 等平台积极监测其用户的内容，加强版权审核。无独有偶，我国开展的“App 治理专项行动”也将“嵌入代码、插件”和“提供注销功能”等设计层面的算法作为治理对象。

除了主动迎合算法的软性历史虚无主义外，具体的推荐算法本身也有其明确的价值倾向。资本逻辑下，推荐算法奉行“流量为王”和“效益至上”，导致内容的泛娱乐化、片面化和极端化，为历史虚无主义的传播和泛滥提供了便利。2018 年 4 月，快手和今日头条因“播出有违社会道德节目”等问题被国家广播电视总局约谈并责令整改，其中仅今日头条下架的问题短视频就有 10318 条之多。在一些资本主义国家，通过操控推荐算法实现某种政治目的的事例更是屡见不鲜。例如，2019 年 7 月 24 日，美国联邦贸易委员会指控剑桥分析公司采用欺骗手段从 Facebook 数千万用户那里收集个人信息并进行选民分析，通过精准投放广告、非法捏造假新闻、精准投放新闻等一系列手段干预包括美国总统大选、英国公投“脱欧”等在内的 200 余场政治活动。在剑桥分析公司一整套令人不寒而栗的操作中不乏历史虚无主义的身影，不能不引起我们的警惕。

延伸阅读

网络“清朗”系列专项行动

为进一步规范网上信息传播秩序，切实维护广大人民群众的切身利益，促使网络空间更加清朗，国家网信办自 2020 年起开展“清朗”系列专项行动，取得显著成果。

2020 年网络“清朗”系列专项行动全面覆盖各类网络传播渠道和平台，集中清理网上各类违法和不良信息；对有令不行、顶风作案的网站平台依法从严处理，并公开曝光典型案例，有效震慑了违法违规行为。

2021 年网络“清朗”系列专项行动集中整治了下述八个方面：整治网上历史虚无主义，整治春节期间网络环境，打击网络水军、流量造假、黑公关，治理算法滥用行为，整治未成年人网络环境，整治网上文娱及热点排行乱象，规范网站账号运营，整治 PUSH 弹窗突出问题。

2022 年网络“清朗”系列专项行动共公布“打击网络直播、短视频领域乱象”“MCN 机构信息内容乱象整治”“打击网络谣言”“2022 年暑期未成年人网络环境整治”“整治应用程序信息服务乱象” “规范网络传播秩序”“2022 年算法综合治理”“2022 年春节网络环境整治”“打击流量造假、黑公关、网络水军”“互联网用户账号运营专项整治行动”十大专项行动目标。

2023 年网络“清朗”系列专项行动中，有九个方面问题是重中之重：整治“自媒体”乱象；打击网络水军操纵信息内容；规范重点流量环节网络传播秩序；优化营商网络环境，保护企业合法权益；整治生活服务类平台信息内容乱象；整治短视频信息内容导向不良问题；整治暑期未成年人网络环境；整治网络戾气；整治春节网络环境。

2024 年网络“清朗”系列专项行动重点开展十项整治任务：“清朗·2024 年春节网络环境整治”专项行动、“清朗·优化营商网络环境——整治涉企侵权信息乱象”专项行动、“清朗·打击违法信息外链”专项行动、“清朗·整治‘自媒体’无底线博流量”专项行动、“清朗·网络直播领域虚假和低俗乱象整治”专项行动、“清朗·规范生成合成内容标识”专项行动、“清朗·2024 年暑期未成年人网络环境整治”专项行动、“清朗·规范网络语言文字使用”专项行动、“清朗·整治违规开展互联网新闻信息服务”专项行动、“清朗·同城版块信息内容问题整治”专项行动。

（三）蓄意放大的“个体病例”：利用个体情感记忆消解社会历史进程

根据历史唯物主义的一般原理，在历史发展进程中，每个人的意志和行为作用都不等于零，但任何人都只能影响历史的局部面貌而无法改变历史趋势；如果向前深究，对历史产生了影响的个人，其思想认识、价值观念、政治主张又受到历史和现实的影响，因此，过分夸大个人作用的唯心史观是错误的。在生活中我们时常看到，一些人因为现实中的不得志而将个人不满情绪发泄到党和国家身上，以个人经历来否定国家记忆；还有一些人采用“推己及人”的思维方式，用个人价值判断取代社会价值共识。历史虚无主义者正是利用了这一点，通过蓄意放大“个体病例”，形成对整个社会历史进程的消解和歪曲。

一是通过“当事人亲述”否定国家历史记忆。口述历史作为一种搜集史料的重要途径，可以弥补历史学家在编纂历史文献、历史档案时的史料不足。但口述史并不像有的人理解的那样，只是简单地一个人说一个人记，而是一种将记录、发掘和认识历史相结合的史学形式；它是以广泛占有文献资料为前提的，目的是让历史更加全面生动、更加接近具体的历史事件真实。近年来，以个人或小众记忆为主、以“档案”“纪实”“揭秘”“真相”等为关键词的历史类节目热度上升，历史虚无主义者借此契机，抓住人们的猎奇心理，搬出一些未经考证的所谓名人日记、当事人口述等不为人知的“珍贵资料”，借个体记忆重构历史细节，把支流说成主流，把特殊当成普遍，用局部替换整体，片面对待领袖人物的错误，夸大我们党在领导革命、建设、改革中的曲折和失误，抹黑和否定历史成就，甚至宣称要改写国家历史。一些人以身边人所谓的口述材料为依据，严重曲解了社会主义建设中的片段，甚至把所有的政治运动都归结为毒害人性。近年来，还有人利用所谓的个体生活经历，用片面、个性、特殊的案例分析全局性、整体性、普遍性的历史进程，割裂改革开放前后两个历史时期，从而质疑、否定改革开放带来的社会的巨大发展。我们应该辩证地、实事求是地分析历史发展的内外因，联系当今中国实际——尤其是国防领域取得的巨大成就、经济领域实现的伟大飞跃等，客观整体地分析和认识改革开放前后两个时期的历史。

延伸阅读

俄罗斯反对历史虚无主义的国家战略：重塑“苏联记忆”

卓娅

2021 年，由高尔基电影制片厂拍摄的电影《卓娅》正式上映，再次引起了人们对这位英雄的追思。她的壮烈事迹曾在二战最艰难的时刻，激励苏联人民保家卫国。在苏军全线反攻时，“为卓娅报仇！”是战场上最响亮的口号。然而，这位伟大的苏联英雄却在历史虚无主义者的笔下成了“精神病”。报纸《论据与事实》造谣说，卓娅烧的不是德军马厩而是民舍，是被主人交给德军的，她的处决使当地百姓“民心大快”。这种打着“揭露真相”旗号的言论在相当长的一段时期内甚嚣尘上，推倒了苏联英雄的光辉形象，搅乱了苏联人民的思想。

俄军事历史协会指出，如果俄罗斯正在成长的一代人不知道共青团员卓娅是谁，国家和民族就将失去自我。“英雄已经保护过我们，现在应该是我们保护英雄的时候了。”

二是通过“推己及人”否定历史事实。历史虚无主义者常从个体感性直观出发，用“似是而非”的当代社会观念“跨越时空”地解构历史精神、否定历史事实。近些年来，历史虚无主义者极尽想象，挖空心思来否定英雄人物，从民族英雄到革命英雄再到社会主义建设、改革中的先进模范，无不被他们肆意奚落、抹黑和嘲弄。例如，牺牲在朝鲜战场上的邱少云，他为了避免暴露目标在美军的燃烧弹烧到全身时放弃自救，这一壮举被历史虚无主义者质疑为违反生理本能，说任何人都不可能有这样的意志和毅力。这类极具煽动性的叙述，用常态推论极限态，以小人之心度君子之腹，以常人甚至庸人否定英雄、伟人，促使受众在感性的情绪中失去理性思考。2017 年，互联网空间中出现了一封名为《请刘胡兰离我的孩子远点》的“家长来信”。该信以一位孩子母亲的口吻，从和平年代的观念出发，将革命英雄刘胡兰在战争年代信念坚定、坚贞不屈的大无畏行为视为“残忍”，将她应受的嘉奖和称赞视作“耻辱的记忆”，将正义的抗日斗争视作“社会的阴暗”，妄图用“父母对孩子的爱”这般颇具带入感的叙述引起读者的共情，把个人亲情与对国家、民族、人民之爱对立起来，以个人亲情否定个人对国家、民族、人民的大爱。这位母亲可能没有想过，不要说国家、民族惨遭外敌蹂躏的时候，就是在和平年代，当她或她的孩子遇到暴力伤害时，是需要有人见义勇为呢？还是让人们都避而远之？这些丑化英雄的行为，不仅惑乱了民族的历史记忆、社会的集体心理认同、人类的共同价值追求，也触碰了法律的底线。一名老师给这个家长回了信——《不要让孩子活在你的乌托邦》。信中指出，这位家长教育孩子的方式不但会毁了自己的孩子，而且其错误的观念和态度还会影响许多人。让孩子远离自己民族的英雄，这是可耻的！

学习在线

中华民族是崇尚英雄、成就英雄、英雄辈出的民族，和平年代同样需要英雄情怀。对一切为党、为国家、为人民作出奉献和牺牲的英雄模范人物，我们都要发扬他们的精神，从他们身上汲取奋发的力量，共同为推进中国特色社会主义伟大事业、实现中华民族伟大复兴的中国梦而顽强奋斗、艰苦奋斗、不懈奋斗。

——2016 年 2 月 2 日，习近平总书记在江西看望全国道德模范和英烈后人时的讲话

历史虚无主义者利用网络交互中的感性、自发性等特点，采用“诱导”的沟通方式，唆使其在看待历史时将个人视角、感性直观和物质功利作为准则，用个人心理情感取代国家民族大义和理性，实现了偶发联系对宏观规律的取代。在这样的情况下，历史不再是把握规律的科学认知，而是彻底沦为了泛娱乐主义、功利主义和极端个人主义等错误观念的“橡皮泥”，受众也在不知不觉中异化为历史虚无主义的俘虏和传播者，引发历史虚无主义的“病毒式扩散”。

二、当前历史虚无主义思潮的传播新特点有哪些?

为了进一步认清历史虚无主义的传播机理，抵御其危害，还需要从手段、内容、效果三个方面综合把握其传播的新特点。

（一）传播手段：多样化、隐匿化、高科技化

当今世界，科学技术日新月异，自媒体走进寻常百姓家，人人都是信息发布者，信息传播迎来爆发式增长。这也使得历史虚无主义思潮在传播手段上表现出一些新特征。

一是多样化。网络信息技术的应用为历史虚无主义思潮的迅猛传播起到了推波助澜的作用，五花八门的传播手段将裹挟着历史虚无主义气息的讯息推涌进人们视野：带有“不为人知的秘密”“你所不知道的惊天内幕”等哗众取宠式标题的诱导性网文不断编排、歪曲着历史，冲击人们的“三观”。从传统的书籍、报纸到论文论著的理论形态，从影视大片、文学作品到脱口秀、网络游戏等娱乐形式，历史虚无主义无孔不入，或假以学术研究的权威，或付诸嬉笑怒骂的嘲讽，或编造亵渎崇高的“历史”轶事，或猎奇捕风捉影甚至无中生有的“现实”，扭曲“三观”、惑乱人心。

二是隐匿化。党的十八大以来，我国意识形态领域形势发生全局性、根本性转变，历史虚无主义有所收敛，但并不意味着这种思潮的彻底退场。为了规避整治和打击，历史虚无主义由硬性转向软性，不断变换花样，采取更加隐匿的方式出场。譬如被曝光的小学教材插图事件，就存在严重的隐匿化传播错误历史信息、歪曲历史事实、扭曲国人形象的现象——飞行员开着日本侵华战争时期的战斗机、国旗的五星图案被颠倒、中国人的面部特征被恶意丑化等，令人触目惊心。不仅是插图，一些地方教材的课文也暴露出存在崇洋媚外现象。比如，关于国外的篇目占比高达四分之一，而在这些文章的具体描述中，中国人往往以负面形象出现，与外国人大多以正面形象出现形成了鲜明对比，潜移默化地削弱着我国青少年对中华民族悠久历史和中华优秀传统文化的认同。除此之外，影视作品向来是历史虚无主义者隐匿化传播自己思想的必争之地。2008年，中国台湾地区的爱情电影《海角七号》上映，一举打破台湾地区华语电影票房最高纪录。但有学者一针见血地戳穿了这部电影在故事背后隐藏的意识形态秘密：该影片“隐藏着日本殖民地文化的阴影”，“处处渲染台湾人的媚日情结”。从而呼吁台湾民众要“摆脱后殖民意识，寻找到自己的根”。

延伸阅读

包藏祸心的教材

2021 年 4 月 2 日，中国国际电视台（CGTN）播出第四部新疆反恐纪录片《暗流涌动——中国新疆反恐挑战》，在纪录片第三章“包藏祸心的教材”中揭示了“三股势力”在文化、教育层面对新疆的严重渗透。

于 2017 年落马的新疆维吾尔自治区教育工委原副书记、自治区教育厅原厅长、“两面人”沙塔尔·沙吾提，自 2002 年起就组织犯罪集团，策划编纂包含血腥、暴力、恐怖、分裂思想等内容的问题中小学维吾尔语教材，并让这些教材在自治区使用了长达 13 年。其妄图通过歪曲历史给懵懂无知的学生们灌输分裂思想，增加他们的民族仇恨。

三是高科技化。科技进步是社会发展的必然趋势和利好象征。然而，互联网科技的应用在为人类生活带来便利的同时，也为历史虚无主义思潮的传播提供了可乘之机。加拿大传播学者马歇尔·麦克卢汉（Marshall McLuhan）指出，“媒介即讯息”，新的媒介形态改变着我们对于自身和社会的体验，这种影响最终甚至比它所传达的特定讯息的内容更重要，因为传播媒介最重要的效果在于它影响着我们理解与思考的习惯。借助日新月异的传播手段和庞大的信息群组，历史虚无主义藏匿于纷繁复杂的信息海洋中，杂糅着最新潮的内容吸引人们的眼球，进而从政治建设、经济发展、文化交流等不同维度侵蚀主流意识形态阵地。

（二）传播内容：碎片化、生活化、泛娱乐化

内容作为传播的具体要素，在整个传播过程中具有基础性意义。新形势下，因以渗透、破坏、摧毁为最终目的，历史虚无主义思潮的传播内容呈现出碎片化、生活化、泛娱乐化等新特点。

一是碎片化。历史虚无主义者心知肚明，要想带偏中国人的历史观，

一味地歪曲、否定中国历史只会将自己的真实意图暴露无遗，只有碎片化、细节化地拆解或模糊具体的历史内容，形塑一个“难观全貌，一叶知秋”的假象，才有可能达成自身目的。同时，这种做法恰巧迎合了人们的快餐化、碎片化阅读习惯，满足了人们渴求花费最少的时间达成最大效率的心理。因此，当前历史虚无主义者往往不再通过长篇大论来系统论证和宣传其观点，而是通过所谓的“专家揭秘”“内幕视频”等哗众取宠，满足受众猎奇心理，对历史过程或重大事件进行“截屏”，歪曲历史本来面目，对历史进行断章取义式解读。这种做法或无中生有地伪造历史细节，或将局部、片段的历史进行恶意剪辑和拼接，或将某些历史“问题”片面无限放大，完全割裂了历史事件本身的多种因果关系和连续过程，用碎片化的“历史”或事件推销历史虚无主义观点，具有巨大的欺骗性。

二是生活化。历史是庄严而厚重的，而日常生活却具有随意性高、严肃性低与慵懒性大、紧张性小的特点。历史虚无主义者抓住这一特点，往往营造出远离政治的假象，将其真实意图隐藏在日常生活的随意交流中，企图在轻松愉悦的氛围中潜移默化地影响受众。

相关链接

汪精卫——这一早已被钉在耻辱架上的汉奸，如今也有人为其洗白。他们避而不谈汪精卫的卖国行为，反从讨论“民国四大美男子”说起，进而用“曲线救国”的方法拼命洗白民族汉奸，把他美化成“我不下地狱谁下地狱”的“担当之士”。这些看似荒诞的闹剧背后，隐藏的是历史虚无主义者为已经被钉在耻辱柱上的历史人物评功摆好而杜撰的“带有崇高悲剧意味的英雄史诗”。

相关链接

曾任苏共中央书记的尼古拉·伊万诺维奇·雷日科夫在《大国悲剧——苏联解体的前因后果》中揭露，美国中情局原局长艾伦·杜勒斯在 1945 年的演说中表示：“我们将从文学和艺术中逐渐抹去他们的社会存在，我们将训练那些艺术家，打消他们想表现或者研究那些发生在人民群众深层的过程的兴趣。文学，戏剧，电影——一切都将表现和歌颂人类最卑劣的情感。我们将使用一切办法去支持和抬举一批所谓的艺术家，让他们往人类的意识中灌输性崇拜、暴力崇拜、暴虐狂崇拜、背叛行为崇拜，总之是对一切不道德行为的崇拜。”

三是泛娱乐化。泛娱乐化指以能否取悦大众为评判标准，借助于现代传媒工具进行信息传播，将各个领域突出的人物与事件都用娱乐的方式演绎，目的是吸引眼球、博取流量。受众在接触信息的同时，也为扭曲的价值观所俘获。一些影视剧、直播、综艺，以戏谑的方式极大歪曲了严肃深沉的历史，使得一代人经由革命光荣历史磨砺出的理想信仰、责任意识、担当品质、献身精神等崇高情感遭受玷污。例如，近年来，各类抗日神剧层出不穷，剧中的演员大多数青春俊美、衣着华丽、地位崇高，掩盖了真实历史中食不果腹、艰苦抗战、流血牺牲的事实。有的影视剧中甚至出现了八路军在战场上抽雪茄、梳油头，在战壕里谈情说爱等荒唐内容。这种魔幻式的创作虽然迎合了部分年轻人对于“爱豆”的臆想，但严重消解了战争的残酷性，极大程度上偏离了真实的历史。更有甚者，通过设置特定议题，试图诱导受众在“娱乐至死”的体验中不讲对错、不论是非、不知美丑、不辨香臭。

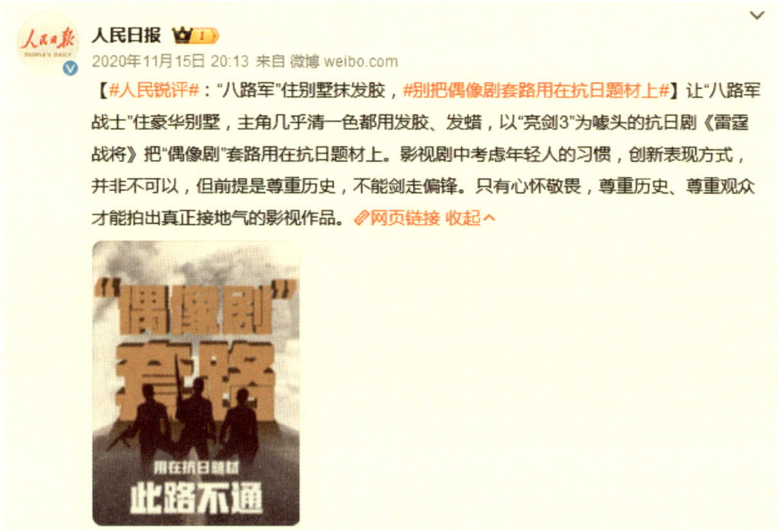
人民日报
2020年11月15日 20:13 来自 微博 weibo.com
【#人民锐评#："八路军"住别墅抹发胶，#别把偶像剧套路用在抗日题材上#】让"八路军战士"住豪华别墅，主角几乎清一色都用发胶、发蜡，以"亮剑3"为噱头的抗日剧《雷霆战将》把"偶像剧"套路用在抗日题材上。影视剧中考虑年轻人的习惯，创新表现方式，并非不可以，但前提是尊重历史，不能剑走偏锋。只有心怀敬畏，尊重历史、尊重观众才能拍出真正接地气的影视作品。网页链接 收起

（三）传播效果：高速化、精准化、强效化

历史虚无主义思潮在中国肆虐多年，其拥趸也积累了丰富的传播经验。伴随着新技术手段的开发和创新，其传播效果更是呈现出高速化、精准化、强效化三种新特征。

一是高速化。互联网技术的突飞猛进，特别是 4G、5G 网络的广泛应用，使信息的传播获得了前所未有的广度和速度。高速化意味着人与信息间的交往或者人与人之间的信息接收无限趋近于瞬时。与传统的书籍、报刊的传输方式受制于具体的时间和场所等因素不同，在移动网络高度发达的今天，一部随身携带的手机就可以使得受众随时随地知晓天下事，一个热点新闻可以在短短数分钟之内就引发全球关注。历史虚无主义思潮就是利用网络传播高速化的特征，通过网络传递相关信息，使得无数用户瞬间就能接收并继续传播。很多自媒体都有转、评、赞的功能，在自媒体强大的互动功能的加持下，历史虚无主义的错误观点和言论迅速得到传播，很容易成为舆论中心。等到媒体平台接到举报时，信息早已"覆水难收"。

二是精准化。人们在传统媒介上接收到的信息大多具有相似性和重复性，书籍和报刊无法根据每位读者的喜好个性化制订宣传内容。网络时代的大数据分析使得信息传递的精准化轻而易举得以实现，用户可以在自媒体、社交平台上自主选择感兴趣的领域，系统会自动推送用户感兴趣的相关内容。历史虚无主义利用大数据的精准分析，在不同领域精准投递历史虚无主义的相关信息。譬如，对军事爱好者就推送国外先进军事科技信息，故意屏蔽本国军事力量的真实发展状况，降低用户对于本国的军事自信；对电影爱好者就推送充斥历史虚无主义的文艺作品；对没有特殊爱好的用户，就推送短平快但缺乏营养的内容。长此以往，会消磨用户积极向上的热情，扭曲用户的价值观。

三是强效化。“在新兴媒体传播环境下，历史虚无主义的传播不只是点对点，更是交互式的多点对多点或立体的面对面的辐射状传播，这就导致信息的传播范围和扩散速度呈裂变式效应，其传播速度和影响范围远非传统媒体可比。”[①] 正如“造谣的速度远快于辟谣的速度”一样，现实的情况是，每当遭遇突发公共事件，历史虚无主义者制造的假信息通常以极快的速度传播到极广的范围，极大影响了民众的主观判断，降低了他们对事件处理结果的心理预期，进而导致公共权力主体在处理具体事件时往往处于舆论的风口浪尖，由此形成恶性循环，在民众心中留下消极印象。

三、如何认清历史虚无主义的错误方法论?

虽然历史虚无主义在当今中国多是以零星的、个别的、分域的和或直接或间接的、亦真亦幻的、似是而非的形式呈现，但是，无论其如何

① 周玉：《历史虚无主义网络传播的新特点及对策》，《马克思主义研究》2020 年第 7 期。

变化或隐藏，其反动目的不会轻易放弃，基本主张不会随意改变，社会危害更不会减轻或消失。不管其以什么形式、什么手法表现出来，也无论其意图有多么隐蔽，其惯用伎俩仍是有规律可循的。只有运用马克思主义立场观点方法从方法论层面揭露其根本谬误，才能以不变应万变，从根本上戳穿其不断变幻的迷人“画皮”。

（一）历史本体论层面：否定历史发展的内在逻辑和必然规律

认识历史不是为了使事物复杂化，而是要从混沌中找出秩序，从偶然性中发现必然性，从规律性中把握未来趋势，让人们理解事物、洞悉道理，从而为实践提供理论遵循或思想启迪。

历史本体论是研究历史过程的本质的学说。马克思把整个世界历史归结为“通过人的劳动而诞生的过程”，在劳动发展史中找到了理解人类历史奥秘的钥匙。面对纷繁复杂的历史现象，唯物史观从特定社会形态的生产力和生产关系、经济基础和上层建筑相互作用、相互制约的矛盾运动中揭示社会历史发展和社会形态演进的进程与规律。

然而，建立在唯心史观基础上的历史虚无主义并不承认历史发展具有客观规律性。因为在唯心史观那里，由人的实践构成的社会历史根基被彻底抽离，历史只能在社会实践之外寻求发展动力，将其归结为某种超然精神观念或个别历史人物的扭转乾坤之力。支配着历史基本进程并成为人们行动前提的既得生产力及其基础上的生产关系、经济基础、上层建筑，则完全在他们视野之外。历史因此被解构成了那些或稍纵即逝的精神碎片，或突如其来的奇迹，或莫名其妙的偶发事件，或一厢情愿的臆想推断。比如，一些网络论坛中出现的“如果希特勒早点造出原子弹就能统治世界了”“如果日本战胜了中国，所有人都有好处”等所谓“历史假设”，就是这种唯心史观的典型反映。尽管我们承认，人类活动具有一定的偶然性、目的性和主观性，但这并不能用来否定人类历史发展和社会活动的必然性、规律性和可预见性。人们的社会活动表面上

经典之音

人们在自己生活的社会生产中发生一定的、必然的、不以他们的意志为转移的关系，即同他们的物质生产力的一定发展阶段相适合的生产关系。这些生产关系的总和构成社会的经济结构，即有法律的和政治的上层建筑竖立其上并有一定的社会意识形式与之相适应的现实基础。物质生活的生产方式制约着整个社会生活、政治生活和精神生活的过程。不是人们的意识决定人们的存在，相反，是人们的社会存在决定人们的意识。社会的物质生产力发展到一定阶段，便同它们一直在其中运动的现存生产关系或财产关系（这只是生产关系的法律用语）发生矛盾。于是这些关系便由生产力的发展形式变成生产力的桎梏。那时社会革命的时代就到来了。随着经济基础的变更，全部庞大的上层建筑也或慢或快地发生变革……大体说来，亚细亚的、古代的、封建的和现代资产阶级的生产方式可以看做是经济的社会形态演进的几个时代。

——《马克思恩格斯全集》第 31 卷，人民出版社 1998 年版，第 412—413 页

是观念、意志支配的产物，但人们的观念、意志并不是纯粹主观任意的结果，而是受到各种主客观条件的制约。正是这种条件制约着所有人的任性，否则，人就不能不为任性付出代价。换言之，曲折性与前进性相统一、合目的性与合规律性相统一，这正是人类社会发展史区别于自然发展史的一个显著特征。[①] 历史虚无主义者妄图用主观取代客观，按照其主观愿望和政治意图来建构或假设历史，用个人意志取消历史规律，拔高观念、意愿、意志或个别历史人物在历史进程中的作用，用偶然事

① 参见汪亭友、吴深林《历史虚无主义的思想认识基础、理论本质及其批判》，《马克思主义理论学科研究》2021 年第 9 期。

件的堆积来否定或模糊历史的规律、秩序与趋势，否定先进阶级、政党和领袖为代表历史必然的崇高理想所进行的可歌可泣的奋斗，其目的无不是为敌对势力和腐朽制度还魂和张目。

（二）历史认识论层面：背离马克思主义的唯物辩证法

人们常说，历史有如一面明镜。其实，历史如明镜是正确历史认识论打磨的结果。正是因为人们在特定条件下进行重大历史行动的成败得失印证出了历史的规律性、必然性，历史才能成为后人可资借鉴的经验或教训。如果把历史整体碎片化，这样的历史只能成为扭曲人们认知的“哈哈镜”了。历史观之所以重要，就在于它确定了认识和对待历史的态度、视角和原则，历史认识论是建立在特定历史观基础上观察和认识历史的方法论。唯物辩证法是马克思主义认识自然、社会和思维的哲学方法。唯物辩证法从总体上揭示了世界的“万物普遍联系”和“按自身规律永恒发展”两大基本特征，由此派生出一系列唯物辩证的认识路线及思维方法，以实现主观与客观、认识与实践、知与行的具体的历史的统一。历史虚无主义完全背离了唯物辩证法的科学认识方法，既背离实事求是的唯物主义原则，也背离历史的辩证特征，割裂历史进程、拆解历史事件、涂抹历史人物、任意解释历史意义，主观选择性地“重写”历史。

真实的民国：少数名流的天堂，普罗大众的地狱

历史虚无主义抓住历史现象，否定历史本质。透过现象看本质是马克思主义认识论的基本要求。历史虚无主义者往往针对党的历史功绩，利用普通人的日常感性思维的局限，曲解党史新中国史军史重大事件的意义，消解党的历史合法

性。他们不动声色地制造起“民国热”，以看似无关宏旨地品味“民国女人”，暗示民国生活的优雅与自由；以看似纯学术般地谈论“民国学人”，炫耀民国所谓的“学术繁荣”；以看似纯粹的谈军论武方式缅怀“民国军人”，把他们标榜为中华民族安全的文风武骨……以此对比共产党人的“土”与“粗”。在国民党将领评价、国共历史作用评价等方面，类似的观点都应高度警惕，而其中最容易混淆视听的就是否定中国共产党在抗日战争中的中流砥柱作用。比如，近年来有人打着“学术研究”的幌子，以蒋介石日记和国民党方面的单一史料为依据，极力美化夸大蒋介石和国民党政府在抗战中的态度、决心和作用，否定共产党在抗战中的中流砥柱作用，这些都是典型的历史虚无主义表现。中国共产党在抗日战争中的中流砥柱作用体现在凝聚人心、团结力量、制定战略、全力御敌等方面。日本帝国主义侵略中国，国民党作为当时的执政党丧权辱国，无以逃脱罪责。民族大敌当前，蒋介石政府奉行“攘外必先安内”政策，不把国家的人力、财力、物力和外国的军事经济援助用于抵抗日本侵略，反而用于对体制内的异己军事力量发动内战，对体制外的共产党及其红军进行军事“围剿”。国民党消极抗战、积极反共不是共产党给它扣的帽子，张学良、杨虎城的“兵谏”就是历史的铁证。是中国共产党举起抗日民族统一战线的旗帜，凝聚抗击日寇的军心民力；是毛泽东提出的持久战的政治路线、军事战略及策略，从根本上转变了抗日战争的被动局面，成为抗日战争胜利的军事指导思想；是共产党及其领导的八路军、新四军，广泛发动群众，开创抗日根据地，布局犬牙交错的战争形态，使日本侵略者陷入人民战争的汪洋大海。正因为这一切，“中国人民抗日战争胜利是中国共产党发挥中流砥柱作用的伟大胜利”①。

① 习近平:《在纪念中国人民抗日战争暨世界反法西斯战争胜利75周年座谈会上的讲话》,《人民日报》2020年9月4日。

名词解释

西安事变：亦称“双十二事变”。在日本帝国主义加紧侵略、民族危机日益严重的形势下，蒋介石仍一面对日妥协，一面继续“剿共”。1936年12月4日，蒋介石亲赴西安，以调离、改编张学良、杨虎城领导的东北军和十七路军相威胁，逼迫张、杨继续“剿共”。张、杨在多次当面劝谏无效后发动“兵谏”，于12日晨在陕西临潼华清池扣留蒋介石，并向全国通电，提出改组南京政府、停止一切内战等八项抗日救亡主张。事变发生后，南京政府中，何应钦等人极力主张“讨伐”张学良、杨虎城；以宋子文、宋美龄为首的一派，为保全蒋介石，主张用和平方式解决西安事变。中国共产党主张在有利于抗日的条件下和平解决，17日派周恩来、秦邦宪、叶剑英赴西安，对各方进行说服工作，并参与张、杨同蒋介石、宋子文、宋美龄的谈判。25日，蒋介石在被迫接受“停止‘剿共’政策，联合红军抗日”等六项条件的情况下被释放。西安事变的和平解决，成为时局转换的枢纽，十年内战基本结束，国内和平初步实现。

历史虚无主义用局部替代整体，以支流否定主流。历史虚无主义者的惯用伎俩之一是针对党的领袖群体，利用人们对历史细节了解有限的特性，或抓住日常生活细节的平凡一面来掩盖、否定中国共产党领袖人物的伟大，或通过捏造和曲解历史事实丑化领袖形象，竭尽攻击、污蔑之能事，抹黑和否定老一辈无产阶级革命家带领人民团结奋进的光辉业绩，从而企图污损党的形象、抹黑党的历史、消解人们对党的信赖。中国共产党的历史合法性，是由中国共产党创造的光辉历史奠定的。党的光辉形象首先是与党的领袖们为了争取民族独立、人民解放和实现国家富强、人民富裕无私奋斗联系在一起的，党的领袖的伟大就在于他们响应了中国人民的历史需要，顺应了中国社会发展的必然，把自己的人生奉献于实现人民幸福、民族复兴的历史征程。马克思主义认为，伟大与平凡是统一的，领袖人物作为血肉之躯，同样具有平凡普通的一面。如果只见历史人物的伟大而神化领袖，就会陷入历史唯心主义的“英雄史观”；相反，如果只见平凡而不见伟大、夸大平凡而否定伟大，这就是德国哲学家黑格尔批判的“仆从史观”。黑格尔认为，有些接近历史人物的“小人物”，看不到也理解不了伟人的伟大之处，他们看到的只是历史人物的生活琐事和某些细节。例如，拿破仑的马夫清楚地看到拿破仑不高的个子，头上经常生满疥疮，所以滋生自己的主人“没什么了不起，甚至并不比自己强多少”的意识，而拿破仑打击欧洲封建势力的历史意义则是他无论如何都不能理解的。在这个意义上，黑格尔说，“仆从眼里无英雄”。历史虚无主义在对待党的领袖问题上，表现出的就是这种庸俗的“仆从史观”。“仆从史观”和“英雄史观”是唯心史观在对待历史人物上彼此相通的两极。[①]

历史虚无主义割裂历史进程，否定历史发展的整体性、连续性。历史就像一篇叙事文章，既有前因后果，也有起承转折，因而成为一个波澜壮阔的接续过程，呈现出不同历史主题的社会行动及其关系和历史作用。历史虚无主义静止地看待历史，否定历史进程的内在连续性，无视历史发展是前进性与曲折性的统一，囿于历史发展过程中某一特定阶段的部分矛盾问题做文章。要么抓住错误而无视纠正错误的历史；要么制造与其他相连历史阶段的断层对立；要么借此否定全盘历史，妄言“历史倒退”。比如，对改革开放前后两个历史阶段的分割对立，尤其表现为要么否定社会主义建设初期的探索，要么诋毁改革开放后的发展道路，要么对两个历史时期均予以否定并极力推崇西方政治经济体制。历史发展总是螺旋式上升、波浪式前进的，历史不是停滞不前的孤立事物的突

① 参见何畏《在提高学生的社会思潮辨识力中固本培元——谈提高和巩固思政课教学效果的有效路径》，《马克思主义理论学科研究》2020 年第 5 期。

现或集合，而是必须应用马克思主义普遍联系、全面发展的科学辩证思维才能正确理解的宏大进程。

（三）历史价值论层面：鼓吹抽象人性论和价值虚无

历史价值论探讨的是“历史研究中的价值观”问题，即如何评价历史。尽管这是一个看上去见仁见智的主观问题，但实际上，历史是历史事实与价值判断的统一。历史认识的过程尽管有主观性，但它的内容应当是客观的。历史唯物主义把历史事实的真实性和历史评价的主体性统一起来，使价值评价反映历史事件、过程本身的实际功用，从根本上摆脱了主观唯心史观，反映历史规律的真理再也不是“任人打扮的小姑娘”。

历史唯物主义的价值观植根于马克思主义的人学理论。马克思指出：“人的本质不是单个人所固有的抽象物，在其现实性上，它是一切社会关系的总和。”[①] 换言之，社会性是人的本质属性，人们生活于其中的社会关系，尤其是经济关系决定了人们的阶级地位及其阶级性；社会关系的变化决定了人们的观念、情感、心理及其社会立场、政治主张的变化，形成所谓人性的变化。如何才能在看起来扑朔迷离、一团混乱的状态中发现历史的规律性呢？列宁指出：马克思主义为我们提供了一条指导性的线索，“这条线索就是阶级斗争的理论”[②]。“历史虚无主义者则无视人类社会历史的这一基本事实，否认和反对阶级分析的方法，用抽象的人性论取代阶级论，以所谓客观主义的姿态掩盖其资产阶级立场。”[③] 历史虚无主义通过强调抽象的、永恒不变的人性论，为其重新评价历史进程和历史中的人物与事件找到了依据。因此，在历史虚无主义者的笔下，农民往往是愚昧无知的，地主阶级反而是先进文明的代表，农民运动则

---

①《马克思恩格斯文集》第 1 卷，人民出版社 2009 年版，第 501 页。

②《列宁专题文集：论马克思主义》，人民出版社 2009 年版，第 15 页。

③ 梁柱：《历史虚无主义评析》，社会科学文献出版社 2012 年版，第 57 页。

被描绘成戕害人性的反动暴乱。历史虚无主义者在评价历史人物时，往往脱离具体历史条件，按照其主观愿望和政治意图歪曲事实、颠倒黑白，为历史反动人物翻案，诋毁党的领袖和民族英雄；在看待战争时，避而不谈战争的正义与非正义，故意模糊侵略方和反侵略方，以所谓“推动中国文明进步”极力美化外来侵略，以革命造成流血牺牲否定贬损革命斗争，试图达到他们歪曲历史、颠倒是非的目的。

在历史叙事与评价上，历史虚无主义者隐藏起自己的阶级立场，以“价值中立”为名重新解构历史，呼吁历史评价的多元性，以后现代主义的“破权威”“去中心”解构旗帜，把历史评价变成包裹着意识形态推销的主观任意评说。历史虚无主义者为自己的价值立场披上了普世外衣，将自身的阶级利益取向抽象化为评判历史应当普遍遵循的价值立场。但实际上，作为一种反马克思主义思潮，历史虚无主义者所持有的价值标准恰恰是西方资产阶级价值观，他们预设的“人间正道”说白了就是西方资本主义的弱肉强食之道。他们以“中立”“普世”“多元”等名头裹挟意识形态目的“重塑”“重评”历史，就是为了瓦解社会主义核心价值体系的主导地位，从而达到颠覆马克思主义并削弱社会主义意识形态的目的。

四、如何坚定历史自信，旗帜鲜明批驳历史虚无主义？

历史虚无主义以所谓“重新评价”为名，歪曲近现代中国革命历史、党的历史和中华人民共和国历史。历史虚无主义的要害，是从根本上否定马克思主义指导地位和中国走向社会主义的历史必然性，否定中国共产党的领导，已经成了一些唯恐天下不乱之徒惑乱人心、搅局社会所倚仗的破坏性力量，必须坚定历史自信，旗帜鲜明地与之进行坚决斗争，有效防范和抵制其危害。

（一）用唯物史观抵制唯心史观，提高历史认识能力

认识方法决定认识结果，掌握科学的历史认识方法是正确认识历史的前提。习近平总书记在党史学习教育动员大会上指出："唯物史观是我们共产党人认识把握历史的根本方法。如果历史观错误，不仅达不到学习教育的目的，反倒会南辕北辙、走入误区。"[①]与唯心史观把历史当作杂乱的现象堆积不同，唯物史观要从看似杂乱无章的现象中把握规律。在马克思主义看来，所谓历史规律，就是人们行动的社会规律。规律在哪里？规律存在于参与历史过程的主客观条件的结构联系之中。看似是人的观念、意志、动机支配着历史事件，其实，人的观念、意志、动机都不是随心所欲的，而是受到特定历史条件的制约。那些不顾历史条件的主观盲动，是注定要失败的。而人的主动性恰恰在于，从成功的经验和失败的教训中总结了正反两个方面的经验，从而提高了把握历史规律的能力。于是，人类社会历史进程的演变，就体现着历史主体遵守规律与发挥主观能动性的统一。历史规律的条件性体现在历史事件上，就是任何事件都是一个历史因果链条上的环节，都是各种条件相互影响的产物。

坚定唯物史观，一方面，要积极学习马克思主义哲学，掌握历史唯物主义的历史观和方法论，从而更好地认识和把握共产党执政规律、社会主义建设规律、人类社会发展规律，更有效地推进各项工作。另一方面，要自觉树立辩证思维，坚持运用联系和发展的观点去评价历史人物与历史事件。既要把历史人物和事件放在其所处时代和社会的历史条件下去分析，看到历史人物因受到特定环境的制约而产生的历史局限性，又要把历史事物置于历史发展的整体过程中考察，用发展的眼光去看待，运用矛盾分析的方法分清历史发展的主流和支流，着重把握其主流与本

① 习近平：《在党史学习教育动员大会上的讲话》，《求是》2021年第7期。

质，从而“正确把握历史大势”“抓住和利用好各种历史机遇”。

（二）用正史批驳野史，涵养中华民族的历史自信

习近平总书记强调，有的不信正史信野史，将党史庸俗化、娱乐化，热衷传播八卦轶闻，对非法境外出版物津津乐道，这一点必须引起我们警惕。历史虚无主义的一个重要手段就是传播野史以消解正史。野史之“野”，在于“粗糙的错误历史观＋道听途说的史料来源”。出版市场和网络上出现的令人匪夷所思的“没有发生的历史”、耸人听闻的“惊天内幕”、各种“大揭秘”，通过编纂八卦轶闻，将严肃的历史庸俗化、娱乐化，博取眼球，透支人的好奇心，使人们的历史认知发生严重错乱，被正直的网民们直呼为“毁三观”行为。我们反对历史虚无主义必须反其道而行之，用正史抵御野史，涵养中华民族的历史自信，以增强走向未来的从容。

今天我们所说的正史，就是“正确的历史观＋权威的史料来源”。它是严肃的历史记忆，目的是通过总结历史的经验和教训来资政育人。自从唯物史观产生之后，无产阶级有了正确认识历史的方法论，从而也有了科学的历史编纂学。由国家相关部门主持编纂的世界历史、中华民族发展史、党史、新中国史、改革开放史、社会主义发展史，特别是中国共产党作出的关于历史问题的三个决议，都是严肃而权威的正史。

要持续抓好党史、新中国史、改革开放史、社会主义发展史、中华民族发展史宣传教育，通过推进党史学习教育常态化长效化机制建设，来促进广大党员干部群众牢固树立正确的党史观和大历史观，从而有效预防和抵制历史虚无主义错误思潮的侵蚀。这需要凝聚学校、社会、党和政府多层次、多维度的合力，从而形成常态化长效化教育机制。一是学校层面，要更加重视马克思主义理论和党史学习教育，坚定不移地把党史作为学校的必修课、常修课，不仅在理论学习层面抓牢学校思想政

治理论课平台阵地，鼓励学生在党史学习中牢固掌握正确的党史观和大历史观，而且加强社会实践教育，积极组织参观访问、调查研究、实地体验等实践活动，引导学生进一步感悟思想伟力，学以致用、知行合一。二是社会层面，要善用媒体舆论，继续营造党史学习的浓厚氛围，调动全党全社会学习党史的积极性和主动性，充分利用和持续发挥好各类红色资源的独特优势，让革命传统教育和爱国主义教育实起来、活起来；充分利用好红色文艺作品，让人民群众在文化感受中潜移默化地受到正面的思想熏陶；重视网络意识形态安全，清朗网络空间，通过多渠道多途径宣传正确的党史观和大历史观，主动占领网络舆论阵地。三是党和政府层面，要持续加强党员干部的党史学习教育，充分运用党委（党组）理论学习中心组学习制度，将党史作为党员干部教育培训的必修课，坚持领导干部带头学习党史；引领党员干部坚持不懈为群众办实事、办好事，将党史学习的成效体现在实际行动中，切实走好新时代党的群众路线；加强制度保障和法治建设，不仅要制定党史学习的规章制度、完善党史学习教育体系，还要坚决惩治篡改历史、诋毁党史等恶劣行径。

（三）用文化自信祛除历史虚无，谱写新时代的“正气歌”

人是文化的产物，一个人接受什么样的文化，就可能成为什么样的人。文化的本质归根结底就是教人应该做什么样的人、应该干什么样的事。习近平总书记指出：“人无精神则不立，国无精神则不强。只有精神上站得住、站得稳，一个民族才能在历史洪流中屹立不倒、挺立潮头。”①

① 习近平：《在全国抗击新冠肺炎疫情表彰大会上的讲话》，《人民日报》2020年9月9日。

学习在线

我们共产党人是坚定的马克思主义者，我们党的指导思想就是马克思列宁主义、毛泽东思想和中国特色社会主义理论体系。同时，我们不是历史虚无主义者，也不是文化虚无主义者，不能数典忘祖、妄自菲薄。中华传统文化源远流长、博大精深，中华民族形成和发展过程中产生的各种思想文化，记载了中华民族在长期奋斗中开展的精神活动、进行的理性思维、创造的文化成果，反映了中华民族的精神追求，其中最核心的内容已经成为中华民族最基本的文化基因。

——2014 年 10 月 13 日，习近平总书记在主持十八届中共中央政治局第十八次集体学习时的讲话

中华民族五千多年的文明发展创造的光辉灿烂的中华优秀传统文化，党和人民的伟大斗争孕育的革命文化和社会主义先进文化，滋养了中国人民特有的价值观念、思维方式和行为方式，化育出中国共产党人特有的道德境界和使命担当，积淀着中华民族最深层的精神追求，代表着中华民族独特的精神标识，成为中国人民奋斗进取的文化力量，成为铸就社会主义文化新辉煌的深厚基础，成为我们走向未来、赢得未来的宝贵财富。

一要注重保护和传承中华优秀传统文化，推动中华优秀传统文化的创造性转化和创新性发展。中华文明源远流长、博大精深，是中华民族独特的精神标识，是当代中国文化的根基，是维系全世界华人的精神纽带，也是中国文化创新的宝藏。马克思说："凡是民族作为民族所做的事情，都是他们为人类社会而做的事情。"① 在漫长的历史进程中，中华

①《马克思恩格斯全集》第 42 卷，人民出版社 1979 年版，第 257 页。

民族以自强不息的决心和意志，筚路蓝缕、跋山涉水，走过了不同于世界其他文明体的发展历程。如果没有中华五千年文明，哪里有什么中国特色！能看到多远的过去，就能看到多远的未来。我们要引导广大党员干部群众保护好、传承好、利用好我们的文化宝藏，提高历史自觉，增强历史自信。只有这样，才能不为历史虚无主义否定历史、虚无文化的错误言论所裹挟诱导，才能不数典忘祖、妄自菲薄。

二要大力弘扬革命文化，不断汲取奋进力量。革命文化是中国共产党人“一不怕苦，二不怕死”的英勇大无畏精神的生动写照，不仅承接和汲取了中华优秀传统文化中的精神养分，也为开启社会主义先进文化发展进程提供了精神动力。马克思说，革命是“历史的火车头”，是社会进步和政治进步的强大推动力。在一百多年来党领导人民进行革命、建设与改革的历程中，中国共产党人用血与火淬炼出的革命文化彰显了一种开天辟地的勇气和坚韧不拔的毅力。新中国是无数革命先烈用鲜血和生命铸就的。要深刻认识红色政权来之不易，新中国来之不易，中国特色社会主义来之不易。在新时代新征程上，革命文化对于昭示理想信念、涵养道德情操、强化初心使命意识依然具有重要的价值，我们要引导广大党员干部群众传承红色基因、永葆革命精神。只有高度重视革命文化的时代价值，我们才能从中不断汲取奋斗前行的磅礴伟力，确保红色江山永不变色。

三要坚定不移发展社会主义先进文化，广泛凝聚价值共识。历史的经验是，人的精神世界，不是被先进文化占领，就是被腐朽文化占领；不是被先进文化占领，就是被没落文化占领。人的精神格调提升了，正能量的东西充盈了，低俗的、负能量的东西就将失去市场和受众。社会主义先进文化是在党领导人民推进中国特色社会主义伟大实践中，在马克思主义的指导下形成的面向现代化、面向世界、面向未来的，民族的科学的大众的社会主义文化，代表着时代潮流和发展方向。历史虚无主义，说到底是用腐朽文化“虚无”先进文化，尤其是把矛头对准中国共产党人创造的革命文化和社会主义先进文化。战胜历史虚无主义同样必须针锋相对，用先进文化荡涤腐朽文化，彻底挤压腐朽文化的存在空间，用正气战胜邪气，不断丰富人民精神世界、增强人民精神力量。

深度阅读

《中共中央关于党的百年奋斗重大成就和历史经验的决议》，《人民日报》2021 年 11 月 17 日。

习近平：《用好红色资源、赓续红色血脉，努力创造无愧于历史和人民的新业绩》，《求是》2021 年第 19 期。

习近平：《把中国文明历史研究引向深入，增强历史自觉坚定文化自信》，《求是》2022 年第 14 期。

（执笔人：何畏）

第三章
如何看待全人类共同价值和“普世价值”的区别？

我们真诚呼吁，世界各国弘扬和平、发展、公平、正义、民主、自由的全人类共同价值，促进各国人民相知相亲，尊重世界文明多样性，以文明交流超越文明隔阂、文明互鉴超越文明冲突、文明共存超越文明优越，共同应对各种全球性挑战。

——2022 年 10 月 16 日，习近平总书记在中国共产党第二十次全国代表大会上的报告

长期以来，西方国家将自身推崇的价值观包装为所谓的“普世价值”，在全球范围内广泛“推销”，迷惑大众。“普世价值”作为西方资本主义意识形态话语，通过西方国家的“乔装改扮”，意图向全世界宣传其价值逻辑和观念，别有一番政治“用意”。为了掀开“普世价值”的面纱，避免更多国家陷入“普世价值”的陷阱之中，我们用马克思主义的理论武器，提出并弘扬全人类共同价值。“和平、发展、公平、正义、民主、自由，是全人类的共同价值，也是联合国的崇高目标。”① 全人类共同价值是中国共产党在新时代着眼于推动构建人类命运共同体而提出的具有重大原创性的价值体系，是对“世界怎么了、我们怎么办”这一世纪之问给出的中国答案。相较于西方国家提出的“普世价值”，全人类共同价值从理念层次上超越了西方文明中狭隘的个人主义逻辑，彰显了一个久经磨难但终于踏上复兴征程的伟大民族对美好世界的憧憬。

一、冲破迷雾：我们为什么要对西方“普世价值”说“不”？

近年来，“普世价值”不仅没有销声匿迹，反而甚嚣尘上。2015年，习近平主席在联合国大会发言中提出的“全人类共同价值”再次激起了“普世价值”拥护者的蠢蠢欲动，这些拥护者企图再次以美化的“普世价值”解读中国主张、抹黑中国形象。有人不禁要问：“为何我们不能认同‘普世价值’？”为此，我们要冲破思想迷雾，认清“普世价值”的真实面目。

（一）“普世价值”的理论虚假性

从“普世价值”产生的物质基础来看，作为一种价值观念和社会意

① 习近平：《在第七十届联合国大会一般性辩论时的讲话》，《人民日报》2015年9月29日。

学习在线

国内外各种敌对势力，总是企图让我们党改旗易帜、改名换姓，其要害就是企图让我们丢掉对马克思主义的信仰，丢掉对社会主义、共产主义的信念。而我们有些人甚至党内有的同志却没有看清这里面暗藏的玄机，认为西方“普世价值”经过了几百年，为什么不能认同？西方一些政治话语为什么不能借用？接受了我们也不会有什么大的损失，为什么非要拧着来？有的人奉西方理论、西方话语为金科玉律，不知不觉成了西方资本主义意识形态的吹鼓手。

——2015 年 12 月 11 日，习近平总书记在全国党校工作会议上的讲话

识，“普世价值”并非凭空产生的，而是资产阶级物质生产活动的必然结果。按照历史唯物主义的基本原理，在一般意义上，社会存在决定社会意识，西方国家特有的经济生产活动为“普世价值”的产生提供了物质基础。正如《共产党宣言》中所指明的：“你们的观念本身是资产阶级的生产关系和所有制关系的产物。”[①]“普世价值”作为资产阶级生产关系和所有制关系在价值观念上的反映，本质上是资产阶级物质生产的思想呈现，是资产阶级的意识形态。因此“普世价值”具有鲜明的阶级性，并不是普适所有人，只是普适资产阶级而已，与它所宣传的“超越阶级”有着难以自圆其说的矛盾。以“民主”为例，正如美国前总统卡特指出的，“美式选举”正在成为富人游戏，“这不是民主政治而是属于少数人的寡头政治”，而这“少数人”当然是少数资本家阶级。

①《马克思恩格斯选集》第 1 卷，人民出版社 2012 年版，第 417 页。

相关链接

2022 年 12 月《财富》网站报道称，截至 10 月底，美国亿万富翁在选举中的花费高达 8.8 亿美元，亿万富翁正以前所未有的方式提供选举资金。2022 年美国中期选举的竞选花费总计近 170 亿美元，成为史上最昂贵的选举。

从起源语境和概念来看，“普世价值”在西方似乎已从伦理和宗教领域走向政治、经济、文化等诸领域。某些人认为，“普世价值”不仅具有纵向历时性的时间跨域，为不同时代的人们所接受和认同，也兼具横向空间性、延展性，成为不同民族地域的普遍价值。如果真的是这样，我们不禁要反问，起源于 20 世纪 60 年代西方的“普世价值”为什么没有在中国成为普遍的价值共识？反观西方，特别是美国，还在煞费苦心地进行“普世价值”宣传，这反而体现了“西方所谓的‘普世价值’既不‘普适’，更不是什么普照世界的‘明灯’”[①]。比如，给自己贴上“自由”标签的美国，在实际行动中却处处体现“美国优先”“美国特权”，一旦与其阶级利益不符，便会搞“退群毁约”。如此双重标准，已使得西方国家特别是美国的自由民主越发显示出它的苍白无力。根据新华社 2023 年 3 月发布的《美国在国内国际上实施任意拘押的事实真相》，虽然美国制定维护人权、自由的法律公约，但是美国任意拘押国际国内移民的残酷行为却屡禁不止。由此可见，“普世价值”不仅不“普世”，反而成为笼罩世界的阴霾。

①《习近平新时代中国特色社会主义思想学习问答》，学习出版社、人民出版社 2021 年版，第 309 页。

相关链接

美国布朗大学沃森国际和公共事务研究所“战争代价”研究报告指出，“9·11”事件后，美国海外“黑监狱”网络运行涉及至少54个国家和地区，拘禁数十万人，包括穆斯林、女性和未成年人等。美国打着所谓“反恐战争”的幌子在多国设立“黑监狱”，秘密拘押所谓恐怖嫌疑人，大搞刑讯逼供，正是美国肆意蹂躏法治和践踏人权的典型例证。

从“普世价值”的内容来看，“普世价值”的“自由、民主、平等、博爱”等是欧洲国家的资产阶级为推翻封建专制和宗教禁欲而形成的一种价值观，不可避免地烙上了资产阶级意识形态的局限性。因而资产阶级总是煞费苦心地推广自由民主制度，并断章取义地进行话语转码。当习近平总书记提出“和平、发展、公平、正义、民主、自由”的全人类共同价值的时候，“普世价值”的拥护者便妄图将全人类共同价值视为“普世价值”的延续。但全人类共同价值并非为了摆脱封建专制和宗教束缚，更不是为了资产阶级少数人的需求，而是着眼于全人类的共同需求。

《复仇者联盟》等超级英雄电影中无处不体现着美国主流文化价值观

（二）“普世价值”的话语迷惑性

“普世价值”借助“自由、平等、博爱、人权”等进行话语输出，以维护其统治地位。在当今世界“西强东弱”的话语格局中，西方国家依然占据着意识形态话语权的比较优势。特别是冷战结束以来，霸道的强权政治和军事斗争已经不能适应国际舆论斗争的需要，而话语斗争及其背后的权力争夺却悄然出现，甚至借助技术优势在文化工业、大众传媒方面进行生活化意识形态渗透，使其渗入人们生活的方方面面。譬如在某些资本逻辑的操纵和大众传媒的宣传下，美国大片借助技术优势给人们带来沉浸式的感官刺激，人们生活中也充满着美式价值符号，使人们在无形中“折服”于西方“英雄主义”和“美国拯救全世界”等异质意识形态的操纵。

排序	2010年	2011年	2012年	2013年	2014年	2015年	2016年	2017年（国内）	2017年（国际）	2018年（国内）	2018年（国际）	2019年
1	新自由主义	普世价值论	民族主义	新自由主义	新自由主义	民族主义	民粹主义	民粹主义	民粹主义	民族主义	贸易保护主义	逆全球化
2	民族主义	新自由主义	创新马克思主义	历史虚无主义	民族主义	历史虚无主义	新权威主义	民族主义	分离主义	历史虚无主义	民粹主义	贸易保护主义
3	社会民主主义	创新马克思主义	新自由主义	民族主义	新左派	新自由主义	民族主义	生态主义	种族主义	民粹主义	单边主义	民粹主义
4	文化保守主义	道德相对主义	拜物主义	创新马克思主义	民粹主义	民粹主义	极端主义	消费主义	极端主义	泛娱乐主义	排外主义	多边主义
5	道德相对主义	社会民主主义	普世价值论	普世价值论	普世价值论	新左派	新自由主义	泛娱乐主义	逆全球化	新左派	极端主义	民族主义
6	新左派	文化保守主义	极端主义	宪政思潮	生态主义	普世价值论	虚无主义	激进左派	生态主义	消费主义	新自由主义	科技本位
7	历史虚无主义	新国家干预主义	新儒家	民粹主义	历史虚无主义	新儒家	新左派思潮	文化保守主义	泛娱乐主义	文化保守主义	生态主义	消费主义
8	功利主义	民族主义	民粹主义	新左派	极端主义	生态主义	功利主义	历史虚无主义	新自由主义	生态主义	种族主义	泛娱乐主义
9	大国心态	民粹主义	道德相对主义	新儒家	新儒家	极端主义	消费主义	新自由主义	普世价值论	女性主义	女性主义	生态主义
10	伪科学	公平正义	社会民主主义	伪科学	宪政思潮	道德相对主义	生态主义	普世价值论	西方左翼	新自由主义	普世价值论	女性主义

人民论坛历年评选的年度十大社会思潮榜单（2010—2019 年）
资料来源：贾立政、王妍卓、张忠华《重大社会思潮十年发展变革趋势研判》，《人民论坛》2020 年第 3 期

话语是人们交流沟通的工具，但也“充满神秘的力量”。“普世价值”利用自身理论建构和话语包装来推行话语霸权，通过学术活动、文化交流等现实载体来进行意识形态话语权争夺。一些学科领域，如经济学、管理学、传播学等采用西方教材体系和话语体系，极易成为西方意识形态渗透的主要对象。

（三）“普世价值”的实践危害性

“普世价值”作为特殊的理论形态和价值样态，是特定时代背景、实践活动的产物，对当时的社会发展具有进步作用。但是这种进步作用是存在边界限制的，一旦超出正向作用的边界象限，所谓“普世价值”就会成为社会发展的阻碍。

具体来说，一方面，“普世价值”过于强调其观念的作用，存在唯心主义的价值倾向。在加强、整合、凝聚人们之间的价值联系从而塑造良好的社会秩序方面，也无法与社会主义核心价值观相比较。另一方面，“普世价值”掩盖了价值背后的利益关系，弱化了人们的整体身份标识和集体主义认同。“普世价值”放大社会矛盾的某一方面，忽视社会发展的整体利益，使得人们偏向于追求个人利益，看不见整体利益与个人利益的相关性，甚至落入个人主义的圈套，成为“普世价值”的吹鼓手。

“普世价值”一直极力宣扬“意识形态终结”，强调西方民主制度是人类社会制度的终点和最终形态，以西方制度标准来评判中国的制度设计与治理实践，进而放大中国制度与西方标准的格格不入，以此来弱化中国制度的优越性。“普世价值”宣扬的“美好”制度不可避免地体现资产阶级的制度指向，与中国的全过程人民民主制度具有截然相反的意识形态指向。

学习在线

长期以来，一些西方国家把他们演绎的“自由”、“民主”、“人权”等价值观念鼓吹为“普世价值”，在世界范围内进行推销，对那些不听命、不顺从他们的国家，更是挥舞价值观念的大棒进行打压。我们要警惕借所谓“普世价值”抹黑我们党、我国社会主义制度和文化传统的行为，加快构建充分反映中国特色、民族特性、时代特征的价值体系，努力抢占价值体系的制高点。

——《习近平新时代中国特色社会主义思想学习纲要》，学习出版社、人民出版社 2019 年版，第 145 页

二、霄壤之别：为什么说全人类共同价值与“普世价值”不是一回事？

之所以有人总是为“普世价值”所迷惑，甚至将“普世价值”与全人类共同价值混为一谈，归根结底是因为其沉迷于“普世价值”织就的“理论幻觉”之中，混淆了全人类共同价值与“普世价值”的本质区别。因而，我们必须从全人类共同价值与“普世价值”这两种价值论的前提与出发点、目标与效果、特质与功能、实践路径与方式等几个维度进行横向对比，领悟全人类共同价值对“普世价值”的根本性超越，进而真正理解全人类共同价值的深刻意蕴与现实意义。

（一）两种价值论的前提与出发点不同

任何一种价值论都不是凭空出现的，而是该价值论的倡导者基于一定的前提与出发点提出的。因而，要想弄清全人类共同价值与“普世价值”的不同，必须对这两种价值论产生的先决条件进行比较，即回答“谁提出”和“提出该价值论的前提与出发点是什么”两个问题。

	谁提出	前提与出发点
“普世价值”	以美国为代表的西方资本主义国家	“抽象的人”—个人本位—“以我为尊”
全人类共同价值	以中国为主要倡导者的社会主义国家	“现实的人”—集体本位—人类命运共同体

“普世价值”是资产阶级社会“抽象化”的产物。究其发展过程，不难发现“普世价值”生发于西方传统哲学，以西方传统的宗教伦理为基础，并在资产阶级革命与资本主义社会中成为思想统治工具，通过理性、理念的高度抽象来探讨人类本质，将人的文化、民族、阶级等因素尽数抹掉，使之成为一个高度“抽象的人”。这是对历史与现实的颠倒，继而形成的超阶级、超国家、超历史的“普世价值”也必然是一个伪命题。

“普世价值”是西方世界“自我价值”的集中呈现。资本主义社会将“抽象的人”作为社会的自然基础。诚然，“抽象的人”在一定程度上体现了唤醒个人意识、激发人性解放等积极因素。但在资本主义社会商品拜物教的摆布下，人的社会性存在越发隐藏，人的“物性”就越发凸显，个人逐步等同于“人”，进而个人的权利便放大成为“人权”，自我价值便上升成为“普世价值”，而其实质是少部分人的自我价值的高度抽象。“普世价值”的迷惑性，一方面，体现在其“自由、民主、人权”等内容看似抢占了价值观念与人类道德的话语权与制高点，便于营造反对“普世价值”就是反对“自由、民主、人权”的理论幻觉；另一方面，“普世价值”通过多形式的“包装”经由文化交流与国际交往向全世界兜售，打着“人权”与“自由”的旗号在全球进行宣扬，极易造成人们认知上的误差。

“普世价值”是基于“抽象的人”提出的典型的历史唯心主义观点；

经典之音

实际上，世界上只有具体的自由，具体的民主，没有抽象的自由，抽象的民主。在阶级斗争的社会里，有了剥削阶级剥削劳动人民的自由，就没有劳动人民不受剥削的自由。有了资产阶级的民主，就没有无产阶级和劳动人民的民主。

——《毛泽东文集》第 7 卷，人民出版社 1999 年版，第 208 页

而全人类共同价值则是从“现实的人”出发，凝练与吸收人类社会的文明发展成果从而提出的价值共识，建立在尊重、承认各国各民族具体发展道路的特殊性的基础上，代表着全人类和谐发展、共同繁荣的美好愿景。

全人类共同价值体现了哲学世界观层面的根本变革。资本主义社会运用“抽象的人”在“直观”“先验”的世界里，打造了人道和科学、理想与现实相悖的矛盾世界，历史活动的主体、历史发展的动力和根本任务等都被高度地抽象化，貌似是确立了一切理念与社会变革的终点——“普世价值”与资本主义制度。与此形成鲜明对比的是，马克思主义通过“现实的人”回归物质世界与人类社会，以唯物辩证法取代经验与常识，以实事求是、具体分析的方法论超越“抽象”与“直观”，从“解释世界”提升到“改造世界”。马克思主义重新揭示了历史活动的主体是“现实的人”而非“抽象的人”；历史发展的动力是生产力与生产关系的矛盾运动而非“普世价值”；历史发展的根本任务是作为“现实的人”能够依据自身民族、文化等条件选择合适恰当的道路解放自己、发展自己，而不是千篇一律地走向资本主义制度。

学习在线

我们始终认为，各国的发展道路应由各国人民选择。所谓的“中国模式”是中国人民在自己的奋斗实践中创造的中国特色社会主义道路。我们坚信，随着中国特色社会主义不断发展，我们的制度必将越来越成熟，我国社会主义制度的优越性必将进一步显现，我们的道路必将越走越宽广，我国发展道路对世界的影响必将越来越大。

——2013 年 1 月 5 日，习近平总书记在新进中央委员会的委员、候补委员学习贯彻党的十八大精神研讨班上的讲话

全人类共同价值是现实需要的集中展现。“普世价值”建立在“观念”与“经验”的抽象上，注定是伪命题。而全人类共同价值则在具体的历史实践推进中把握住了共性与个性、普遍与特殊的关系，展现了不同国家民族利益与追求的一致性与共同性，是真命题。其真具体展现在全人类共同价值着眼于当今世界百年未有之大变局，关照着瞬息万变的时代环境。当今，人类社会在发展过程中面临着共同的挑战，如粮食安全、能源安全、气候变化等。“普世价值”作为伪命题并不能带来全人类的团结互助，反而放大了不同国家民族之间思想与文化的对抗，助长了国际政治与军事上的矛盾与流血冲突。而全人类共同价值是内容与形式的高度统一，是理念与实践的相互结合，着眼于全人类的前途与命运。中国以负责任大国的形象提出了“人类命运共同体”理念，并在国际事务中勇于担当：既提倡各国团结互助，解决共同难题、追求共同利益，又包容个体差异，尊重不同国家民族的意愿与发展道路，在具体的实践之中处理好了共性与个性的关系，是对“全人类共同价值”理念的生动践行。

北京冬奥会，中国以实际行动向全世界展现了开放包容的胸怀

（二）两种价值论的目标与效果不同

“普世价值”寄予着西方资本主义国家维持中心地位、扩大资本主义制度影响的意图；而全人类共同价值则在合作共赢中追求共同利益，从而促进人类社会的和谐稳定发展。

	目标	效果
“普世价值”	一统独霸	人类社会走向西方化
全人类共同价值	合作共赢	人类社会和谐稳定发展

西方资产阶级在发动资产阶级民主革命建立资本主义国家的过程中，创造并推行了以“民主、自由、人权”等为主要内容的“普世价值”，冠之以“普适”的名号进行宣扬。这就意味着高度抽象的“普世价值”可以占据道德或者价值观念的制高点对其他国家和民族的文化、政治等指指点点。“普适”的名号掩盖不了其实质是按照西方世界的标准进行设置的资本主义国家与社会的主流价值观念。以“民主”为例，“普世价值”认为的“民主”特指资本主义制度的民主。它以资本主义的民主制度为标尺，将非资本主义的其他民主制度形式划到“不民主”的范围里。于是，在“普世价值”这一标尺的衡量下，只有资本主义制度才是民主制度，只有多党制才是民主，只有每人一张选票才是民主。但在资

本主义民主制度的实际运行中，民主只是占据其人口极少部分的利益集团与精英阶层的权力游戏，多党制不过是有钱人之间的金钱游戏。资产阶级用“空口支票”哄骗着底层民众的一张张选票，将权力从一党转移到另外一党，所谓的“民主”只是在无数资产阶级政客的嘴巴中得到了“重视”。西方世界一面利用这样的“民主”欺骗本国人民，稳定资产阶级政权；一面向世界其他国家与民族进行价值观念上的渗透，诱导世界上其他国家与民族在观念、文化、制度等方面向西方资本主义世界靠拢，达到资本主义制度一统独霸的目的。

相关链接

2021 年 12 月 4 日，国务院新闻办发表《中国的民主》白皮书，指出：“一个国家是不是民主，应该由这个国家的人民来评判，而不应该由外部少数人指手画脚来评判。国际社会哪个国家是不是民主的，应该由国际社会共同来评判，而不应该由自以为是的少数国家来评判。实现民主有多种方式，不可能千篇一律。用单一的标尺衡量世界丰富多彩的政治制度，用单调的眼光审视人类五彩缤纷的政治文明，本身就是不民主的。”

中国作为世界上最大的社会主义国家，一直以来都是以美国为首的西方世界传播“普世价值”并资助“普世价值”相关活动的首要目标。西方世界企图从价值观念入手，洗脑中国人民，使中国放弃社会主义制度，其险恶用心昭然若揭，也势必会破产。

全人类共同价值以“和平、发展、公平、正义、民主、自由”为主要内容，以人类千年来文明发展的生动实践为来源，是对人类社会价值共识的高度凝练，是具体的历史的统一。一方面，全人类共同价值既是人类社会发展的结晶，又是全人类的共同向往。不同于“普世价值”

建立在抽象认识的基础上，全人类共同价值建立在人类社会发展具体实践的基础上。“和平、发展、公平、正义、民主、自由”不是人类社会自诞生以来就天然认同的观念，而是经历了数千年探索与实践得出的真理性共识。只有经历了社会形态变更之下的战争苦痛，才知“和平是我们最大的共同利益，也是各国人民最大的共同期盼”①；只有国家落后过、挨打过，才知“要增强人民发展能力，形成人人参与、人人享有的发展环境，创造发展成果更多更公平惠及每一个国家每一个人的发展局面”②；只有经历过被剥削、被压迫的历史，才知“逐步建立以权利公平、机会公平、规则公平为主要内容的社会公平保障体系，努力营造公平的社会环境，保证人民平等参与、平等发展权利”③的重要性。另一方面，中国在国际交往中以实际行动践行人类命运共同体理念。“普世价值”所到之处，是突尼斯、乌克兰的政局动荡，是埃及、阿根廷的经济崩溃，是叙利亚、利比亚、伊拉克、也门的流血冲突，是数以亿计的人流离失所。反观中国，在国际交往之中始终“高举和平、发展、合作、共赢旗帜，奉行独立自主的和平外交政策，坚持走和平发展道路，推动建设新型国际关系，推动构建人类命运共同体”④，以人类命运共同体理念引领国际发展合作，坚持相互尊重、合作共赢，以实实在在的平等对话、资金援助、技术援建等多样的合作形式，帮助发展落后的国家进行基础设施建设，改善人民生活，展现了一个负责任的社会主义国家的魄力与担当，为维护人类社会的和谐、稳定与发展作出了应有贡献。

① 习近平：《命运与共　共建家园》，《人民日报》2021 年 11 月 23 日。

② 习近平：《在中华人民共和国恢复联合国合法席位 50 周年纪念会议上的讲话》，《人民日报》2021 年 10 月 26 日。

③《习近平谈治国理政》第一卷，外文出版社 2018 年版，第 96 页。

④ 习近平：《在庆祝中国共产党成立 100 周年大会上的讲话》，《人民日报》2021 年 7 月 2 日。

延伸阅读

美国是叙利亚危机的始作俑者

叙利亚大马士革科学研究中心沦为一片废墟

一段时间以来，美国频繁对叙利亚进行军事干预，导致大量平民伤亡和流离失所，造成难以估量的财产损失。时至今日，美军仍控制叙利亚石油、天然气等国家资源，霸占叙主要产油区，搜刮掠夺八成以上产油量，走私烧毁叙利亚粮食库存，严重侵犯叙利亚人民的基本人权。叙利亚危机延宕十多年，叙利亚人民面临严重的人道主义危机。

美国赤裸裸干涉叙利亚内政的行径，使叙利亚陷入长期战乱冲突，加剧了叙人民的苦难，同时也让中东地区更加混乱不安。从巴勒斯坦、伊拉克、阿富汗到叙利亚、黎巴嫩，美国在中东地区犯下的人权罪行数不胜数。叙利亚学者胡萨姆·舒艾卜表示：“美国并非真正关心人权，其关心的只是自己的利益。”

事实说话

2013 年，共建“一带一路”倡议正式提出。10 年里，我国在“一带一路”120 多个共建国家安排了 2000 多个援助项目，建立 80 多个经贸合作区，拉动近万亿美元投资规模，培训各个领域人才 10 多万人，使近 4000 万人摆脱贫困，有效改善了当地人民的生活条件。

近年来，受地缘冲突、极端天气、粮食和能源危机等影响，紧急人道主义危机突发频发。2018 年至 2022 年，我国共对外提供 800 多项紧急人道主义援助，总价值超过 150 亿元人民币，援助对象遍及亚洲、非洲、拉丁美洲、南太平洋和欧洲等地区国家。

（三）两种价值论的特质与功能不同

“普世价值”在范围上具有狭隘性，在内容上呈现虚假性，在形式上展现欺骗性，所要执行的功能是不断制造分歧与对立，消灭其他的“主义”与制度形式。全人类共同价值则展现共同性、真实性、实践性，发挥着团结思想、凝聚共识的功能，推动构建人类命运共同体，应对全人类共同的风险挑战。

	特质	功能
“普世价值”	狭隘性、虚假性、欺骗性	制造分歧
全人类共同价值	共同性、真实性、实践性	凝聚共识

相关链接

在美国，10月的第二个星期一是法定假日哥伦布日，纪念意大利航海家哥伦布1492年“发现”美洲大陆。2021年，美国政府宣布将哥伦布日改为原住民日。

用原住民日取代哥伦布日的运动已经酝酿了几十年。因为对于远在哥伦布到来之前就居住在美洲的原住民来说，哥伦布和以他的名字命名的这个节日代表着一段黑暗的历史：家园遭掠夺，居民被屠杀。据美国历史学家估计，北美大陆的原住民曾有约1000万人，而到了19世纪末，美国仅剩下不到25万名原住民。

讽刺的是，“普世价值”只是在字面上实现了“普世”，在范围、内容与形式等方面则与西方世界构想的“普世”相悖。具体说来，在范围上，西方世界构想中的“普世价值”是普遍适用于任何一个国家、民族的价值观念；也就是说，无论这个国家的传统文明如何、基本国情如何、社会发展状况如何，都应该走向资本主义制度下的“自由”与“宪政民主”等。这是典型的无视现实、不切实际的唯心主义幻想。西方世界一直视“普世价值”为真理，却选择性地忽略真理的条件性。世界上并不存在“放之四海而皆准”的真理，更不可能存在“放之四海而皆准”的“普世价值”。在内容上，“普世价值”之所以呈现虚假性，是因为西方世界的所作所为与“普世价值”宣称的美好幻想大相径庭。如果说美国的民主就是民主，那么美洲大陆的原住民被残忍屠杀，被剥夺生命、改换文明，失去土地与家乡，他们的民意可曾被资产阶级政治精英听到？如果说西方世界的人权才是人权，那么死于膝下与枪下的“弗洛伊德们”的人权到底由谁来保障……“普世价值”的内容越是冠冕堂皇，就越能衬托出西方世界的虚伪与傲慢。在形式上，西方世界在国家内部管理中，不断运用“普世价值”骗取各个阶级的“认同”，以抽象的“民主”掩盖“民主”只掌握在少部分人手中的现实，以抽象的“自由”遮蔽被剥削阶级的“不自由”，以抽象的“人权”遮掩自身放纵种族歧视加剧社会不公的种种行径，不断加强资产阶级意识形态在国家统治中的作用，继而巩固资产阶级政权。在国际事务方面，则通过“普世价值”不断炒作议题、编造谎言，对其他国家与制度做“教师爷”般颐指气使的说教。比如，西方国家针对我国，联合炮制与炒作“新疆棉花”议题，借“人权”问题插手中国内部事务、操纵国际舆论趋势，企图在中国引起一场“腥风血雨”。

全人类共同价值则在世界范围上展现出共同性，内容上呈现出真实性，形式上体现出强烈的实践性。在范围上，全人类共同价值的共同性是建立在尊重特殊性的基础之上的。不同于西方世界通过“普世价值”干预他国内政，企图让各国各民族的政治制度、发展道路高度同质；全人类共同价值充分肯定了各国各民族根据本国实际选择的发展道路，提倡“摒弃意识形态争论，跨越文明冲突陷阱，相互尊重各国自主选择的

延伸阅读

乌合麒麟：血棉行动！

1. 这幅画的简称，恰好与带头抵制新疆棉花的瑞士良好棉花发展协会（Better Cotton Initiative, BCI）相同。

2. 该画描绘了黑奴采摘棉花的场景。画中，黑人正在辛苦采摘，远处有监工悠闲地监视着他们。

3. 监工、记者和摄影师均头戴白色尖头罩，只露出眼睛，令人想到美国最庞大的种族主义组织三 K 党（原称为白人种族集会）的标志性穿戴——白色长袍和只露出眼睛的尖头罩。记者手上的话筒，有形似 BBC News 的图标。

4. 他们采访的，是一个警察扶住的十字架上的稻草人。穿着维吾尔族传统服饰的稻草人不能说话，但它身旁被立了块牌子代其发言："我遭受过性侵犯和虐待。"

5. 警察跪着的姿势和身穿的制服也似曾相识。

6. 画中出现了形似耐克（Nike）标志的采摘工具，树上用血迹写着 H&M。

7. 左边的角落里，树上有两个被吊死的黑奴，他们的身下是真正的血棉花。

发展道路和模式"[①]，维持和推动人类文明的多样性发展。可以说，全人类共同价值是共同性与特殊性的高度统一，在理念价值追求共同性的同时又包容了具体文明、价值呈现形式的特殊性，并在差异与特殊之中呈

① 习近平：《在第七十五届联合国大会一般性辩论上的讲话》，《人民日报》2020 年 9 月 23 日。

现出了自身的共同性。在内容上，相对于“普世价值”依据抽象的观点进行设置，其来源就是虚幻的，其内容必然呈现与现实完全相悖的矛盾性、虚假性；全人类共同价值则是对人类社会千百年来的历史实践与价值选择进行的高度凝练，因而具有真实性。尽管“各国历史、文化、制度、发展水平不尽相同，但各国人民都追求和平、发展、公平、正义、民主、自由的全人类共同价值”①。和平发展是全人类的共同事业，是人类社会和谐稳定的基础；公平正义是全人类的共同理想，是人类社会平等对话的条件；民主自由是全人类的共同追求，是人类社会发展文明新形态的目标。可以说，全人类共同价值为建设一个更加美好的世界提供了正确的理念指引。在形式上，全人类共同价值展现出强烈的实践性，也正是在实践之中证明了全人类共同价值的真实性。和平发展方面，中华人民共和国自成立以来就坚定不移走和平发展道路，既通过维护世界和平发展自己，又通过自身发展维护世界和平。我国不仅长期维持自身作为人口大国的和谐稳定，还能多次调停其他国家间的矛盾与冲突，是世界和平发展的中坚力量。公平正义方面，中国共产党是公平正义的坚定追求者，在践行全心全意为人民服务宗旨的过程中摒除私利，保护人民利益、反映人民愿望、维护人民权益、增进人民福祉。民主自由方面，中国坚持好、完善好、运行好人民代表大会制度，发展全过程人民民主，保障人民当家作主，确保人民享有宪法和法律规定的人身自由、宗教信仰自由、言论自由、选举权和被选举权等各项权利。

总之，全人类共同价值发挥着团结思想、凝聚共识的功能，推动构建人类命运共同体，主张团结起全人类的力量，维持人类社会和谐稳定发展，共同创建多样的世界文明，应对共同的风险挑战。

---

① 习近平：《加强政党合作　共谋人民幸福》，《人民日报》2021 年 7 月 7 日。

延伸阅读

沙特和伊朗实现历史性和解，中东涌动“和解潮”

2023 年 3 月 10 日，中国、沙特和伊朗在北京发表三国联合声明，沙特与伊朗同意两个月内恢复外交关系。此后，中东“和解潮”骤然加速，“停火”“复交”“和解”“发展”在这个地区成为热词。

近年来，中东地区不少国家关系出现向和向暖趋势，沙伊关系改善更为地区国家通过对话协商化解矛盾提供重要示范。多个阿拉伯国家开会讨论叙利亚回归阿盟，卡塔尔和巴林决定恢复外交关系，土耳其和埃及改善双边关系，也门和平进程出现积极进展……

一直以来，中国面对中东复杂、多变且动荡的地区形势，坚持以劝和促谈斡旋地区冲突、以和平发展促进地区稳定作为中东政策的重点。中国提出的全球发展倡议和全球安全倡议与中东国家需求不谋而合，得到中东国家积极认同和响应。中国成功斡旋沙伊和解，带动海湾和中东地区国家关系不断和解，正在改变长期以冲突对抗为特征的地区政治格局。

事实说话

据国务院新闻办公室于2020年9月18日发表的《中国军队参加联合国维和行动30年》白皮书介绍，30年来，中国军队先后参加25项联合国维和行动，累计派出维和官兵4万余人次，16名中国官兵为了和平事业献出了宝贵生命。2020年8月，2521名中国官兵正在8个维和特派团和联合国总部执行任务。中国女性维和官兵在维和行动中发挥了越来越重要的作用，先后有1000余名女性官兵参与医疗保障、联络协调、扫雷排爆、巡逻观察、促进性别平等、妇女儿童保护等工作，展示了中国女性的巾帼风采。中国维和部队的出色表现，受到联合国高度认可，赢得国际社会广泛赞赏，为国家和军队赢得了荣誉。

（四）两种价值论的实践路径与方式不同

“普世价值”是用观念与价值进行渗透，逐步“撬开”他国经济的、政治的大门，达到“不战而胜”、颠覆其国家政权的目的，具体展现在培养与收买代理人、以文化产品向全世界大肆兜售等方式。全人类共同价值则通过协商共建、互利共赢来推动人类命运共同体的构建，具体展现在以切实的共同利益凝聚共识、以新型国际关系加强各国平等对话、以“共商共建共享”原则完善全球治理。

	实践路径	方式
“普世价值”	价值渗透 颠覆政权	培养与收买代理人、文化产品入侵
全人类 共同价值	协商共建 互利共赢	以共同利益凝聚共识 以新型国际关系促进对话 以“共商共建共享”完善全球治理

西方世界利用“普世价值”进行渗透，进而完成“和平演变”与“颜色革命”从而颠覆他国政权的方式已经屡见不鲜了。以21世纪初格鲁吉

亚、乌克兰、吉尔吉斯斯坦等国家发生的政权更迭事件为例，纵然这些国家当时面临一定的国内危机，但其政权的根本崩溃都有一个不可忽视的外部原因——西方世界“普世价值”的输出及影响。西方世界主要通过培养和收买代理人的方式完成“普世价值”的“硬”输出，通过夹带“普世价值”的文化产品完成“软”输出，在“不知不觉”之间对“他者”进行资本主义意识形态渗透。

延伸阅读

“颜色革命”已成为美国推行霸权的工具

2005 年 3 月，吉尔吉斯斯坦举行议会和总统选举期间，该国南部地区爆发大规模示威游行和骚乱，抗议议会选举结果，要求总统辞职。示威者还冲进了政府大楼和总统办公室。吉时任总统阿卡耶夫被迫逃离并宣布辞职，反对派领袖巴基耶夫成为代总统和总理。在这场政治动荡中，示威者佩戴黄色手帕，很像郁金香花，因此被称为“郁金香革命”。

吉尔吉斯斯坦位于欧亚大陆腹地，地理位置十分重要，长期以来一直是美国的重点干涉对象。“郁金香革命”是美国煽动的一场典型的“颜色革命”。“郁金香革命”后，美国政界和媒体欢欣鼓舞，声称这是“民主和自由的胜利”。然而，“郁金香革命”给吉尔吉斯斯坦带来的却是持续不断的社会动荡，南北不同地区和部族的政治势力陷入内斗，经济遭受重创，社会局势长期不稳。

一方面，“普世价值”通过培养和收买代理人向全世界宣传其主张。在收买对象的选择方面，会综合考虑其社会地位与影响、工作性质等。例如，或是收买推崇西方制度的知识分子，让其通过看似“专业”的“知识科普”与学术伪装对西方世界进行极力粉饰与吹嘘；或是收买传媒领域、互联网领域有一定影响力的从业人员，借助其工作便利，利用特殊话题，煽动舆论节奏，通过网络进一步加大认识分歧，进而扩大"普世价值"的辐射范围。在收买对象的培养方面，大多通过会谈予以肯定、资助资金予以扶持、操纵舆论予以造势等形式进行内外联动，企图在他国不断制造矛盾，加大冲突与对立。

另一方面，"普世价值"通过文化产品的输出向全世界兜售。例如，《环太平洋》的剧情设置，在全世界面临危机的紧要关头，是美国研发了机器战士拯救世界，为的就是体现美国的优势地位，用电影抬高美国在世界人民心中的地位。在漫威打造的超级英雄系列电影中，美队、雷神、钢铁侠的角色设置更是暗示着美国的"领军"地位、文化权威以及科技优势。

作为一种价值共识，全人类共同价值主要通过各个国家间的协商共建与互利共赢而得以展现。协商共建区别于霸道与强迫，表现在各国各民族关系与地位上的平等，提倡各个国家之间的合作方式为多方协商与共同协作；而互利共赢区别于利益独占，强调国家之间的合作成果互惠互利。全人类共同价值为人类命运共同体的构建奠定了价值观基础，而人类命运共同体的构建过程则为全人类共同价值提供了实践场域。在这样的过程中，展现了中国对于世界各国各民族之间应有关系与状态的理解：不是对立与对抗，不是矛盾与冲突，更不是霸权主义与强权政治，而是"每个民族、每个国家的前途命运都紧紧联系在一起，应该风雨同舟，荣辱与共，努力把我们生于斯、长于斯的这个星球建成一个和睦的大家庭，把世界各国人民对美好生活的向往变成现实”[①]。中国是人类命运共同体理念的坚定践行者，是全人类共同价值的坚定倡导者。

在具体实现形式上，“普世价值”是从抽象的观念出发，最后落脚点也止于观念。虚无缥缈、无视规律的“普世价值”注定只是西方世界实现自我利益的工具。而全人类共同价值是中国在追求本国利益时兼顾他国合理关切，不断挖掘与扩大同各国的共同利益汇合点，将中国与其他国家的共同诉求和共同利益转化为共同行动，共享得到的实质性成果。

事实说话

《“一带一路”倡议提出十周年》纪念邮票

2023 年是中国提出共建“一带一路”倡议 10 周年。10 年来，“一带一路”倡议从谋篇布局的“大写意”发展为精谨细腻的“工笔画”。截至 2023 年 6 月底，中国与五大洲的 150 多个国家、30 多个国际组织签署了 200 多份共建“一带一路”合作文件，“朋友圈”不断扩大，合作硕果累累。

中国始终提倡改善现有国际秩序中的不合理因素，建立新型国际关系以促进不同国家之间的平等对话，推动国际秩序向更加公正合理方向发展。这是践行全人类共同价值的直接体现。随着中国力量的崛起与复兴，在国际新秩序的调整方面，中国发挥了重要的作用。从“西方世界

① 习近平：《在中国共产党与世界政党高层对话会上的主旨讲话》，《人民日报》2017 年 12 月 2 日。

决定着办”到国际事务由“大家商量着办”，不断推动国际关系民主化发展。从一个国家独占话语权到多个国家平等对话、各抒己见，中国不断提供着交流对话的平台与条件。

当今世界正面临百年未有之大变局，全球治理格局正伴随着世界政治经济格局的变化而变化。中国始终提倡以“共商共建共享”为原则，以全人类共同价值构建和谐人类社会，优化全球治理，顺应和平发展合作共赢的历史趋势，满足应对全球性挑战的现实需要。

三、彰显风范：为什么说全人类共同价值是凝聚人类价值共识的“中国话语”？

全人类共同价值用独特的中国话语在世界高高举起了人类文明进步的价值旗帜，在凝聚人类价值共识中发挥着中华文明深沉磅礴的历史力量，推动人类历史车轮不断向着光明的目标前进。

（一）全人类共同价值不是个人本位，而是全球治理的集体本位

自近代以来，全球治理格局和体系经历了多次深刻调整，但总体而言还是基于西方发达资本主义国家的价值逻辑建立起来的，其中隐含着“现代化”就是“西方化”、“全球化”就是“资本化”的“中心—边缘”演进思路。随着国际经济政治格局的深度变化，世界政治与经济重心呈现“东升西降”态势。经济格局上，新兴市场国家和发展中国家对世界经济增长的贡献率已经达到 80%，新兴市场国家和发展中国家群体性崛起势不可挡；政治格局上，二十国集团、金砖国家在国际事务中发挥着越来越重要的作用。一边是新兴市场国家和发展中国家谋求更为对等的经济政治地位；另一边是美国等西方国家抱残守缺，在打压其他国家的同时力图保证自己在全球治理体系中的优势地位。在这种新旧格局交替、演进、对抗、竞争的过程中，如果没有为各个国家所接受的共同

价值加以约束规范，“无序的竞争”极有可能把世界带向不可预测的境地。并且，全球治理体系的革新在不同程度上遭遇了破坏和抵制，如英国“脱欧”、美国“退群”等“黑天鹅”“灰犀牛”事件频发，也可能带来日益分散化、碎片化、低效化的“全球治理之殇”。

首先，我们所倡导的全人类共同价值蕴含着全球治理革新的价值遵循。具言之，一方面能够以“和平、发展”的价值主题引领全球治理理念变革，倡导“共商共建共享”的合作理念，努力冲破“西方中心主义”的禁锢，使全球治理走出单边主义造成的困境；另一方面能够以“公平、正义”的价值内核引领全球治理机制变革，促进全球治理的参与者享有全方位和多领域的平等，每个国家都能够按照“共同但有差异”的原则积极承担相应国际责任与义务，建立起公正合理的国际政治经济新秩序。

其次，全人类共同价值夯实了全球文明交流对话的价值基础。价值文化是社会结构最深层次的精神文化内容，也是一个国家、一个民族文明形态的最根本要素。基于此，可以说全人类共同价值共存于每个国家、民族的文明之中，汇聚了人类文明进步的精神力量。在这里，必须明白一点：我们提出的全人类共同价值，不仅是中华优秀传统文化和时代精神、传统文明和现代文明结合的产物，更是人类文明交流互鉴的结晶。它不是哪个国家、哪个民族的价值，而是人类价值理念在不同时期和不同民族、不同国家之间形成的最大共识。西方的“普世价值”言语上宣扬“普世”，实则“封闭”；明面上表彰“平等”，却是“霸权”。在这种虚假“价值观”的指导下，所谓的“文明冲突论”“意识形态终结论”“历史终结论”等被提出便不难理解，其用意就是消解文明交流对话的价值基础，妄图通过推进“普世价值”达到资本主义统治世界的目的，阻碍文明的交流对话。这也能够解释为什么西方国家越是推行“普世价值”，地区冲突、宗教问题、民族对立等情况越是此起彼伏。

我们正处于一个文明具有多样性的时代，我们需要的是文明的繁荣发展，而不是文明的单一同质；我们需要的是文明的开放包容，而不是文明的隔绝独立；我们需要的是文明的交流对话，而不是文明的冲突对立。为此，我们需要不断加深对自身和其他文明的理解，从全人类视角寻找文明交流互通的钥匙，从历史文化和哲学的思考中获取信心，在弘扬全人类共同价值中不断夯实文明交流对话的基础。

学习在线

世界是丰富多彩的，多样性是人类文明的魅力所在，更是世界发展的活力和动力之源。

——2021 年 10 月 25 日，习近平主席在中华人民共和国恢复联合国合法席位 50 周年纪念会议上的讲话

最后，全人类共同价值构建了人类命运共同体的价值支撑。近现代社会发展的一个最大特征是国与国关系更加密切、民族与民族交流更加频繁、人与人沟通更加丰富，历史和实践的发展让构建人类命运共同体不仅可能而且必要。全人类共同价值作为跨越国别、贯穿中外、融汇文明的价值追求，自然而然成为构建人类命运共同体的价值支撑和崭新理念，反映了人类命运共同体中最基本、最美好的价值愿景。

之所以认为全人类共同价值为构建人类命运共同体提供了价值支撑，有以下三个原因：一是能够发挥聚合作用。“和平、发展、公平、正义、民主、自由”的全人类共同价值是人类命运共同体的理想追求。具体来看，人们希望有和平稳定的环境、发展进步的条件，追求公平正义、向往美好生活，期望在民主自由的政治环境中捍卫国家利益和实现长远发展。这为人类命运共同体构建指明了方向，从而能够凝心聚力。二是能够发挥规范作用。全人类共同价值作为一种价值，本质上的是对个体、群体乃至于国家行为的内在规范。它在指明构建方向的同时也起到了规制和矫正的作用，确保人类命运共同体的构建朝着谋求全人类共同利益和共同福祉、促进人类社会进步和世界和平发展的目标行进。三是能够发挥调节作用。构建人类命运共同体是一项长期的复杂工程，必然会面临着各种各样的矛盾和问题。我们经常说“众口难调”，尤其是在涉及国家利益、民族利益等现实问题时，其应对和解决的难度会更大。全人类共同价值可以起到“润滑剂”的作用，对一些重难点问题、尖锐矛盾能够很好地进行调节和抑制，进而在求同存异、聚同化异中解决问题。

（二）全人类共同价值不是文明扩张，而是中华文明交流互鉴的体现

全人类共同价值是倡导文明交流互鉴的价值体系，绝不是搞文明对立、文明冲突、文明扩张的价值主张。全人类共同价值正是在不同文明背景的东西方国家在交流和对话中汲取对方合理价值元素和内在精神的基础上形成的，并逐步在交流中促进融会贯通、在对话中缩小价值分歧和在相互学习借鉴中促进价值共享。全人类共同价值的基本内涵体现着中华文明的优秀品质和深厚底蕴。

首先，全人类共同价值内含着中华文明的“天下情怀”。这种情怀一是表现为包含平等等理念在内的对待世界不同民族的处世智慧，坚持“有朋自远方来”的礼仪与待客之道。纵观中国历史，我们从未有过西方传教士式的宗教价值传播，也从未有过早期资本主义在血与火中的对外殖民扩张，始终是以实现天下万民的普遍利益为己任。尤其是近代以来中华民族饱受磨难，更加珍惜和平发展的机会，致力于实现全人类共同利益，从人类整体而非特定国家的利益出发，为解决人类面临的共同问题寻找合理方案。二是表现为对多元文化的包容和理解。西汉时期丝绸之路的开辟、唐朝时期日本朝廷派“遣唐使”来中国学习文化等，都

表明在中华文明传统中，与其他文明的交流并不存在零和博弈的排他性逻辑，“和而不同”是中国人与其他文明打交道的根本宗旨。相辅相成、融合共生，是中华文明薪火相传、生生不息的重要动力，也是当前全人类共同价值得以提出和践行的重要基础。三是表现为关切人类共同利益的道义立场。“大同之道，至平也，至公也，至仁也，治之至也。”中华文明始终运用“天下”“世界”的整体性思维来构想人类理想社会，这与当前世界各国相互影响、相互依赖的实际密切相连。

其次，全人类共同价值内含着中华文明的“民本思想”。民本思想是中华优秀传统文化的精华。早在《尚书》中就提出了“民惟邦本，本固邦宁”的重要理念。后来相继形成了“民贵君轻”“平政爱民”“富民强国”“重民保民”“恤民忧民”等具体思想，体现了中国传统的以群体为中心而不是以个人为中心的社会结构、社会伦理、社会文化，塑造着中国人的价值规约，并结合新的时代条件和社会形态不断演变、发展和升华。中国共产党在继承与创新民本思想的过程中创造性地提出了“人民至上”“以人民为中心”的发展思想，在“两个结合”中既赋予了民本思想新的时代生命力，也让中国价值和中国话语展现出强大活力。我们所倡导的全人类共同价值内含人民至上的价值理念，其目标在于推动构建人类命运共同体，共同创造每一个人更加美好的未来。全人类共同价值既符合世界各国人民的共同价值追求，也是各国人民能够更好发展、实现更高程度的民主与自由最为坚实的价值力量。世界历史进程是由全世界人民共同推进的，世界历史的未来也必然要由全世界人民共同开创。人民主体地位、人民创造力量是形成全人类共同价值的深厚根基，也是进一步弘扬全人类共同价值、推进人类社会发展的根本所在。

最后，全人类共同价值内含着中华文明的“担当意识”。回看党的百余年历史征程，中国共产党始终胸怀天下，把维护世界和平和增进人民福祉作为全人类共同关切的大事，团结带领中国人民与世界上一切进步力量为此不懈努力。中华人民共和国成立以来，始终站在人类进步的一边，高举和平、发展、合作、共赢的旗帜，始终做世界和平的建设者、全球发展的贡献者、国际秩序的维护者，彰显了国际责任担当。特别是党的十八大以来，以习近平同志为核心的党中央站在人类历史进程的战略高度，积极倡导和践行全人类共同价值。比如，在气候变化挑战面前作出“2030 年前实现碳达峰，2060 年前实现碳中和”的庄严承诺并努力兑现。

学习在线

中国愿承担与自身发展水平相称的国际责任，继续为应对气候变化付出艰苦努力。我不久前在联合国宣布，中国将提高国家自主贡献力度，采取更有力的政策和举措，二氧化碳排放力争于 2030 年前达到峰值，努力争取 2060 年前实现碳中和。我们将说到做到！

——2020 年 11 月 17 日，习近平主席在金砖国家领导人第十二次会晤上的讲话

中华文化不仅要“各美其美”，而且要“美人之美”“美美与共”。“美美与共”的中华文明观体现了中国将自身古老文明和世界文明相统一的大国情怀和世界胸襟，是真正从世界格局出发而作出的合乎不同国家和民族实情的倡议，为破解世界文明发展难题提供了中国方案。五色不同，交织而成章；五音各异，交响而成乐。中华文明在交流互鉴中为全人类共同价值注入了来自中国文化的内蕴，即通过共同价值寻求更多合作沟通，以文明交往超越隔阂。

（三）全人类共同价值不是纯粹思辨，而是治国理政丰富实践的产物

有人认为全人类共同价值是纯粹理性思辨的产物，对于现代人类社

会生活没有实践性；他们甚至对于是否存在全人类共同价值、是否能构建起人类命运共同体持怀疑态度。毋庸置疑，全人类共同价值是原创性的中国话语、地地道道的中国创造，它的提出及内涵建立在丰富的实践基础上，是在全球化时代人类应对共同难题和挑战的时代条件下必然出现的结果。对此，习近平总书记明确指出："我们应该大力弘扬和平、发展、公平、正义、民主、自由的全人类共同价值，共同为建设一个更加美好的世界提供正确理念指引。"[①] 同样，我们之所以说全人类共同价值是凝聚人类价值共识的中国话语，根本原因在于全人类共同价值是新时代中国特色社会主义伟大实践的产物，是以习近平同志为核心的党中央治国理政丰富实践的产物。

首先，全人类共同价值的提出是应对世界百年未有之大变局的中国智慧。当今世界，"两个大局"加速演进并深度互动，人类社会面临许多亟待解决的共同问题。一方面，西方发达国家长期以来推行霸权主义和强权政治，导致局部战乱和冲突不断加剧，国家间的隔阂与对立呈现出日益加深的趋势；另一方面，恐怖主义、气候变化、难民问题等新问题层出不穷，各种不确定性不稳定性因素叠加显现。在这种情况下，以美国为首的西方国家依旧鼓噪西方的"自由、民主和人权"，别有用心地掀起"颜色革命"等加剧挑战。例如，在新冠肺炎疫情期间，以美国为首的西方国家大搞价值对立，在新冠病毒溯源问题上对中国进行恶意诽谤，试图通过溯源问题政治化对中国"甩锅"推责、打压遏制，给人类社会发展蒙上了阴影。面对这种情况，我们第一时间开展全球紧急人道主义行动，向 150 多个国家提供抗疫物资援助，努力帮助困难国家应对债务挑战，用中国方案和智慧真正走出一条和衷共济、和合共生的光明道路。

---

① 习近平：《在中华人民共和国恢复联合国合法席位 50 周年纪念会议上的讲话》，《人民日报》2021 年 10 月 26 日。

相关链接

2023 年 3 月，美国总统拜登签署《2023 年新冠病毒起源法案》。该法案称“新冠疫情可能起源于中国”，要求美国情报总监解密涉武汉病毒研究所与新冠起源潜在关联的情报。美国此举的真实动机并不在于病毒溯源本身，而是通过病毒溯源政治化，继续玩弄政治手段，加大对中国抹黑攻击的力度，使病毒溯源成为对华施压的新招术。

其次，全人类共同价值的倡导夯实了当代中国与外部世界良性互动的思想基础。中国离不开世界，世界也离不开中国。在当今世界经济复苏的曲折进程中，中国有意愿、有能力、有责任为世界提供更多机遇，为推动建设开放型世界经济、构建人类命运共同体作出贡献。改革开放四十多年的发展成效，特别是新时代以来取得的历史性成就和发生的历史性变革已充分说明了这一点。在中国与世界关系变化调整的历史进程中，我们不再以意识形态决定与不同国家关系的亲疏远近，而是明确宣示要在和平共处五项原则基础上发展同所有国家的正常关系。这就是在认同全人类共同价值的基础上明晰了当代中国外交的价值追求、改善了当代中国的国际形象，我国国际影响力、感召力、塑造力显著提升。当前，美国等西方资本主义国家试图以邻为壑、搞零和博弈、走单边主义道路，我们更要积极倡导全人类共同价值，既要善于合作也要敢于斗争，将更有活力的发展成就、更有定力的政治智慧、更有感染力的价值话语贡献给世界，持续推动中国与外部世界的良性互动和共同繁荣发展。

最后，全人类共同价值的提出及践行有力提升了我国在世界上的话语权，彰显了我国强大的文化软实力。全人类共同价值的提出是对西方某些政客和敌对势力在价值观念上抹黑中国的最好回击和批判，打破了西方的政治傲慢和话语霸权。不仅如此，我们通过利用各种政治、经济、

学习在线

我们要本着对人类前途命运高度负责的态度，做全人类共同价值的倡导者，以宽广胸怀理解不同文明对价值内涵的认识，尊重不同国家人民对价值实现路径的探索，把全人类共同价值具体地、现实地体现到实现本国人民利益的实践中去。

——2021 年 7 月 6 日，习近平总书记在中国共产党与世界政党领导人峰会上的主旨讲话

文化交流交往的机会，向世界讲好中国始终不渝做世界和平的建设者、全球发展的贡献者、国际秩序的维护者的故事，努力做到把讲故事与讲事实、讲形象、讲情感、讲道理结合起来，增强说服力、亲和力和感召力，不断提升新时代我国对外话语的影响力和塑造力，使全人类共同价值逐步成为引领人类开展社会实践活动、建立更加公平公正的新型国际关系的科学理念和实践动力。

总的来看，全人类共同价值作为新时代中国话语创新的典范，实现了世界性与民族性的辩证统一、现实性与理想性的辩证统一、思想内容与思维方式的辩证统一。我们倡导的全人类共同价值绝不是以“共同”之名否认价值追求的特殊性、民族性，而是立足各国国情、彰显民族特色，是这些普遍价值精神确证和显现自身的必然要求。以全人类共同价值为代表的中国话语蕴含着对当前人类面临的普遍性问题的解答，只有自觉、有效应答人类面临的普遍性问题，才能真正回答好“世界怎么了”“人类向何处去”的时代之问，传播中国声音、阐述中国主张。从“普世价值”争论走向全人类共同价值凝练，彰显了中国以更加自觉自信的姿态推动着文明的交流互鉴和人类社会的进步发展。

四、伟大征途：如何弘扬和践行全人类共同价值？

全人类共同价值作为全人类普遍的价值共识和价值愿景，要真正实现并非轻而易举，而是面临诸多荆棘障碍。诸如，世界各国的贫富差距使得发展程度较高的国家易于萌发价值观上的优越感，凭借经济优势大力输出自身价值观；各国政治制度不尽相同，不同政治制度所决定的意识形态领域的对抗使全人类共同价值的践行越发困难；世界多元文化共存的现象也使得如何处理好“文化价值的一元与多元”“价值的普遍性与特殊性”等问题变得颇具挑战。因此，面对世界百年未有之大变局，构建人类命运共同体是世界各国人民前途所在，努力探求弘扬全人类共同价值的现实路径是全人类追求美好生活的必由之路。

学习在线

“大道之行也，天下为公。”和平、发展、公平、正义、民主、自由，是全人类的共同价值，也是联合国的崇高目标。目标远未完成，我们仍须努力。当今世界，各国相互依存、休戚与共。我们要继承和弘扬联合国宪章的宗旨和原则，构建以合作共赢为核心的新型国际关系，打造人类命运共同体。

——2015 年 9 月 28 日，习近平主席在第七十届联合国大会一般性辩论时的讲话

（一）深化理论阐释，做好全人类共同价值的“解读”工作

常言道：“工欲善其事，必先利其器。”若想真正在国内国际两大场域弘扬全人类共同价值，就必须先准备好“器”，即做好理论阐释工作。要针对全人类共同价值进行全面且深度的理论阐释，主动回应社会各界对于全人类共同价值的质疑之声，坚持我国在国际社会上的文化形象和价值主张。

专家学者作为理论阐释工作的中坚力量，需要在各自领域主动发声，全方位对全人类共同价值进行解读阐释，形成一系列相关的理论研究观点和研究成果。一方面，在价值内涵方面，要注重研究全人类共同价值的生成逻辑、理论特质、价值主张、现实形态、时代意义等。特别是要针对全人类共同价值与西方所谓的“普世价值”的本质区别进行系统阐释，揭露西方“普世价值”的意识形态性、本质虚假性、理论霸权性与践行荒谬性，向大众展示“普世价值”与全人类共同价值的霄壤之别，使其认清“普世价值”的真实面目。另一方面，在话语表达和阐释方法上，要鼓励尝试融合各类方法来阐释全人类共同价值。专家学者可以采用案例研究（如全人类共同价值在阐扬过程中的真实案例）、对比分析研究（如全人类共同价值与其他社会思潮的比较）等多种研究方法，在各学科中找到与研究内容相契合的研究方法，进行科学权威的研究解读。

学习在线

我们必须加强团结，践行相互尊重、合作共赢的国际关系理念。一个和平发展的世界应该承载不同形态的文明，必须兼容走向现代化的多样道路。民主不是哪个国家的专利，而是各国人民的权利。近期国际形势的发展再次证明，外部军事干涉和所谓的民主改造贻害无穷。我们要大力弘扬和平、发展、公平、正义、民主、自由的全人类共同价值，摒弃小圈子和零和博弈。

国与国难免存在分歧和矛盾，但要在平等和相互尊重基础上开展对话合作。一国的成功并不意味着另一国必然失败，这个世界完全容得下各国共同成长和进步。我们要坚持对话而不对抗、包容而不排他，构建相互尊重、公平正义、合作共赢的新型国际关系，扩大利益汇合点，画出最大同心圆。

——2021 年 9 月 21 日，习近平主席在第七十六届联合国大会一般性辩论上的讲话

（二）健全舆论引导，做好全人类共同价值的“发声”工作

在全球化的时代潮流中，国际舆论的影响力愈来愈发挥着举足轻重的作用。不同于西方国家所推崇的“普世价值”，我国倡导的全人类共同价值致力于推动世界和平与社会和谐，代表着人类社会发展的未来走向。建构全人类共同价值体系需要借助于国际舆论的引导功能向世界各国传递“和平、发展、公平、正义、民主、自由”的价值主张，使各国、各民族、各组织乃至每个民众都可以在这种价值氛围下增强人类命运共同体意识。

为了让全人类共同价值走出国门、走向世界，要学会用“两条腿”走路，协调好官方“舆论场”和民间“舆论场”两大场域，在全人类共同价值的全球传播上做好功课。一方面，要积极通过主流媒体在正式场合发声。如习近平主席多次出席各类国际性会议，利用联合国大会一般性辩论、APEC 领导人非正式会议、博鳌亚洲论坛等国际舞台，借助决议、宣言、共识等形式，赢得世界人民对于全人类共同价值的认同与支持，促进社会舆论朝向世界人民所期待的方向发展。

另一方面，要积极用好新型媒体。相较于四大传统传播媒介（报纸、杂志、广播、电视），新媒体和自媒体等新型传播媒介正悄然融入人们生活的各个领域，为扩大全人类共同价值的影响力拓展了新路径。要规范引导公众人物和普通民众借助此类平台进行合理合法发声，切实发挥好新型媒体传播全人类共同价值的重要作用。

（三）践行价值理念，做好全人类共同价值的“示范”工作

由于各国的经济水平、政治制度和历史文化传统等具体国情均有所不同，各国民众对于全人类共同价值的认知水平和理解维度也各不相同。因此，我国要根据实际情况，准确判断在现实践行全人类共同价值体系过程中遇到的具体问题，并“对症下药”，从而做好全人类共同价值真正落地的引领和示范工作。

学习在线

全球治理应该秉持共商共建共享原则，推动各国权利平等、机会平等、规则平等，使全球治理体系符合变化了的世界政治经济，满足应对全球性挑战的现实需要，顺应和平发展合作共赢的历史趋势。

——2020 年 9 月 22 日，习近平主席在第七十五届联合国大会一般性辩论上的讲话

要摒弃零和思维。所谓“零和”，就是由于博弈的冲突性和对抗性，每个参与者的得失最终相加在一起的结果为零。因此，按照零和博弈的思维方式，参与者之间根本无法达成合作关系。针对影响合作共赢的旧思维，习近平主席强调：“要跟上时代前进步伐，就不能身体已进入 21 世纪，而脑袋还停留在过去，停留在殖民扩张的旧时代里，停留在冷战思维、零和博弈的老框框内。”[①] 合作共赢就是要摒弃零和思维，摒弃“非赢即输”的思维模式，在寻求自身发展的同时带动共同发展，实现共赢、多赢的美好局面。

要崇尚平等相待。合作共赢的基础是平等，离开了平等难以实现合作共赢。国家不分大小、强弱、贫富，一律平等，都是国际社会平等的一员。在合作过程中，决不能以大欺小、以强凌弱，更不能“凭一家之言”垄断国际事务。

要秉持公平正义。一方面，国际公平正义体现为各个国家需要承担共同而有区别的责任。所谓“共同”，指的是在全球性问题上，各国都负有责任，都有义务防止本国内的问题给他国造成影响；所谓“有区别”，指的是发展中国家和发达国家在全球性问题上并不是责任平摊，

---

①《习近平谈治国理政》第一卷，外文出版社 2018 年版，第 273 页。

而是要依据各自情况承担相应的责任。另一方面，国际公平正义还体现为国际关系的民主化、法治化、合理化。民主化是国际事务要由各国政府和人民共同商量来办，反对个别国家垄断国际事务；法治化是各国在国际关系中要遵守国际法和公认的国际关系基本原则，反对适用法律使用双重标准；合理化是要适应国际力量对比的新变化，建立更加平等均衡的新型全球发展伙伴关系。

总而言之，我们倡导和践行“和平、发展、公平、正义、民主、自由”的全人类共同价值，有助于为广大发展中国家创造良好的国际发展环境，增强人类命运共同体意识，在合作中实现互利共赢。

深度阅读

习近平：《在全国党校工作会议上的讲话》，《求是》2016 年第 9 期。

习近平：《在中国共产党与世界政党高层对话会上的主旨讲话》，《人民日报》2017 年 12 月 2 日。

习近平：《在中华人民共和国恢复联合国合法席位 50 周年纪念会议上的讲话》，《人民日报》2021 年 10 月 26 日。

（执笔人：王永贵）

第四章 如何看待全球化、反全球化与逆全球化的博弈？

中国坚持对外开放的基本国策，坚定奉行互利共赢的开放战略，不断以中国新发展为世界提供新机遇，推动建设开放型世界经济，更好惠及各国人民。中国坚持经济全球化正确方向，推动贸易和投资自由化便利化，推进双边、区域和多边合作，促进国际宏观经济政策协调，共同营造有利于发展的国际环境，共同培育全球发展新动能，反对保护主义，反对“筑墙设垒”、“脱钩断链”，反对单边制裁、极限施压。中国愿加大对全球发展合作的资源投入，致力于缩小南北差距，坚定支持和帮助广大发展中国家加快发展。

——2022 年 10 月 16 日，习近平总书记在中国共产党第二十次全国代表大会上的报告

当前，世界百年未有之大变局正在加速演进，新一轮科技革命和产业变革深入发展，国际力量对比深刻调整。同时，世纪疫情影响深远，逆全球化思潮抬头，单边主义、保护主义明显上升，世界经济复苏乏力，局部冲突和动荡频发，全球性问题加剧，世界进入新的动荡变革期。为什么经济全球化会遭遇“逆风逆流”？何谓“全球化”，在“全球化”的不同表述中存在怎样的认识差异？为什么会出现“反全球化”和“逆全球化”现象，二者有着怎样的区别？近年来，从“逆全球化”思潮暗流涌动到一些国家将发展议题政治化、边缘化，实行“脱钩断链”，构筑“小院高墙”，人为制造分裂和对抗，幕后的推手是谁？今天，坚持经济全球化正确方向，我们该怎么办？问题层出不穷，人类社会正面临前所未有的挑战。习近平总书记近年来多次发出“共促全球发展”“共创后疫情时代美好世界”“共创全球发展新时代”的呼吁，提出全球发展倡议、全球安全倡议、全球文明倡议，必将推动人类文明进步，建设一个持久和平的美好世界。

相关链接

2017年1月18日，习近平主席在联合国日内瓦总部发表了题为《共同构建人类命运共同体》的主旨演讲，提道：“当今世界充满不确定性，人们对未来既寄予期待又感到困惑。世界怎么了、我们怎么办？这是整个世界都在思考的问题，也是我一直在思考的问题。”面对“人类社会何去何从”的时代之问，中国方案是：构建人类命运共同体，实现共赢共享。

一、什么是“全球化”？

生活在 21 世纪的人们对于“全球化”的感受和理解或有不同，但是几乎没有人会去否认“全球化”的存在。当我们开启一场说走就走的旅行，来到一个陌生的城市，在尝试当地的特色美食之外，很容易就能找到麦当劳、肯德基、汉堡王这些标准化的餐厅来填饱肚子。当我们脱下阿迪达斯、耐克的外套，翻看标签时，往往会发现这些服装的产地远在公司总部千里之外。当我们拿起手机，开启即时通信工具或是浏览信息时，已经是在使用全球产业链的产品了。那么，到底什么是“全球化”？在这个术语的使用背后，是否存在不同的指向？习近平总书记多次提到的“经济全球化”具体指的是什么？

（一）“全球化”：一个概念辨析

在人类社会的历史长河中，经常有这样的情况发生：一个概念提出并使用的历史与这个概念所描述的社会现象并不直接同一。比如，“工业革命”概念的广泛使用就明显晚于这场生产力变革的实际发生。这样，当我们用一个概念去把握特定的社会历史现象时，为了更好地理解这一社会历史现象的本质，对于特定概念的历史考察也就是重要且必要的了。“全球化”概念便是如此。

在狭义上，“全球化”这个概念的广泛使用集中出现在 20 世纪 90 年代。世纪之交以来，“全球化”引起学界热烈讨论，成为新的焦点话题。近年来，围绕“全球化”“反全球化”“逆全球化”的讨论正得到越来越多的关注。

就“全球化”（globalization）这个概念的提出和使用来说，西方学界有不同的观点。大部分学者普遍认为，作为系统的学术概念和分析工具的“全球化”（globalization）是由西奥多·莱维特（Theodore Levitt）

在 1983 年提出的。在其《市场的全球化》一文中，“全球化”被用来形容之前 20 年间国际经济发生的巨大变化，即商品、服务、资本和技术在世界生产、消费和投资领域中的扩散。[①]

有学者向前追溯，发现“全球化”（globalize）和“全球主义”（globalism）这样的表述，最初是在 1944 年的一篇论著中被创造出来的；而名词“全球化”则是到 1961 年才第一次出现在美式英语词典之中。[②]

近年来，还有学者指出，“全球化”这个术语在其现代意义上是 20 世纪末的产物。与“资本主义”一样，它最初也是一个批判性的概念。根据《牛津英语词典》，最早以今天的意义使用这个术语的学术文章出现于 1972 年。更早之前，这个词曾在另外一个不同的意义上被使用——作为一个外交术语，意思是不同政策领域之间的连接，如谈判中同时讨论金融和安全问题。《牛津英语词典》的追溯忽视了这个术语的非英语起源。1970 年，意大利激进左翼地下刊物《无产阶级左派》发表了一篇题为《资本主义社会的全球化进程》的文章。这篇文章认为跨国公司 IBM“把自己作为总体以追逐利润为所有活动的目标，并使生产过程中的所有活动‘全球化’了，……在自身内部体现了资本帝国主义的全球化（mondializzazione）”[③]。

就“全球化”概念的上述狭义理解来说，无论是从西方主流经济学角度出发，还是从激进左翼的立场出发，实际上直接指涉的都是 20 世纪 70 年代以来以新自由主义兴起为内核的全球化资本主义的发展。这种全

① 参见 T. Levitt, “The Globalization of Markets,” *Harvard Business Review*, 1983, 61（3）, pp. 92–102。

② 参见［英］简·阿特·斯图尔特《解析全球化》，王艳莉译，吉林人民出版社 2011 年版，第 45—46 页。

③ 参见［德］于尔根·科卡、［荷］马塞尔·范德林登主编《资本主义：全球化时代的反思》，于留振译，商务印书馆 2018 年版，第 180—181 页。译文有改动。

球化资本主义的显著特征除了跨国企业的形成以及资本主导下生产的国际分工外，还包括资本主义金融化的发展。当然，这一时期的“全球化”之所以能快速发展并迅猛改变世界，还得益于信息通信技术特别是互联网的发展以及国际政治经济格局的转型。因此，也有学者把这种“全球化”称为“超级全球化”。

尽管“全球化”概念的提出同全球化资本主义的发展或“超级全球化”的出现直接相关，但是这一概念本身也客观描述了人类社会历史，尤其是经济生活发展到一定阶段的特征。换言之，如果我们从生产力发展、生产要素流动、科技进步和交往扩大的意义上广义地理解“全球化”，就会发现，正如习近平主席所指出的那样：“历史地看，经济全球化是社会生产力发展的客观要求和科技进步的必然结果，不是哪些人、哪些国家人为造出来的。经济全球化为世界经济增长提供了强劲动力，促进了商品和资本流动、科技和文明进步、各国人民交往。”①

实际上，马克思、恩格斯早在170多年前就已经在历史唯物主义的基础上，分析了生产力、分工和交往发展所产生的客观历史作用。在《德意志意识形态》中，马克思、恩格斯这样说道：“各民族之间的相互关系取决于每一个民族的生产力、分工和内部交往的发展程度。这个原理是公认的。……各个相互影响的活动范围在这个发展进程中越是扩大，各民族的原始封闭状态由于日益完善的生产方式、交往以及因交往而自然形成的不同民族之间的分工消灭得越是彻底，历史也就越是成为世界历史。”②

在《共产党宣言》中，马克思、恩格斯又写道：“大工业建立了由美洲的发现所准备好的世界市场。世界市场使商业、航海业和陆路交通

① 习近平：《共担时代责任，共促全球发展》，《求是》2020年第24期。

②《马克思恩格斯文集》第1卷，人民出版社2009年版，第520、540—541页。

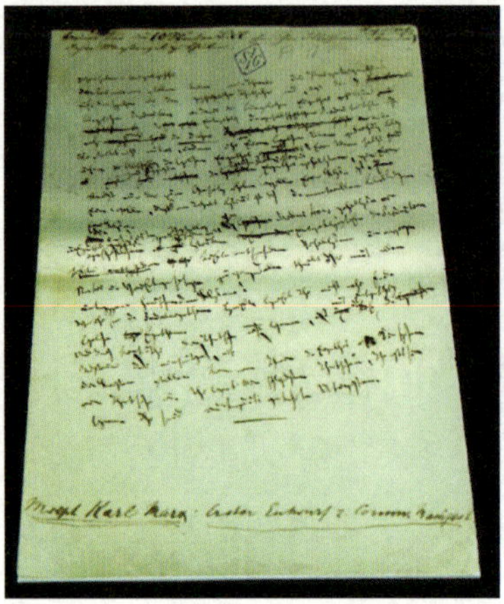

现存唯一一页《共产党宣言》手稿，保存于荷兰阿姆斯特丹国际社会史研究所档案馆

得到了巨大的发展。这种发展又反过来促进了工业的扩展，同时，随着工业、商业、航海业和铁路的扩展，资产阶级也在同一程度上发展起来，增加自己的资本，把中世纪遗留下来的一切阶级排挤到后面去。……资产阶级在历史上曾经起过非常革命的作用。……过去那种地方的和民族的自给自足和闭关自守状态，被各民族的各方面的互相往来和各方面的互相依赖所代替了。”①

简单说来，“全球化”概念的提出实际是20世纪下半叶经济全球化快速发展的理论反映。从狭义上来说，很多西方学者用“全球化”来指称“全球化资本主义”或“超级全球化”的发展。从广义上来说，经济全球化是社会生产力发展的客观要求和科技进步的必然结果，是“世界历史”形成的客观产物。

（二）“全球化”的历史进程

马克思、恩格斯在分析世界历史的形成时，从分工和交往扩大的角度出发，区分了商业的发展、工场手工业的产生、大工业的出现三个阶段。同样，在有关“全球化”的讨论中，也形成了有关“全球化”历史进程的回顾和说明。正如“全球化”概念本身存在多种理解一样，对于“全球化”的历史演进，21世纪初也出现了多种解释。在回顾并简要评论这些解释的基础上，我们将区分经济全球化演进的四个阶段。

① 《马克思恩格斯文集》第2卷，人民出版社2009年版，第32—33、33、35页。

概念辨析

“经济全球化”“经济国际化”“经济一体化（区域化）”这三个概念经常出现在国际政治经济问题的讨论之中。可以说，经济国际化和经济一体化（区域化）都可以看作是经济全球化在一定阶段和一定程度上的表现，它们都强调商品、资本、劳动力等生产要素的流动性。从字面来看，经济国际化强调的是国家与国家之间的双边关系，经济往来主要依赖于国家层面的关系。而 20 世纪 80 年代以来的经济全球化发展中，一个显著的特征就是跨国企业的快速发展。“经济一体化”也被称为“经济区域化”，这两个术语是在 20 世纪三四十年代开始使用的，其典型例证就是欧洲经济合作组织、北美自由贸易区、欧盟等。经济区域化常常被视为全球经济一体化的过渡步骤。

尽管有学者在最为宽泛的意义上将人类早期从非洲迁徙到世界各地视为“全球化”的开端。但总的说来，有关“全球化”的起源，人们普遍接受了一个广义的理解：1500 年前后，伴随地理大发现和世界贸易初具雏形，人类开启了“全球化”的进程。当然，也有学者认为，中国在历史上就是“全球化”的积极推动者，古代丝绸之路的开辟和郑和下西洋都是这方面的典型案例。但是，无论是从规模还是从水平来看，都十分有限。[①] 聚焦 1500 年以来的历史，有关“全球化”历史进程的代表性观点有：

2000 年，斯图尔特（Jan Aart Scholte）在《解析全球化》一书中认为，从 16 世纪到 19 世纪是“全球化想象的出现”阶段，从 19 世纪中叶到 20 世纪中叶是“早期全球化”阶段，20 世纪 60 年代以后则是“全面全球化”阶段。

① 参见江毅霖《“逆全球化”的历史与逻辑》，《读书》2020 年第 2 期。

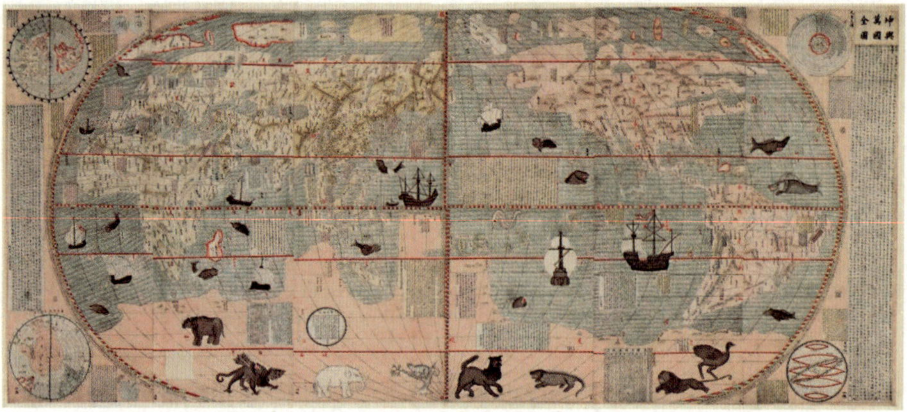

中国最早的彩绘世界地图《坤舆万国全图》（初名《山海舆地图》）

2003 年，罗伯逊（Roland Robertson）出版了《全球化的三次浪潮》，认为从 1500 年到 1800 年是以世界贸易网络的建立为核心的第一次浪潮，从 1800 年到 20 世纪初是以世界工业化体系的建立为核心的第二次浪潮，1945 年之后则是第三次浪潮。

2005 年，弗里德曼（Thomas L. Friedman）出版了《世界是平的》一书，认为从 1492 年到 1800 年是全球化 1.0 版本，表现为世界贸易和国家主导的资源争夺；从 1800 年到 2000 年是全球化 2.0 版本，表现为跨国公司和世界经济一体化；从 2000 年开始进入到全球化 3.0 版本，表现为全球性的个人自由竞争。

值得注意的是，与上述观点不同，2002 年发布的世界银行报告《全球化、增长与贫困》（*Globalization, Growth and Poverty*）认为，“全球化”从 1870 年开始经历了三次浪潮：第一次浪潮发生在 1870 年到 1914 年，主要表现为交通运输发展和贸易壁垒削减推动的经济增长；从 1945 年到 1980 年是全球化的第二次浪潮，主要是发达国家的一体化；最近一次则是从 1980 年到 21 世纪初，其主要动力是交通和通信技术发展以及发展中国家进入全球市场。1914 年到 1945 年，是各国政府以保护主义应对“大萧条”，全球化浪潮发生逆转的时期。这一观点因为近年来“逆全球化”思潮的抬头，得到了越来越多学者的关注。甚至有学者据此进一步区分了“逆全球化”的两个不同时期，即两次世界大战之间的阶段和今天经济全球化遭遇的逆流。

在习近平总书记关于经济全球化三个阶段区分的指引下，遵循马克思、恩格斯有关生产力、分工和交往发展的分析路径，可以将经济全球化的演进细化为四个阶段：

一是从 1500 年到 1870 年，从地理大发现到大工业的发展。按照马克思《资本论》中的区分，可以将这一时期经济全球化的演进再区分为三个阶段：（1）新航路的开辟、商业的发展、城市的兴起，或者说简单协作的阶段；（2）工场手工业阶段；（3）机器大工业阶段。

二是从 1870 年到 1945 年，资本主义从自由竞争向垄断阶段过渡，资本输出推动经济全球化加速发展的阶段。只不过在这一阶段中存在一个经济全球化遭遇逆转的时期，即两次世界大战期间，帝国主义国家之间、帝国主义国家与落后国家和地区之间矛盾激化的阶段。

三是从 1945 年到 20 世纪 80 年代，有学者将其称为“两个平行世界市场阶段”。也就是说，二战之后，世界经济中形成了社会主义和资本主义两个平行的世界市场。发达资本主义国家进入福特制或福利国家制度时期，并通过关税及贸易总协定、世界银行和国际货币基金组织的建立，使经济全球化获得制度化发展。

四是 20 世纪 80 年代以来经济全球化发展的新阶段。一方面，新自由主义和金融垄断资本主义推动了“全球化资本主义”的发展；另一方面，中国积极融入经济全球化，并在世界经济中扮演起越来越重要的角色。只不过，在 2008 年金融危机、第四次工业革命、新冠肺炎疫情的多重影响下，近年来经济全球化遭遇“逆风逆流”，出现了“逆全球化”趋势。

概而言之，虽然狭义上的“全球化”概念的提出，直接面对 20 世纪 80 年代以来新自由主义和金融垄断资本主义发展这一西方资本主义社会新现实，既有的“全球化”讨论大多围绕“全球化资本主义”或者“超级全球化”问题展开。但是从广义上讲，“全球化资本主义”的发展植根于经济全球化的客观历史进程，从 16 世纪到 20 世纪的很长一段时间里，经济全球化的发展与资本主义生产方式的萌芽、兴起和变迁直接联系在一起。这就意味着经济全球化并不是某些人、某些国家人为造出来的；恰恰相反，资产阶级走上历史舞台、资本主义国家发展，从根本上说得益于生产力的发展、分工和交往的扩大，搭上了经济全球化的便车。因此，我们关注的是作为生产力发展结果和客观历史进程的经济全球化，并且坚持经济全球化正确方向；反对的是新自由主义的“超级全球化”，或者说“全球化资本主义”。

二、“反全球化”，为什么？

2001 年，斯蒂格利茨（Joseph E. Stiglitz）因其对信息经济学创立的贡献而被授予诺贝尔经济学奖。第二年，面对如火如荼的“全球化”讨论，他出版了《全球化及其不满》，来解释很多发展中国家对全球化的不满情绪。2017 年，这位诺贝尔奖得主又撰写了《全球化及其新的不满》，来解释发达国家对全球化的不满以及为什么特朗普的新贸易保护主义只会适得其反。同样是对全球化表达不满，十五年前和十五年后，出现了两种既密切相关又显著不同的“全球化逆潮”：前者就是“反全球化”（anti-globalization），后者就是“逆全球化”（deglobalization）。我们首先要回答以下问题：“什么是“反全球化”？“为什么会产生“反全球化”运动？”“当人们“反全球化”时，他们在反对什么？”

相关链接

斯蒂格利茨，诺贝尔经济学奖得主、世界银行前首席经济学家、哥伦比亚大学教授，世界上公共部门经济学领域最著名的专家。斯蒂格利茨为经济学的一个重要分支——信息经济学的创立作出了重大贡献。他所倡导的一些前沿理论，如逆向选择和道德风险，已成为经济学家和政策制定者的标准工具。斯蒂格利茨提倡突出政府在宏观调控中的作用，认为获得持续增长和长期效率的最佳方法是找到政府与市场之间的适当平衡，使得世界经济回到一个更加公平、更加稳定的增长进程中，使人人都受益。斯蒂格利茨利用经济学界最为推崇的工具——模拟经济行为的数学和计算机模型来修正传统的理论。

（一）从西雅图到阿雷格里港

从 20 世纪 90 年代初开始，与“全球化资本主义”的兴起相反相成，“反全球化”的抗议活动也开始酝酿、发酵。1994 年马德里、1995 年华盛顿、1996 年曼谷、1998 年日内瓦、1998 年伯明翰、1999 年科隆，都可以看到“反全球化”抗议者的身影。1999 年 11 月底，世界贸易组织在美国西雅图举行年度部长级会议，准备启动新一轮全球自由贸易谈判，并为其挑选了一个响亮的名字——“千年回合”。就在国际组织和各国政府的高级官员集会的同时，由大约 700 个非政府组织、4 万多人组成的大规模抗议活动出人意料地爆发了，其间还打出了“No WTO”等标语。这场示威游行活动史称“西雅图风暴”，拉开了全球范围内“反全球化”运动的序幕。

“西雅图风暴”之后，在 21 世纪初，“反全球化”运动愈演愈烈。同时，在大规模的带有暴力色彩的街头抗议之外，一种文明的“反全球化”形式出现并发展起来——与世界经济论坛分庭抗礼的世界社会论坛（World Social Forum）。这一论坛选择在同一时间的不同地点，与推进全球化的国际会议一起举行，展开远程对话和抗辩。

2001 年 1 月 25 日，在第 31 届达沃斯世界经济论坛召开的同时，来自 117 个国家的 1 万多名“反全球化”人士来到巴西阿雷格里港，参加第一届世界社会论坛，并且喊出了口号：“另一个世界是可能的！”论坛的中心议题是“如何让所有人合理创造和分配财富”“如何建起一个公平的金融体系”“如何将‘以科学为本的发展’转变为‘以人为本的发展’”“如何探索全球公民发展的可能性和局限性”。直到今天，世界社会论坛仍然坚持每年举办一届，只是在 2017 年之后日渐式微。“反全球化”运动逐渐陷入低谷，随之而来的是“逆全球化”的暗流涌动。

结合“全球化”概念的思想史考察，特别是这一概念提出时所面对的激进左翼背景，可以看出：“反全球化”思潮和运动本身与新自由主义的“资本主义全球化”或“超级全球化”本身是“同一枚硬币的两面”，是“资本主义全球化”在世界范围内占据主导的过程中资本主义生产方式内在矛盾激化、转型的产物。2008 年金融危机及 2016 年英国决定“脱欧”和特朗普激进单边主义提出之后，“逆全球化”思潮暗流涌动、抬头蔓延，一方面延续并利用了“反全球化”的情绪，另一方面也呈现出新的不同特点。用斯蒂格里茨的话说：“2002 年，抗议者主要担心全球化对环境会造成什么影响，如何影响最贫穷国家的贫困人口，或者如何干扰救生药物的获取。当时有充足的抗议空间。但最近不满的

概念辨析

“反全球化”（anti-globalization）有时也被称为“逆全球化”（deglobalization）。“反全球化”和“逆全球化”都可以用来表达对“资本主义全球化”的不满和反对。但一般说来，学界更多使用“反全球化”来指代20世纪90年代以来“西雅图风暴”和世界社会论坛为代表的抗议活动和社会运动，用“逆全球化”来指称2008年金融危机之后，经济全球化进程所遭遇的以英国“脱欧”和特朗普激进单边主义为代表的逆流。

不仅仅是学生活动和环保主义者，而是整个发达国家的中产阶级和工人阶级，他们通过投票的方式表达了他们的不满。还有一些民粹主义领导人，在不断地发表和发扬这种不满。”①

这位诺贝尔经济学奖获得者还指出了一个关键问题：“反全球化”运动主要表现了发展中国家以及发达国家中因为“全球化”利益受到损害的群体对“全球化”运行方式的不满，这种不满并非经济全球化本身造成的，而是经济全球化的治理方式出了问题。在“资本主义全球化”中，规则的制定者是美国的大企业和金融界，它们是最大的赢家。作为这一规则基础的新自由主义和“华盛顿共识”本身存在严重缺陷，会导致执行其政策的国家经济增长缓慢、动荡加剧。也就是说，“反全球化”出现的原因并非经济全球化，而是经济全球化这一客观进程中存在的全球治理方式的缺陷。

① ［美］约瑟夫·E. 斯蒂格里茨：《全球化逆潮》，李杨、唐克、章添香等译，机械工业出版社2019年版，第2页。

（二）“反全球化”运动到底在反对什么？

在以“西雅图风暴”和世界社会论坛为代表的“反全球化”运动中，最主要的两个议题是全球正义和环境保护。同时，支持“反全球化”的力量也呈现出多元分化、组织松散的特征。“反全球化”运动的参与者以工会组织和弱势群体为主体，成员中既有生态主义者、女权主义者、无政府主义者等，也有一些发达国家的政府官员和左翼知识分子。虽然林林总总的“反全球化”运动把斗争的矛头共同指向了所谓的“全球化”，但是这些运动对“全球化”的理解并不完全相同，甚至有将“资本主义全球化”混同于“经济全球化”的倾向。更进一步地说，出于自身利益诉求的差异，这些运动中对“全球化”的种种反对声音之间也就呈现出含混交错甚至是矛盾冲突的特征。

早在21世纪之初，时任联合国秘书长安南（Kofi Annan）就在题为《我们人民：21世纪联合国的作用》的报告中指出了“反全球化”运动的成因：“很少有个人、团体或者政府反对全球化本身，他们反对的是全球化所带来的悬殊分化。首先，全球化的好处和机会仍然高度集中在少数国家，即便在这些国家内部，其分布也不均衡。最近几十年出现了一种不平衡的现象：成功制定了促进全球市场扩展的有力规则并使其得到良好实施，而对同样正确的社会目标，无论是劳工标准还是环境、人权或者减少贫穷的支持却落在后面。更广义地说，全球化对许多人已经意味着更容易受到不熟悉和无法预测的力量的伤害，这些力量有时以迅雷不及掩耳的速度造成经济不稳定和社会失调。”

这充分说明：面对“资本主义全球化”，之所以出现“反全球化”运动，从根本上说是因为主导经济全球化进程的治理规则出了问题。构成20世纪80年代以来“资本主义全球化”基本规则的恰恰是所谓的新自由主义和“华盛顿共识”。这些规则的制定者或者服务对象正是大型跨国企业和金融垄断资本。正是对新自由主义的不满引发了20世纪90

年代以来的“反全球化”运动浪潮。至于“反全球化”运动中出现的主体和主题多元交叠的现象，可以从 20 世纪 70 年代以来资本主义新变化所导致的社会分化的复杂现实来理解。

在经济全球化的历史进程中，从二战结束到 20 世纪 80 年代是所谓的“两个平行世界市场阶段”。在冷战格局下，以美国为主导的资本主义世界市场形成，在发达资本主义国家之间，通过所谓的“内嵌的自由主义”——包括创建布雷顿森林体系、美国发展与盟友之间的产业间贸易等措施形成了“经济的一体化”。相应的，在发达资本主义国家内部，通过福特制或者说福利国家制度来加速资本循环、实现社会稳定。

名词解释

“全球化双向（钟摆）运动”：1944 年，波兰尼（Karl Polanyi）出版了《大转型：我们时代的政治与经济起源》。该书提出了市场和社会的“双向运动”，一种是经济自由主义的运动，即自我调节的市场经济运动；另一种是反向的社会保护运动。市场力图从社会中“脱嵌”，全面支配社会；而社会则试图保护自己，让市场“嵌入”民主社会。面对“全球化”的发展，波兰尼的理论被用来说明“全球化”与“逆全球化”的“钟摆运动”，即全球化主导国家提供全球公共产品与自由国际秩序之间的关系问题。

“内嵌的自由主义”：曾担任联合国助理秘书长的鲁杰（John Ruggie），用“内嵌的自由主义”来说明 1945 年到 20 世纪 80 年代资本主义世界市场的发展或二战后“自由国际秩序”的制度设计。所谓“内嵌的自由主义”，包括两个维度。一是社会支持自由化的国际经济政策。二是国家通过社会和政治安全网建设，减轻这个政策所带来的有害的国内经济效应；其中一个有效手段就是通过税收和财政支出计划，调节自由市场经济所带来的财富在不同社会群体中的不均衡分配。有学者认为，“内嵌的自由主义”本质是多边主义，既不同于20世纪30年代的经济民族主义，又不同于自由放任的古典自由主义。

布雷顿森林体系：1945年创立的国际货币体系。1944年7月1日至22日，在美国新罕布什尔州布雷顿森林举行联合国货币金融会议，通过《国际货币基金协定》和《国际复兴开发银行协定》，并于1945年12月27日正式签字，建立了以美元为中心的资本主义货币体系。该体系有以下特点：美元与黄金挂钩，35美元合1盎司黄金，其他货币与美元挂钩；形成固定汇率制，即当市场汇率超过平价上下1%时，各国政府有义务干预，而货币含金量法定变动超过10%时，须由国际货币基金组织批准。20世纪60年代发生的美元危机削弱了该体系，迫使美国政府于1971年8月15日宣布停止美元兑换黄金。1973年3月，西方主要国家相继实行浮动汇率制，布雷顿森林体系正式瓦解。

20世纪70年代以来，随着石油危机的爆发以及资本主义进入滞胀阶段，西方国家纷纷采取新自由主义改革。一方面，在国家内部通过“重新私有化”来重新塑造所谓的自由竞争和激发市场活力；另一方面，在布雷顿森林体系解体的情况下，利用“华盛顿共识”来为资本在世界范围内的自由流动开疆拓土。这也构成了20世纪80年代以来“资本主义全球化”兴起的直接动因。

这样一来，原属资本主义国家内部的阶级矛盾也获得了新的形式。在福特制资本主义或者说福利国家制度中形成的中产阶级阶层，开始因为新自由主义的出现而遭受自身利益的损失。随着跨国企业的出现、对外直接投资的提升，大量制造业从发达国家转移到发展中国家。这在为大企业和金融资本带来新的巨额利润的同时，也导致了发达资本主义国家内部贫富分化的加剧。这些在“全球化”进程中利益受损的白领中产阶级和蓝领产业工人，除了抱怨大企业主和金融家，还对发展中国家产生了自发的不满。

与此同时，在以发达资本主义国家为主导的“资本主义全球化”体系中，发达国家与发展中国家和“转型国家”之间的矛盾也逐渐积累并爆发出来。特别是当发展中国家和“转型国家”在经济上陷入困境，为了获得西方银行的借款和西方国家的援助而不得不接受“华盛顿共识”，在政治体制和意识形态上满足西方要求时，就产生了双重后果：一方面，本国的产业越来越严重地依附于国际金融资本，甚至是国家资产通过私有化被以低廉的价格移交给西方公司；另一方面，所谓的援助并没有推动这些国家的经济发展和社会福利提高，而是挽救了那些通过贷款控制了其资源和产业的外国银行。正是在这个意义上，有学者将“资本主义全球化”定位为美利坚帝国主义的国际化。

因此，“反全球化”运动的出现可以被理解为“资本主义全球化”所产生的资本主义生产方式内在矛盾转移、转嫁的自发产物。经济全球化是社会生产力发展和科技进步的必然产物。但新自由主义的“资本主义全球化”，本质上是金融垄断资本主义的国际化。在“资本主义全球化”所塑造的世界体系中，既未消除资本主义国家内部资本和劳动的纵向阶级差异，又加剧了各个国家之间中心和边缘的横向空间分化。更进一步地说，二者在现实中往往交叠杂糅在一起。由此不难发现：如果缺乏对当代资本主义新变化的科学把握，“反全球化”注定在众声喧哗中走向一地鸡毛，“全球化”注定在莺歌燕舞中走向自我分裂解体。

我们捍卫的是作为生产力发展和科技进步必然产物的经济全球化，反对的是作为国际金融垄断资本自我实现的“资本主义全球化”，警惕的是对“全球化”和“反全球化”不加反思的抽象理解和含混使用。那么，如今新的问题出现了：“为什么会出现所谓的‘逆全球化’？”

三、“逆全球化”到底要干什么？

2017 年国务院政府工作报告中提道：“世界经济增长低迷态势仍在延续，‘逆全球化’思潮和保护主义倾向抬头，主要经济体政策走向外溢效应变数较大，不稳定不确定因素明显增加。”近年来，世界百年未有之大变局和世纪疫情叠加，全球经济复苏脆弱乏力，南北发展鸿沟进一步拉大，单边主义、保护主义抬头，经济全球化遭遇逆流，世界进入新的动荡变革期。国际社会普遍担忧，这样下去，世界经济势必分裂成为相互隔绝的区域。为什么经济全球化会遭遇逆流？2016 年以来愈演愈烈的“逆全球化”与 20 世纪 90 年代出现的“反全球化”相比有什么新特征？有的国家将发展议题政治化、边缘化，搞“小院高墙”和“脱钩断链”，人为制造分裂和对抗，到底是要干什么？

（一）“逆全球化”：理论和现实

今天，一谈到“逆全球化”，人们往往会将这个概念同两个事件联系起来，即英国“脱欧”和特朗普当选美国总统后保护主义、民粹主义抬头。正是在这个意义上，有学者将 2016 年称为“逆全球化”的“元年”。然而，正如“全球化”概念有其复杂的使用方式和不同的指向一样，“逆全球化”（deglobalization）概念的提出和当下的运用之间也存在着明显差异，同时这个概念在当前语境中也有着多种理解。

学界普遍的共识是，“逆全球化”这个概念是由著名的反“资本主义全球化”组织“关注全球南方”的创始人瓦尔登·贝洛（Walden Bello）于 2001 年最先提出的。次年，贝洛出版了《逆全球化：探寻一种新的世界经济》一书，对他所理解的“逆全球化”进行了系统的论述。贝洛将20世纪末亚洲金融危机、“西雅图风暴”以及美国克林顿时期经济繁荣的终结视为“全球化”危机的三个表现，进而站在南方国家或者说发展中国家的立场上，强调地方和国家的赋权与全球经济治理体系的多边主义建构。这种“逆全球化”在贝洛看来是一种世界经济的新走向。

由此可见，贝洛提出的“逆全球化”其实是在反思20世纪80年代以来的“资本主义全球化”，在超越新自由主义的“全球化”的意义上，倡导一种保护发展中国家的“地方化”与多边主义“调节”的内在统一。这一诉求与20世纪90年代以来的“反全球化”一脉相承，但更具建设性。今天，经济全球化所遭遇的逆流显然与上述理解并不相同，甚至是大相径庭。

2016年以来的“逆全球化”，意在强调英国“脱欧”和特朗普胜选对于“全球化逆潮”影响。也正是从2017年开始，贸易保护主义对自由贸易的挑战、全球治理上的单边主义对多边主义的取代、现实经济层面上全球供应链的被动断裂和主动脱钩倾向日益增强，同时极端政治倾向加重，民粹主义和狭隘民族主义抬头。学界也注意到，2008年金融危机以来，西方资本主义国家面对新自由主义在理论和实践上的破产，已经开始采取措施，阻碍了经济全球化进程。因此，很多分析也将近年来“逆全球化”的加剧，追溯到2008年金融危机之后发达资本主义国家自身的政策调整。

与20多年前出现的“反全球化”思潮不同，如果说当时主要是发展中国家以及发达国家中的弱势群体对“全球化”不满，2016年甚至是2008年以来的“逆全球化”潮流则包含着发达国家的中产阶级和工人对“全球化”的新的不满，以及西方金融垄断资本维护自身利益的诉求。这些不满和诉求与民粹主义、狭隘民族主义及其他极端思潮混合在一起，通过投票的方式表达出来，表现为西方发达国家主导下的保护主义和单边主义，出现了所谓的“小院高墙”和“脱钩断链”。

还应注意的是，围绕“逆全球化”问题，西方学界还存在另一种倾向，即将“资本主义全球化”宽泛地等同于“全球化”，把“逆全球化”和“全球化”简单地视为内在关联的正反两个方面。沿着这一思路，甚至有西方学者提出了所谓的“全球经济的不可能三角”假说来解释“逆全球化”的出现。究其本质，在这些倾向中，“逆全球化”在一般意义上被等同于贸易保护和国家干预，并进一步推广到地理大发现以来世界历史形成发展的全过程。其中一个令人不安、值得警惕的话题是，有学者将两次世界大战之间帝国主义间矛盾的激化称为“逆全球化 1.0”，将近年来经济全球化所遭遇的逆流称为“逆全球化 2.0”。

由此可见：我们可以将“逆全球化”概念概括为三种不同的理论解释和现实指向。

相关链接

2011 年，罗德里克（Dani Rodrik）出版了《全球化的悖论》。该书中提出了“全球经济的不可能三角”假说，又称“全球经济的三元悖论”（Trilemma of Global Economy）：“我们不能在拥有超级全球化的同时拥有民主制度和国家自主权。我们最多能在三者中取其二。如果我们想要超级全球化和民主制度，就要放弃国家主权。如果我们既想要保住国家主权，也想要超级全球化，那么我们就必须放弃民主制度。如果我们想要将民主制度和国家主权结合在一起，我们就要和超级全球化说再见。”这一假说从现象层面描述了西方国家“逆全球化”潮流的发生机制，但是掩盖了“全球化资本主义”的内在矛盾。

其一，“逆全球化”特指2008年金融危机爆发以来、新自由主义遭遇破产之后，发达资本主义国家所发生的经济和外交政策调整、政治形势和社会思潮变化。以英国“脱欧”和特朗普当选美国总统为标志，这一变化更为直接地表现出来。这也是近年来经济全球化遭遇逆流的直接所指。

其二，就“逆全球化”概念的最初提出来说，在贝洛的论述中，这一概念与“反全球化”更为直接地联系在一起，但在理论思考上较一般的抗议活动更加系统、深入。这种“逆全球化”一方面反思“资本主义全球化”，强调对发展中国家或南方国家的利益保护；另一方面呼唤建构一种多边主义的世界经济体系。显然，今天我们所看到的“逆全球化”与这一理解相去甚远。

其三，“逆全球化”还常常在一般意义上被等同于贸易保护和国家干预，并被视为与“全球化”相反相成的另一面。这种理解对于我们从更全面的角度思考资本主义的兴起以及西方自由主义和新自由主义经济学的本质具有积极的启示意义。但无论是就“全球化”来说，还是就“逆全球化”而言，抽象的泛化理解都可能会使人们忽视特定历史条件下经济全球化发展的具体时代特征，进而与问题的实质擦肩而过。

（二）经济全球化为什么会遭遇逆流？

2021年9月，英国《国际事务》（*International Affairs*）杂志刊发了题为《逆全球化？自由国际秩序的未来》（*Deglobalization? The Future of the Liberal International Order*）的专刊，集中体现了西方学者有关“逆全球化”问题的思考。该专刊发表的文章主要从国际关系角度对“全球化”和“逆全球化”进行了系统分析，探讨了未来国际秩序的走向。然而，尽管这些研究也指出了美国霸权在“逆全球化”进程中的负面效应，但却存在一种错误的倾向，即或明或暗地、有所企图地将“逆全球化”现象的出现归咎于所谓中国崛起引发的国际贸易摩擦和地缘政治紧张。所谓的“萨缪尔森陷阱”“金德尔伯格陷阱”构成了这一倾向的集中表达。那么，经济全球化遭遇逆流的原因到底是什么呢？

相关链接

2004 年，萨缪尔森（Paul Samuelson）撰文，以中国崛起为背景，提出了一个对国际贸易的新认识：“自由贸易和全球化有时可以把技术进步转变成双方的收益，但是有时一国生产率的提高却只带来该国自身的收益，并通过减少两国间本来可能有的贸易收益而伤害另一国家。”后来，这成为导致中美贸易摩擦的主要思想基调之一。金德尔伯格（Charles P. Kindleberger）是 20 世纪 80 年代流行的“霸权稳定论”的提出者。该理论主张在缺乏世界政府的条件下，国际经济体系的稳定运行需要一个强有力的领导者提供必要的国际公共产品，即经济交换与合作的基础条件和世界经济的危机管理机制。以之为基础，约瑟夫·奈（Joseph Nye）于 2017 年撰文提醒美国民众，应警惕世界经济是否会陷入“金德尔伯格陷阱”：当特朗普采取激进单边主义后，中国是否有能力与意愿承担国际公共产品主要提供者的角色，否则世界经济将会产生巨大动荡。

首先，“逆全球化”思潮近年来之所以呈现抬头、加剧的趋势，从根本上说是 20 世纪 80 年代以来“资本主义全球化”或“超级全球化”内在矛盾激化的产物。

20 世纪 70 年代之后，为应对石油危机和经济滞胀，西方资本主义纷纷采取新自由主义政策，催生了“资本主义全球化”。一方面，在西方资本主义国家主导的“全球化”中，发展中国家为发达国家提供了廉价劳动力和产品，降低了跨国企业的生产成本；发达国家通过金融霸权和科技垄断，获得了攫取超额利润的新的可能，并且维持了自身的社会稳定和经济增长。所谓的“中美国”（Chimerica）概念就是对这一现象的形象概括。

另一方面，在“资本主义全球化”的进程中，资本主义的内在矛盾并没有消解，而只是在不同方式的转移和转嫁中被暂时遮蔽了起来。发达国家虽然从总体上享有了“全球化”的红利，但在其内部，大企业和金融资本与底层人群和产业工人之间的矛盾日益尖锐，甚至中产阶级也逐渐成为“全球化”的不满者。托马斯·皮凯蒂（Thomas Piketty）2014年出版的《21世纪资本论》就对该问题进行了集中的说明。与此同时，发达国家与发展中国家之间的矛盾也越发明显，所谓的“涓滴效应”并未全面实现，反而导致了全球范围内的“反全球化”运动。

名词解释

涓滴效应：指在经济发展过程中并不给予弱势群体或贫困地区特别的优待，而是由优先发展起来的群体或地区通过消费、就业等方式惠及贫困阶层或地区，带动其发展和富裕；或认为政府财政津贴可经过大企业再陆续流入小企业和消费者之手，从而更好地促进经济增长。涓滴效应能否实现，怎样实现，学界存在多种争论。涓滴效应常与极化效应一并讨论。

2008年金融危机的爆发，从本质上说就是新自由主义内在矛盾激化的产物，也宣告了新自由主义在实践上的破产。危机爆发后，西方资本主义国家为了保护大企业和金融资本的利益，非但没有采取行之有效的改革措施，反倒是通过金融输血加放水、设置贸易和科技壁垒等手段，为金融垄断资本的逐利保驾护航。当这样一种资本主义的食利化倾向进一步强化，并与因不满“全球化”而兴起的民粹主义、极端主义政治倾向相媾和后，“逆全球化”从暗流涌动到抬头加剧的转变也就随之发生了。

概念辨析

随着生产力的发展，特别是生产的国际分工的扩大，国际贸易出现了产业间贸易与产业内贸易、企业间贸易与企业内贸易的形式区分。全球产业链是指在全球范围内为实现某种商品或服务的价值而连接“生产—销售—回收—处理”过程的跨企业网络组织。全球供应链也被称为“全球网络供应链”。与全球产业链的形成相适应，供应链的成员遍布全球，生产资料的获得、产品生产的组织、货物的流动和销售、信息的获取都在全球范围内进行和实现。全球价值链指的是全球产业链上所有参与者和生产销售等活动的组织及其价值、利润分配。“全球价值链”概念是迈克尔·波特（Michael Porter）于 1985 年最先提出的，有学者将其视为“全球化资本主义”的直接理论反映。在此基础上，还提出了著名的“微笑曲线理论”，描述产业链中附加值更多体现在设计和销售两端，而处于中间环节的制造附加值最低的现象。

如果说西方资本主义国家主导的“逆全球化”在 2017 年以后最先采取的手段是构筑“小院高墙”，那么 2021 年以来又加上了“脱钩断链”甚至是极限制裁。在我们看来，全球产业链和全球供应链的形成，是生产力发展基础上分工和交往扩大的客观结果，不是随随便便就能切断的。而全球价值链描述的是产业链中附加值和利润的分配，所谓的“逆全球化”并不是不要全球价值链，而是在新的时代条件下，重构有利于自身的全球价值链。在这个意义上，近年来“逆全球化”的出现，不仅是新自由主义主导的“资本主义全球化”破产的标志，而且可以被看作 2008 年金融危机之后，资本主义社会转型重塑的标志。

其次，分析经济全球化近年来所遭遇的逆流，除了关注“资本主义全球化”的内在矛盾外，还必须注意第四次工业革命来临所产生的短期效应。

“第四次工业革命”是世界经济论坛创始人兼执行主席克劳斯·施瓦布（Klaus Schwab）于 2016 年提出的一个概念。与之相类似，早在 2013 年的汉诺威工业博览会上，德国就正式推出了“工业 4.0”概念。在施瓦布看来，“第四次工业革命通过推动‘智能工厂’的发展，在全球范围实现虚拟和实体生产体系的灵活协作。这有助于实现产品生产的彻底定制化，并催生新的运营模式”。这一变革“背后的技术驱动力”，可以被归结为“物理类、数字类和生物类”三类。其中物理类包括无人驾驶交通工具、3D 打印、高级机器人和新材料，数字类和生物类分别指的是物联网和生物基因工程。[①]

作为社会生产力发展的客观要求和科技进步的必然结果，经济全球化必将随着第四次工业革命的展开获得新的发展。然而，短期内第四次工业革命却有可能成为“逆全球化”的助推力，这一点在以下两方面表现得最为直接。

一方面，就第四次工业革命对生产过程的影响来说，智能制造或信息物理系统的引入，特别是无人工厂的出现，除了有效提高生产效率外，还在新的时代条件下重新提出了“机器替代人”的问题。对于一个国家或地区来说，这主要表现为就业岗位的减少。对于全球产业链的调整来说，这又为新一轮的产业转移提供了新的可能。20 世纪七八十年代以来，由于跨国企业的发展和境外直接投资的增长，发达国家除了利用全

①参见［德］克劳斯·施瓦布《第四次工业革命：转型的力量》，世界经济论坛北京代表处、李菁译，中信出版社 2016 年版，第 5、16—26 页。

球价值链的“微笑曲线”在研发和销售环节赚取巨额利润外，在国内还出现了产业“空心化”现象。新一轮科技革命为发达国家“再工业化”从而降低生产成本、维持竞争优势提供了现实条件。在此基础上，全球产业链的重构也就成为“逆全球化”的重要动因之一。

另一方面，第四次工业革命的发展本身为后发国家通过科技进步和产业升级实现弯道超车提供了绝佳的时机。然而，发达国家为了维持自身的垄断优势，不仅通过设置技术壁垒的方式来限制后发国家的技术研发和产业升级，而且通过“长臂管辖权”来维持不合理的经济秩序，甚至通过国家机器在全球范围内搞“小圈子”，以意识形态挑动对立对抗，实行“脱钩断链”。这一点在中美贸易摩擦中一览无余。在美国挑起的贸易战背后，最为核心的目标一方面是要求中国放开金融市场；另一方面则是打压中国高科技企业，对中国高科技发展搞“卡脖子”。

最后，新冠疫情等“黑天鹅”事件的出现，与世界百年未有之大变局交织叠加，构成了“逆全球化”在经济、政治和社会观念等领域进一步泛滥的重要因素。2020 年爆发的疫情直接冲击各国生产活动，全球产业链供应链紊乱，加剧了世界经济复苏进程的不确定性。一些发展中国家因疫返贫、因疫生乱，发达国家也有很多人陷入困境。如此一来，很有可能继续导致经济领域保护主义和极端民族主义抬头，全球多边协调与合作机制加速崩解，不同国家地区之间分裂、对抗加剧，全球增长动力衰减，债务危机加深。

（三）“逆全球化”：“反全球化”还是“再全球化”？

近年来，经济全球化遭遇逆流的主要表现就是发达国家主导的“逆全球化”从暗流涌动到抬头加剧。从 2017 年到 2020 年，“逆全球化”的主要特征为激进单边主义和保护主义抬头，如英国“脱欧”，以及特朗普政府在“美国优先”原则下不断“退群”、执意“修墙”、挑起“贸易战”等不负责任的行为。2021 年以来，拜登政府似乎一改特朗普政府的外交策略。除了一上台便重新“加群”外，还释放出新的信号，强调“美国基于盟友和伙伴的外交政策愿景，继续推动基于维护国际规则的多边主义外交”，要求其他国家遵从“基于规则的国际秩序”。听其言，观其行。我们看到的是单边主义和极端利己主义；是各种脱钩、断供、极限施压的行径；是美国在世界范围内大搞“小圈子”，以意识形态划线挑动对立对抗。

2017 年以来美国前后两任总统所推行的政策看似矛盾、混乱，其实贯穿一条主线，即要维护美国大企业和金融资本的利益。这也为我们澄清“逆全球化”的本质，准确把握“全球化”“反全球化”“逆全球化”的概念与现实指向，科学研判三者之间相互博弈的关系提供了典型案例。

如前所述，“全球化”概念是一个具有多重含义的宽泛能指。在广义上，我们可以将其理解为由生产力发展和科技进步所推动的人与人之间交往的扩大、生产要素在全球范围内的流动、世界市场和世界历史的形成。经济全球化就是在这个意义上讲的。在狭义上，甚至就这个概念的提出来说，“全球化”在很多情况下指的就是 20 世纪 80 年代以来新自由主义推动的“资本主义全球化”。

较之以往，特别是 19 世纪下半叶开始的经济全球化早期历程，“资本主义全球化”或“超级全球化”在本质上服务于以美国为首的西方发达国家的大型跨国企业和金融垄断资本。斯蒂格里茨就认为“全球化”规则的制定者其实是美国大企业，潘尼奇（Leo Panitch）则将“全球化”定位为美帝国主义的国际化。在这样一种经济全球化的进程中，自然会产生它的不满者和反对者。

20 世纪 90 年代到 21 世纪初，这种不满之声和反对意见主要是由发展中国家以及发达国家中因为“资本主义全球化”而受到利益损失的人群发出的。这就是所谓“反全球化”运动的兴起，集中表现为以“西雅图风暴”为代表的街头抗议活动，以及世界社会论坛等“反全球化”组织和论坛。归根结底，“反全球化”并不是由经济全球化的客观历史进程所导致的，而是根源于“资本主义全球化”过程中资本主义内在矛盾的转移和转嫁。当然，因为“反全球化”实践的复杂性和多样性，对这个概念本身的理解也就越发宽泛，甚至是混乱。“逆全球化”概念的首次提出，也被打上了“反全球化”的强烈印记。

2008 年金融危机以来，由于新自由主义全球治理的无能、新兴市场国家和发展中国家的崛起，世界百年未有之大变局加速演进。在发达国家内部，因中产阶级和产业工人对“全球化”不满而抬头的民粹主义，为维护垄断金融资本利益和高科技垄断地位而再度泛滥的保护主义，与为遏制以中国为代表的新型市场国家和发展中国家崛起而采取的脱钩断供汇聚在一起，就构成了今天的“逆全球化”乱象。

相关链接

2008 年 9 月 15 日，美国金融巨头雷曼兄弟公司宣布申请破产保护，成为美国次贷危机导火索，进而引发全球金融海啸。2008 年国际金融危机爆发后，各国在纷纷采取应对措施的同时加强国际协作，完善金融监管，推进全球经济治理改革。正是国际合作阻止了全球金融危机演变成“大萧条”，这是国际社会在应对这场危机中汲取的重要经验。但十多年后，面对全球经济复苏乏力，美国却大搞“脱钩断链”，推动所谓“去风险”，导致全球合作遭遇逆流。美国硅谷银行于 2023 年 3 月倒闭，成为自上一轮危机以来美国最大的银行倒闭事件。之后美国又发生签名银行和第一共和银行关闭事件，引发国际金融市场动荡。

这种所谓的“逆全球化”，并非要“去经济全球化”，也不可能真的不要经济全球化，而是发达国家的食利者阶层为了维持自身的垄断地位继续利用不合理的国际经济秩序攫取超额利润，利用国家机器采取的一种策略。这种策略的实施，不仅违背了社会历史发展的客观规律，而且在慌乱中直接“打脸”了西方发达国家此前推行的“资本主义全球化”策略、宣扬的新自由主义意识形态，直接暴露了自身的虚伪本质和虚假特征。更进一步地说，西方国家所推行的“逆全球化”策略并不能从根本上克服资本主义生产方式的内在矛盾。在发达国家内部，这种“逆全球化”非但没有消解各种社会矛盾，反而加剧了利益的分化，导致了社会的撕裂。在世界范围内，这种“逆全球化”一方面通过矛盾的转移和转嫁，使得发展中国家和地区遭受了更大的经济损失和政治动荡；另一方面甚至通过直接挑动对立对抗，造成了地区冲突和安全挑战。

值得警惕的是，明明西方发达国家才是近年来“逆全球化”的始作俑者，但是一些西方政客和学者却将经济全球化遭遇逆流的原因“甩锅”给中国等新兴市场国家和发展中国家，甚至提出了所谓的“再全球化”来为美国政府宣扬的“基于规则的国际秩序”进行文饰。对此，我们的观点是，问题不在于要不要“全球化”，也不在于究竟是“逆全球化”还是“再全球化”，而是在于面对经济全球化这一历史大趋势，坚持经济全球化正确方向，应该如何共同应对全球治理挑战、共同开创人类美好未来。

四、坚持经济全球化正确方向，怎么办?

作为社会生产力发展的客观要求、科技进步的必然结果、满足人类美好生活需要的必由之路，经济全球化到底在哪些方面促进了经济发展和文明进步？在这一历史大势浩荡前行的过程中，当代世界面临哪些重大课题？世界经济领域又存在哪些突出矛盾？解决课题、化解矛盾，推动引导经济全球化更加健康发展，中国积累了怎样的经验、给出了怎样的方案？

学习在线

经济全球化是时代潮流。大江奔腾向海，总会遇到逆流，但任何逆流都阻挡不了大江东去。动力助其前行，阻力促其强大。尽管出现了很多逆流、险滩，但经济全球化方向从未改变、也不会改变。

——2022 年 1 月 17 日，习近平主席在 2022 年世界经济论坛视频会议的演讲

（一）经济全球化大势不可逆转

经济全球化是人类社会历史发展的客观大势，是社会生产力发展的客观要求、科技进步的必然结果，为世界经济增长提供了强劲动力，促成了贸易大繁荣、投资大便利、人员大流动、技术大发展。回顾历史，经济全球化从以下五个方面深刻推动了人类社会生产力的发展。[①]

一是参与经济全球化的各个国家和地区可以将更多资源用于生产自身具有比较成本优势的产品，去交换自身生产成本相对更高的产品，从而获得生产率和总产出的提升。

二是参与经济全球化的产品可以获得更大的市场，其生产规模也随之扩大，规模经济效应会带来单位产品生产成本下降和生产率提升。

三是市场扩大可以导致范围更加广泛的分工。同一个产品生产过程的分工从企业内部向企业之间扩展、从一国内部向多个国家扩展，可以不断提高产品生产过程中的专业化水平，并带来总体生产效率的提升。

四是参与经济全球化的各国会面临更加激烈的市场竞争，而竞争会淘汰低效的生产，有利于资源向更加高效的生产过程集中，并激励各国企业不断提高生产效率和产品竞争力。

---

① 参见姚枝仲《坚定不移推动经济全球化》，《经济日报》2022 年 2 月 7 日。

五是经济全球化有利于技术创新和技术扩散。创新要素的全球交流，特别是人员、知识和思想的全球交流，更容易产生新知识和取得创新成果，并带来更快的知识和技术扩散。经济全球化还会使创新产品获得更大的市场，带来更大的收益，从而产生更大的创新激励效果，促进更多资源向创新过程集中。

今天，全球经济交往比过去任何时候都更深入、更广泛，各国相互联系和彼此依存比过去任何时候都更频繁、更紧密。在此基础上，各个国家和地区人民之间的文化交流和文明互鉴也获得了更为广阔的空间。早在 170 多年前，马克思、恩格斯就在《共产党宣言》中敏锐地指出："过去那种地方的和各民族的自给自足和闭关自守状态，被各民族的各方面的互相往来和各方面的互相依赖所代替了。物质的生产是如此，精神的生产也是如此。各民族的精神产品成了公共的财产。民族的片面性和局限性日益成为不可能，于是由许多种民族和地方的文学形成了一种世界的文学。"①

①《马克思恩格斯文集》第 2 卷，人民出版社 2009 年版，第 35 页。

习近平主席在2017年初就敏锐地指出：尽管经济全球化在过去数十年对世界经济发展作出了重要贡献，“我们也要承认，经济全球化是一把双刃剑。当世界经济处于下行期的时候，全球经济蛋糕不容易做大，甚至变小了，增长和分配、资本和劳动、效率和公平的矛盾就会更加突出，发达国家和发展中国家都会感受到压力和冲击”[①]。在同一演讲中，习近平主席还分析了世界经济长期低迷，贫富差距、南北差距问题更加突出的根源：一是全球增长动能不足，难以支撑世界经济持续稳定增长；二是全球经济治理滞后，难以适应世界经济新变化；三是全球发展失衡，难以满足人们对美好生活的期待。

四年后，习近平主席在世界经济论坛“达沃斯议程”对话会上发表特别致辞，进一步指出了时代面临的四大课题：一是加强宏观经济政策协调，共同推动世界经济强劲、可持续、平衡、包容增长；二是摒弃意识形态偏见，共同走和平共处、互利共赢之路；三是克服发达国家和发展中国家发展鸿沟，共同推动各国繁荣发展；四是携手应对全球性挑战，共同缔造人类美好未来。

必须明确的是，困扰世界的很多问题，并不是经济全球化造成的。把困扰世界的问题简单归咎于经济全球化，既不符合事实，也无助于解决问题。正如“全球化”“反全球化”“逆全球化”的概念辨析已经表明的那样，经济全球化不是哪些人、哪些国家人为造出来的。尽管自20世纪80年代以来，经济全球化的发展为大型跨国企业的快速成长，以及国际贸易和投资的大幅增长提供了条件，但是经济全球化不能简单等同于“资本主义全球化”。20世纪90年代以来之所以会出现“反全球化”运动，2008年金融危机之后之所以会形成“逆全球化”趋向，恰恰是因为新自由主义主导下的“资本主义全球化”本身存在不可克服的矛盾。

---

① 习近平：《共担时代责任，共促全球发展》，《求是》2020年第24期。

西方发达国家主导的不合理的国际秩序和全球治理方式已经不能适应经济全球化的客观历史进程。

（二）全球发展新时代的中国方案

“当前，百年变局和世纪疫情交织叠加，世界进入动荡变革期，不稳定性不确定性显著上升。人类社会面临的治理赤字、信任赤字、发展赤字、和平赤字有增无减，实现普遍安全、促进共同发展依然任重道远。同时，世界多极化趋势没有根本改变，经济全球化展现出新的韧性，维护多边主义、加强沟通协作的呼声更加强烈。我们所处的是一个充满挑战的时代，也是一个充满希望的时代。”[①]习近平主席在2021年4月的发言高屋建瓴地概括了经济全球化所面临的挑战和机遇。经济全球化走向何方？中国最有发言权。

客观来说，中国对经济全球化也有过疑虑，对加入世界贸易组织也有过忐忑。但是，中国勇敢迈向了世界市场。虽经历风浪、遭遇漩涡，但中国在游泳中学会了游泳，不仅在认识上明确而且在实践中证明：“世界经济的大海，你要还是不要，都在那儿，是回避不了的。想人为切断各国经济的资金流、技术流、产品流、产业流、人员流，让世界经济的大海退回到一个一个孤立的小湖泊、小河流，是不可能的，也是不符合历史潮流的。”[②]

面对经济全球化既遭遇逆流又展现出新的韧性的现实，在这个既充满挑战又充满希望的时代，中国把握历史大势、基于自身经验，坚持经济全球化正确方向，给出了方案：我们要推动更加包容的全球发展，推动更加普惠的全球发展，推动更有韧性的全球发展，维护和践行真正的多边主义，推动构建人类命运共同体，努力推动经济全球化朝着更加开

① 习近平：《同舟共济克时艰，命运与共创未来》，《人民日报》2021年4月21日。
② 习近平：《共担时代责任，共促全球发展》，《求是》2020年第24期。

学习在线

世界各国乘坐在一条命运与共的大船上，要穿越惊涛骇浪、驶向光明未来，必须同舟共济，企图把谁扔下大海都是不可接受的。国际社会发展到今天已经成为一部复杂精巧、有机一体的机器，拆掉一个零部件就会使整个机器运转面临严重困难，被拆的人会受损，拆的人也会受损。当今世界，任何单边主义、极端利己主义都是根本行不通的，任何脱钩、断供、极限施压的行径都是根本行不通的，任何搞“小圈子”、以意识形态划线挑动对立对抗也都是根本行不通的。

——2022 年 4 月 21 日，习近平主席在博鳌亚洲论坛 2022 年年会开幕式上的主旨演讲

放、包容、普惠、平衡、共赢的方向发展。

正如习近平主席所强调的那样：“包容普惠、互利共赢才是人间正道。我们要坚持开放包容，拆除一切阻碍生产力发展的藩篱，引导推动全球化健康发展，让资金和技术自由流动，让创新和智慧充分涌现，汇聚世界经济增长合力。要维护以世界贸易组织为核心的多边贸易体制，消除贸易、投资、技术壁垒，推动构建开放型世界经济。要坚持共商共建共享，加强全球经济治理，增加新兴市场国家和发展中国家代表性和发言权，确保各国权利平等、规则平等、机会平等。”①

为此，习近平主席在第七十六届联合国大会一般性辩论上的讲话中专门提出了全球发展倡议。面对全球性问题加剧、各种安全挑战层出不穷的现状，着眼于为全球发展提供和平稳定的国际环境，习近平主席提出了全球安全倡议。“一花独放不是春，百花齐放春满园。”面对今天

① 习近平：《把握时代潮流　缔造光明未来》，《人民日报》2022 年 6 月 23 日。

各国前途命运紧密相连的现实，为更好发挥不同文明包容共存、交流互鉴在推动人类社会现代化进程、繁荣世界文明中的作用，习近平主席又提出了全球文明倡议。作为推动全球化健康发展的行动指南，全球发展倡议、全球安全倡议、全球文明倡议不仅深刻蕴含着中国共产党人对生产力进步的要求和对人类社会发展规律的科学把握，而且充分体现了中国共产党人坚持胸怀天下，始终以世界眼光关注人类前途命运。

延伸阅读

共建绿色丝绸之路

“一带一路”不仅是经济繁荣之路，也是绿色发展之路。2023 年是“一带一路”倡议提出 10 周年。10 年来，中方以实实在在的行动，同各方分享交流绿色发展领域的中国智慧、中国技术、中国方案，让高质量共建“一带一路”的绿色底色更加鲜明，同共建国家和人民共享绿色发展成果。

作为负责任大国，中国始终积极践行绿色发展理念。中方同各方一道完善“一带一路”绿色发展合作机制，同有关国家和国际组织签署了 50 多份生态环境保护合作文件，与 28 个共建国家发起“一带一路”绿色发展伙伴关系倡议。一大批绿色务实合作项目在“一带一路”国家“落地生根”。从矗立在哈萨克斯坦札纳塔斯的风力发电机，到驰骋在东非高原上的蒙内铁路，融汇环保理念的基础设施为沿线国家带来绿色福祉。通过实施“绿色丝路使者计划”，中国为 120 多个共建“一带一路”国家培训 3000 人次绿色人才。

总之，面对“世界怎么了、我们怎么办”的时代之问，中国将坚定不移走和平发展道路，坚定不移深化改革、扩大开放，坚定不移以中国式现代化全面推进中华民族伟大复兴。中国始终以自身发展维护和促进世界和平，中国发展同世界发展相互交融、相互成就。中国将坚定不移推进高水平对外开放，坚持经济全球化正确方向，继续推动建设开放型世界经济，扩大同各国利益的汇合点。一个不断走向现代化的中国，必将为世界提供更多机遇，为国际合作注入更强动力，为全人类进步作出更大贡献！

深度阅读

《习近平谈“一带一路”》，中央文献出版社 2018 年版。

习近平：《共担时代责任，共促全球发展》，《求是》2020 年第 24 期。

习近平：《深化团结合作　应对风险挑战　共建更加美好的世界》，《人民日报》2023 年 8 月 23 日。

（执笔人：周嘉昕）

第五章 如何看待民粹主义思潮的蔓延？

全党要坚持全心全意为人民服务的根本宗旨，树牢群众观点，贯彻群众路线，尊重人民首创精神，坚持一切为了人民、一切依靠人民，从群众中来、到群众中去，始终保持同人民群众的血肉联系，始终接受人民批评和监督，始终同人民同呼吸、共命运、心连心，不断巩固全国各族人民大团结，加强海内外中华儿女大团结，形成同心共圆中国梦的强大合力。

——2022 年 10 月 16 日，习近平总书记在中国共产党第二十次全国代表大会上的报告

作为反精英、反建制的社会思潮，各种民粹主义的共同特点就是其平民性——以“人民”的名义取得所倡导的政治运动和政治制度的合法性资源。进入 21 世纪后，随着金融危机、经济危机和难民危机相继爆发，民粹主义日益泛滥。特朗普赢得 2016 年美国大选、英国“脱欧”公投等事件，标志着全球思潮急速向右倾斜，与右翼势力合流的民粹主义正对全球政治经济格局产生强烈冲击。民粹主义惯于利用代议制遇到的困难和问题，挑动社会对立，放大民众不信任政府和权威等负面情绪；极右翼势力更是利用民众对危机的恐慌心理突出种族主义的观念和政策。在中国，也出现了网络民粹主义现象，给社会发展带来显著的消极影响。这就要求我们对民粹主义的本质有充分的认识，对导致民粹主义抬头的原因有清晰的理解，警惕民粹主义的泛滥并采取相应措施。我们要坚持马克思主义群众观，坚守意识形态阵地，维护公平正义，杜绝民粹主义对社会发展造成不良影响。

一、民粹主义的内容与本质是什么？

随着美国的特朗普、巴西的博尔索纳罗、英国的约翰逊等反建制派政治人物走红，“民粹主义”一词越来越多地出现在人们的视线里。但是民粹主义远不只是反对建制派的政治精英那么简单，正相反，其概念较为复杂。自 19 世纪中后期出现于俄国、美国后，民粹主义的概念随着时间推移不断发生演变，在不同国家及语境中有着不同的含义。

（一）概念的复杂性：中西方不同语境下的民粹主义

在西方政治学研究中，民粹主义通常以政治运动与意识形态的形式出现。尽管“民粹主义”是一个常用术语且受到系统性对待，但在概念上它却具有尴尬的不确定性：时而依赖于领导层，时而备受群众拥护；既可以是左翼进步政治的创造物，也可以是极右派的同伙人；有时与“民主”联系在一起，有时又与“威权”牢不可分。[1]而无论是作为政治运动还是作为意识形态，它都极端强调“人民”的纯洁与“精英”的腐败，这可以反映在政治权力、财富分配、社会秩序等多个方面。

2008年金融危机发生后，民粹主义在西方也与“威权化”趋势联系在一起，围绕着具有魅力的领导人展开。这些政治强人多将民族主义和反全球化作为基本诉求，有时推崇种族主义、散布阴谋论，将边缘群体作为社会问题的替罪羊，以此巩固其权力，分散公众对领导人失败的注意力，向人们隐瞒政治、经济以及社会问题的本质。这些成为民粹主义右翼化潮流的重要标志。21世纪以来，民粹主义领导人的数量明显增加，并出现在了美国、土耳其、巴西等人口较多的国家。在竞选中提出“让美国再次伟大”“美国优先”等口号，胜选后大搞美国“退群毁约”，受到广大美国中下层阶级白人选民支持的特朗普便是其中最典型的代表。在这种个性化的政治现象中，政治强人为实现“人民”的意愿，甘愿冒着撕裂国内社会、破坏国际秩序的风险推行反常甚至极端的政策，以巩固自己的权力。值得一提的是，凭借着“人格魅力”以及所持政见在特定选民群体中的受欢迎度，特朗普即使在2020年竞选连任失败后，仍拥有数量庞大的支持者，以至于他对美国共和党依然有着强大的影响力。

在马克思主义语境下，民粹主义是一种空想性的社会思潮。列宁对民粹主义做过科学的、系统性的批判。他首先肯定了早期民粹主义理论主张具有合理性、历史进步性和革命精神。但是对于19世纪七八十年代的俄国自由主义民粹派以及20世纪初的社会革命党，列宁批评前者“害怕群众运动甚于害怕反动势力”[2]，后者则在“口头上对人民什么都答

① 参见［英］保罗·塔格特《民粹主义》，袁明旭译，吉林人民出版社2005年版，第13—14页。

②《列宁全集》第22卷，人民出版社1990年版，第130页。

应，事实上却决意反对工农兵苏维埃政权，反对社会主义措施，反对把土地和一切农具无偿地交给农民，反对银行国有化，反对废除公债”[①]。民粹主义者并非“人民之友”，而是站在小生产者的立场上，不想使现存制度有任何根本性改变，甚至是反对苏维埃政权。

毛泽东也对民粹主义进行了批判。他在中国共产党第七次全国代表大会上作口头政治报告时指出：“所谓民粹主义，就是要直接由封建经济发展到社会主义经济，中间不经过发展资本主义的阶段。”[②]而面对党内出现“中国革命要推翻豪绅地主阶级，便不能不同时推翻资产阶级”[③]的具有浓厚民粹主义倾向的“左”倾错误，毛泽东进行了严厉批评：“没有一个由共产党领导的新式的资产阶级性质的彻底的民主革命，要想在殖民地半殖民地半封建的废墟上建立起社会主义社会来，那只是完全的空想。……拿资本主义的某种发展去代替外国帝国主义和本国封建主义的压迫，不但是一个进步，而且是一个不可避免的过程。”[④]

（二）历史上的民粹主义运动：美国人民党运动

发生于 19 世纪后期的美国人民党运动是早期民粹主义运动的典型案例。1865 年，美国内战以依赖奴隶制维持经济发展的南方失败而告终，战争造成的美国社会撕裂却不能在短时间内得到修复，这为民粹主义者挑战两党制的政党系统创造了机会。南北战争后，美国南部和西部的农民本就受到重创，陷入经济破产的境地。而美国推行的“工业立国”政策更是一方面使得垄断资本进入农业，控制着市场流通渠道的铁路公司大肆对农场主进行压榨；另一方面为保护制造业而加征的高额关税导致其他国家对美国竖起贸易壁垒，大宗农产品价格在 1870 年至 1895 年间

①《列宁全集》第 33 卷，人民出版社 1985 年版，第 234—235 页。
②《毛泽东文集》第 3 卷，人民出版社 1996 年版，第 323 页。
③《中共中央文件选集》第 3 册，中共中央党校出版社 1989 年版，第 639 页。
④《毛泽东选集》第 3 卷，人民出版社 1991 年版，第 1060 页。

下跌了35%—50%。此外，内战结束后联邦政府采取紧缩的金融政策，农场主们的经济情况进一步恶化，土地被迫用于抵押，最终进一步加剧了金融资本对农业的控制。

然而，美国共和、民主两大党却对国内农业人口的困境熟视无睹，经济问题转变为政治问题，人民党作为“一个改革的党”应运而生。人民党于1890年首先在堪萨斯州成立，在州议会占得绝大多数席位，并且产生了人民党国会参议员。人民党很快确立了这场斗争的性质，即人民与这个国家的巨头们的斗争。人民党运动在西南多州掀起连锁反应后快速扩散，到了1892年人民党在奥马哈举行全国代表大会时，在施政纲领草案上签字的就有500万人。会上确立的施政纲领再次反映出广大农场主和分成农对民主、共和两党的失望，以及对受到资本势力压榨的愤怒。序言提到，数以百万计的人民辛勤劳动的果实史无前例地被少数资本家攫取，并用来作为增进他们巨额财富的资本……因为政府的不公平，在这一肥沃多产的原生地里，我们培育出了两大阶级——流浪汉和百万富翁……我们寻求恢复共和政权，并交到平民手中，平民才是共和国的创始者。

在1892年的总统大选中，人民党推选出独立的总统候选人，并获得了近103万张选票，对民主、共和两党形成了一定挑战。但是，人民党自身始终未能摆脱两大党的影响和控制。其成员大多来自两党，再加上当时农场主运动与工人运动间的离心倾向，工农未能形成有效联合，人民党没能成为匹敌民主党与共和党的全国性大党，最终瓦解。

美国人民党运动是一场完全的群众运动，它因内战后美国农民面临的生存性经济危机被民主、共和两党无视而爆发。人民党作为美国第一波民粹主义运动，受到了一定的积极评价，为美国留下了两份遗产：一是其作为两党制体系之外的独立政治力量试图建立民粹主义政党并几乎成功，成为后来两党制重组的重要因素；二是建立了一种与当前流行的政治文化相适应的政治氛围。[①]尽管人民党的进步性使得它通常被认为是一次左翼的民粹主义运动，但它实际上仍保有一部分右翼特征。比如，南北战争刚刚结束时美国种族主义仍然泛滥，对黑人的歧视仍十分常见，人民党未能认识到黑人农民群体是其潜在的盟友，反而对黑人持排斥态度。

延伸阅读

美国人民党运动

发生于 19 世纪的美国人民党运动是美国历史上的一次重要政治运动。美国人民党主要由农民、工人和中产阶级人士组成，其兴起源于 19 世纪末的经济不稳定和社会不公。当时，美国农民和工人面临着严重的经济困境，受到来自金融垄断、不公平税收和剥削性经济体系的压迫。他们认为共和党和民主党两大党不能真正代表他们的利益，因此寻求一种新的政治组织来反映他们的关切和需求。

人民党的政纲主要包括实行直接选举参议员制度以减少政治腐败，推行进步的所得税制以减轻贫困者的税收负担，建立针对银行和货币制度的公共控制以解决货币紧缩和金融垄断问题，推动土地改革以帮助农民获得更好的土地所有权和使用权。虽然其候选人詹姆斯·韦弗（James Weaver）未能在 1892 年总统大选中获胜，但人民党迅速发展壮大，并于之后的几年里在一些州和地方选举中取得了显著的成功。

美国人民党的兴起也引发了其他政治势力的反对和恐慌，共和党和民主党开始通过政治手段削弱其影响力，而人民党内部也存在意识形态和策略分歧。随着时间的推移，人民党的影响力渐渐减弱。在 1896 年的总统大选中，民主党和人民党共同支持威廉·詹宁斯·布莱恩（William Jennings Bryan）作为候选人，但是布莱恩最终败给了共和党的威廉·麦

① 参见［英］保罗·塔格特《民粹主义》，袁明旭译，吉林人民出版社 2005 年版，第 49 页。

金利（William McKinley）。人民党在随后的选举中逐渐失去了地位和影响力。一部分人民党成员转向其他政治组织，而另一部分则融入了民主党。

尽管人民党运动最终失败了，但其提出的政策议程后来在美国得到了一定程度的实施和推动。例如，人民党的主张之一是要求建立针对银行和货币制度的公共控制，以解决货币紧缩和金融垄断问题。这一观点在之后推动了美国货币政策的变革，如成立美联储等。

（三）民粹主义的本质：基于“我们对抗他们”身份认同的二元对立

在不同语境、不同时间以及不同国家，民粹主义的含义有所区别，但是其本质却是相似的。民粹主义的根本逻辑，是在有足够数量的民众对政治不信任、对政府失望时，树立“我们对抗他们”的二元对立身份认同，再将所有问题都归咎于“他们”。民粹主义还是本土主义与反世界主义的，因为其时常将矛头指向外来者，特别是排斥外来文化和移民。在表面上，民粹主义者将“我们”与“人民”画上等号，自诩为“人民”的代言人，并将此作为一切权力的合法来源。民粹主义者尤其看重“我们”的数量，其原因在于“因为其数量众多，因此，一旦亮明身份，他们就被赋予更大的合法性，并且为之提供了一批潜在的支持者，一旦获胜，他们就可以压倒一切反对势力”[①]。

但在实践中，对于民粹主义者来说，确定“他们”，即哪些人不属于“人民”，通常更为容易。有学者认为，当统治阶级垄断权力、财产、教养和文化时，有普遍怨恨情绪的地方就会有民粹主义。还有学者将民粹主义看作普通民众与权力集团之间的冲突，但又指出这并不一定总发

① [英]保罗·塔格特：《民粹主义》，袁明旭译，吉林人民出版社2005年版，第124页。

生在特定的阶级之间。早期的研究更多地认为民粹主义者建构起了“平民对抗精英”的身份认同，其中“精英”既可以是掌控经济的资本家，也可以是垄断政府权力的政客。与此同时，“他们”也可以是被民粹主义者视作挤占和浪费社会资源的普通人，如少数族裔和外来移民。尤其是在充斥着种族歧视、仇视外国人等情绪的右翼民粹主义中，那些也许正经历同样困难的少数族裔和外来移民不但不会被民粹主义者当作“我们”的一员，反而会被看作和官僚、知识分子、财阀一样，需要为所有问题负责。

可以看到，尽管在学术角度上民粹主义的定义存在复杂性和不确定性，但是在实践中其本质通常清晰明显地表现出来。民粹主义者通过制造“我们对抗他们”身份认同的二元对立，声称“我们”即“人民”，在“人多即合理”的错误原则下，将一切矛盾和问题归咎于“他们”。从另一方面来看，鉴于完全的二元对立否定了“精英”在社会发展中的任何作用，民粹主义的本质特征也可以被表述为平民化，民粹主义有时也被理解为“政治平民主义”。

民粹主义运动多以精英阶级为对抗的对象，但事实上运动的领导者、支持者自身可能就是“他们”的一员。换而言之，民粹主义也是一种政治策略。在这样的情境下，参与运动的“人民”常常被政客当作拉取大量选票或者展示政治影响力的工具。例如，在加拿大爆发的“自由车队”抗议示威活动便是一场由加拿大和美国大资产阶级的个别派系支持的小资产阶级极右翼民粹主义运动。资产阶级非建制派利用了同他们有共同经济利益的小资产阶级运动，以求让国家正视并回应他们的利益诉求。更重要的是，即使竞选中许诺的政策得以实现，二元对立思想对现实的过度简化也很可能给包括运动参与者在内的整个社会带来更多的矛盾。

延伸阅读

加拿大“自由车队”抗议示威活动

2021年底，加拿大和美国为防止供应链中断问题的加剧，为跨境卡车司机提供新冠疫苗接种豁免政策，加、美两国的豁免政策分别于2022年1月15日和22日结束。然而到2022年1月下旬时，仍有大量加拿大卡车司机因未完成疫苗接种而将受到疫苗接种强制令的影响。在这样的背景下，“自由车队”抗议示威活动爆发了。

从2022年1月22日开始，数百辆汽车从加拿大不同地点出发，组成车队穿越加拿大各省，于1月29日在渥太华汇合，并在国会山庄举行集会；其间还有成千上万的行人抗议者加入了车队。2月6日，渥太华市宣布进入紧急状态。2月12日，安大略省宣布进入紧急状态。虽然加拿大政府采取了一些强制措施，但“自由车队”活动依然迅速蔓延到加拿大的10多个城市。2月12日，“自由车队”示威者更是“和平封锁”了加美南端长达6414公里的陆地边界上的众多过境点，并与前来阻止的警察对峙。与此同时，“自由车队”活动也逐渐演变成对加拿大自由党政府、总理特鲁多“限制个人权利和自由的政策”的广泛抗议。2月21日，加拿大联邦众议院通过联邦政府此前决定适用的《紧急状态法》，主要用来应对“自由车队”示威者在加拿大各地堵塞各境通道、围堵首都重要设施的行为，暂时平息了这场风波。

包括特朗普在内的多名保守派美国政治人物对此次“自由车队”示威活动表示支持。受该活动启发，美国多地的卡车司机组建“人民车队”开展示威活动。

需要强调的是，不能因为反对掌握权力、财富的统治集团而将民粹主义运动或思潮统统归入政治光谱中的左翼或右翼；正相反，判断民粹主义的左右并不简单。在分辨某场民粹主义运动、某次民粹主义思潮或某位民粹主义政治人物的左或右时，不但要考虑到其所处的社会文化环境、时代特征，也要考虑到有关活动的具体内容。如前文所述，早期的俄国民粹主义理论因革命性、进步性而具有左翼特征；美国人民党运动虽因在总体上具有进步性特点而被认为是左翼的，但同时保留了种族歧视等右翼特征。再例如，维护保守势力利益、挑起贸易战、仇视外来移民的共和党人、美国前总统特朗普被认为是典型的右翼民粹主义者；同一时间在美国拥有同样高人气的民主党政治人物，如亚历山德里娅·奥卡西奥－科尔特斯（Alexandria Ocasio-Cortez）、伯尼·桑德斯（Bernie Sanders）等，则因其所持政见的进步性而被认为是典型的左翼民粹主义人物。

相关链接

伯尼·桑德斯，生于1941年，是代表美国佛蒙特州的联邦参议员，也曾任代表该州的联邦众议员。桑德斯是一位民主社会主义者，也是美国历史上首位信奉社会主义的参议员，亦是近年来少数成功获得联邦公职的社会主义者，但他并不属任何政党，故以独立人士身份出现在选票上。但由于加入民主党党团运作，故在委员会编排方面被算作民主党一员。

2015年4月30日，桑德斯正式宣布以民主党人身份参加2016年美国总统大选。2016年7月27日，桑德斯宣布退出民主党，以无党派人士的身份重返参议院完成当前为期 6 年的任期。

2016 年 4 月 14 日，美国《时代周刊》2016 年“全球影响力人物”榜单揭晓，桑德斯位居榜首。

二、诱发民粹主义的原因有哪些？

研究民粹主义的学者将诱发民粹主义的原因分为需求侧和供给侧两类，前者主要与公民不断变化的不满或主张有关，后者则与民主制度的退化有关。在实践中，这些因素主要体现在经济、制度和社会等方面。

（一）经济因素：对贫富差距日益加大的不满

正如在美国人民党运动中所体现的那样，经济因素是诱发民粹主义运动出现的主要原因之一。经济发展不均衡导致收入差异加大早已成为人类社会的一个普遍现象，而再分配制度并未很好地解决贫富差距变大的问题。以情况最为极端的美国为例，2020 年，基尼系数达到 0.488，表明贫富差距已经过大，最富有的 5% 的家庭的年收入占全国的 23%；2021 年，贫富差距进一步恶化，基尼系数增加到了 0.494，最富有的 5% 的家庭的年收入占全国的比例增加 0.5 个百分点，到 23.5%。

名词解释

基尼系数：西方经济学用以表示社会收入分配不平均程度的指标。由意大利统计学家科拉多·基尼（Corrado Gini， 1884—1965）提出，故称。以洛伦茨曲线为计算基础。这一系数数值在 0 与 1 之间，数值越大，分配的不平均程度越大。

就经济体自身而言，经济活动的增加往往是以贫富差距在短期内被拉大为代价的。马克思主义政治经济学提出剩余价值概念，即劳动者创造的被资产阶级无偿占有的劳动，其中的一部分被用作扩大再生产。这一观点也为西方经济学所认同。在经济学模型中，经济发展早期的高速增长通常依赖于将未充分利用的劳动力转移到现代化经济，直到未充分利用的劳动力供应耗尽，资本的积累以及劳动力供应的充足导致现代化经济扩大、经济实现增长。但是在这个过程中，一方面，相较于以农业为代表的传统经济，以制造业为代表的现代化经济在劳动生产效率上更高，这决定了工人的收入将高于农民；另一方面，现代化经济活动扩大带来利润增加，不可避免地导致资本家与劳动者之间的收入差距不断扩大，社会内部的经济不平等因此加剧。

经济全球化实际上也是造成收入不平等的一个因素。国际贸易带来的“双赢”是针对整体福利而言的，其对各个国家起到的发展作用并不平衡；这解释了为什么发展中国家可以通过出口导向性政策实现经济快速发展。更重要的是，在参与国际贸易的经济体内部，各产业在国际贸易中也存在“赢输”，根本原因是从业人员根据其掌握生产要素的不同而受到国际贸易影响。经济学理论指出，出口产品生产中密集使用的生产要素，即本国充裕的生产要素的报酬会提高；而进口产品生产中密集使用的生产要素，即本国稀缺的生产要素的报酬会下降，无论这些生产要素在哪个行业中使用都是如此。从理论角度来看，一国的充裕要素所有者从贸易中获得更高收入。以高技能劳动力充裕、低技能劳动力稀缺的美国为例。各行业，尤其是出口行业倾向于将高技能劳动力用于研发和其他科学性质的工作。从长远来看，国际贸易带来出口产品相对价格的上涨将有利于高技能劳动力，因此，无论这些高技能工人是受雇于出口导向行业还是进口竞争行业，他们都将支持贸易。相反，低技能劳动力主要从事进口竞争的传统制造业工作，国际贸易带来制造业产品相对价格的降低不利于低技能劳动力，因此，无论这些低技能工人是在传统制造业工作还是从事高端制造业中的低端部分，他们都将反对贸易。简而言之，充裕要素所有者从贸易扩张中受益，从贸易收缩中受损；稀缺要素所有者从贸易扩张中受损，从贸易收缩中受益。所以，后者反对自由贸易，支持贸易保护。[①] 在国际贸易扩张的情况下，两者之间的收入差距将被拉大。综上，无论是国内产业转型还是国际贸易扩张都可能加剧收入不平衡的问题，尤其是国际贸易扩张更可能导致一部分劳动力群体出现收入下降的现象，从而使民粹主义对这些经济利益受损的民众极其有吸引力。

（二）制度因素：对现有政治体制的不满

大量民众对现有政治体制感到不满——特别是当政府处理社会问题的能力越来越弱时——也是民粹主义出现的一个重要原因。有西方政治学者认为，发展中国家主要的政治问题是由政治制度发展滞后于社会和经济变化而造成的：政治制度发达的国家能保证受教育程度不断提高的民众获得就业机会，为新动员起来的社会团体提供政治参与途径；而在缺乏这些制度的国家，这些挑战则会造成政治失序甚至暴力。但事实上，欧美发达国家的政治体制在发生衰退后也可能引起大规模民众不满情绪，甚至产生局势动荡的后果。

以美国为例，近年来其国内政治两极化严重导致社会濒临撕裂，民主、共和两党几乎在任何国内问题上都无法达成一致。美国引以为豪的“自由公正的”选举制度成为两大党斗争的战场，双方常围绕选区划分、选举人团、私人竞选捐款等问题互相指责。2020 年总统大选中，共和党指责民主党实施“选票诈骗”，极富民粹主义色彩的特朗普在竞选连任失败后更是声称拜登“偷窃”选举，怂恿支持者帮助其夺回选举结果，最终引发了 2021 年 1 月 6 日国会山骚乱事件。

① 参见田野《全球化、要素禀赋和政党重组——对欧洲民粹主义浪潮的一项解释》，《教学与研究》2018 年第 10 期。

2021 年 1 月 6 日，时任美国总统特朗普的支持者为推翻 2020 年总统大选结果，在首都华盛顿举行大规模抗议示威活动。示威者与警察发生冲突并冲入美国国会大厦，迫使当天的大选结果认证程序暂停，国会议员们被紧急疏散。骚乱事件造成包括 1 名国会警察在内的 5 人死亡、约 140 名执法人员受伤

与此同时，欧洲发达国家的政治制度也出现了问题。欧洲的问题更多地出现在区域一体化，即欧盟这个国际组织在国家内部治理中扮演的角色上。由于欧盟委员会等机构具有超国家性质，随着欧洲一体化进程在 21 世纪初快速推进，欧盟的权力范围越来越大，而各个成员国能实施自主管辖的领域越来越少。与民主、共和两党竞争，实施单一席位选区制度的美国不同，大部分欧洲国家在选举制度上实施比例代表制，因为它们拥有数量较多的国内政党。理论上说，政党数量多本应使民众的声音能更好地被传达，但是随着欧盟权力不断扩大，各党派在国内所提政策的重要性越来越小，尤其是许多关键问题的决定权从本国政府移交到了欧盟法院手里。鉴于选票对本国政策制定的重要性下降了，民众会认为他们享有的政治权利也相应地减少了；从某种意义上说，欧洲国家内部的民主制度实际上发生了退化。在这样的情况下，民众极易受到民粹主义影响，要求政府从欧盟收回本该属于国家的权力。

相关链接

英国于2016年6月通过全民公投决定退出欧盟。拉锯3年多后，格林尼治时间2020年1月31日23:00，英国正式离开欧盟，结束其47年的欧盟成员国身份，并自2月1日起进入为期11个月的“脱欧”过渡期。2021年1月1日，英国正式退出欧盟关税同盟和单一市场。2年以后，英国舆观调查公司于2023年7月18日公布的民意调查结果显示，高达57%的英国人认为英国2016年经全民公投决定脱离欧盟是个错误。

（三）社会因素：对“政治正确”的不满

在欧美国家的话语体系中，所谓“政治正确”是指在语言、行为和社会政策层面为了保护或是避免冒犯妇女以及外来移民等少数群体而形成的一种评价标准。在欧美社会中，外来移民的增加、传统价值观的衰落，以及妇女和少数群体的动员等改变使“政治正确”概念前所未有地受到重视。对于那些本就持保守立场的白人男性来说，“政治正确”意味着原本的种族和性别秩序发生改变，他们的“固有”利益受到侵蚀、社会地位受到挑战。因此，对“政治正确”的不满成为民粹主义在欧美国家抬头的又一个重要因素。

在有关“政治正确”的各种议题中，外来移民问题最具有争议性。在欧美国家，移民持续且大量地涌入对当地人口结构造成影响，已经使本国白人认为自己的群体身份受到了威胁。“政治正确”所要求的以宽容态度对待外来移民，不但涉及非法移民是否应被遣返、合法移民是否应受到公正对待，而且还牵涉整个外来移民群体在生活、工作上是否应该受到特殊照顾。以美国为例，随着少数族裔获得政治权力，尤其是奥巴马在2008年当选美国总统、哈里斯在2020年当选美国副总统，中下层白人选民权力被剥夺的感觉加剧，并感到自己的社会地位受到挑战。

更重要的是，一方面，外来移民的到来不仅伴有移民自身找不到工作的风险，更会因就业竞争增加导致本国居民失去工作；另一方面，无法找到工作的外来移民和失业的本国公民可能会因生计所迫而进入不受政府监管，甚至涉及违法犯罪的非正规行业工作。需要指出的是，雇主和执法人员为遵循“政治正确”，越发不愿意解雇工作能力不足或处罚违反法律法规的外来移民。最终，长期来看，在“政治正确”的庇护下，外国移民的涌入等效于劳动力总量的增加，从而导致经济体的整体收入水平降低，更会因为劳动力溢出而导致失业率增加。对于整个社会来说，无论是失业率增加还是非正规行业从业人数增加，都将对稳定性造成一定负面冲击。

在社会身份、地位、权力受到威胁的当地白人人口眼中，这些问题是移民涌入和“政治正确”概念流行叠加造成的，毕竟在后者发生之前外来移民仅仅是“二等公民”。在妇女权益等问题上，情况也是类似的。在这样的背景下，当地持保守立场的居民对“政治正确”不满，使得惯于制造社会阵营对立的民粹主义越发具有吸引力。

三、如何看待民粹主义的新特点?

在经济全球化进程取得空前进展、人类社会迈入数字时代的背景下，民粹主义在世界范围内迅速抬头，并呈现出新的特点。其中，民粹主义在欧美国家的右翼化呈泛滥趋势，这与欧美国家的内部问题以及全球化导致的发展矛盾息息相关，而西方社会内部存在已久的白人至上主义、西方中心主义与文化傲慢主义等其他右翼思潮更是与民粹主义在源头和影响上交织在一起。此外，民粹主义越发具有贸易保护主义特点，而互联网的普及也为民粹主义提供了新的滋生空间和传播方式。

（一）白人至上主义

白人至上主义是长期存在于美国社会的一种白人种族主义意识形态，主张白人的利益高于其他有色人种的利益，要求维护白人在美国经济、政治、文化、社会中的主导地位。

第一批盎格鲁－撒克逊白人清教徒自欧洲启程踏上美洲土地时，白人至上主义便出现了。美国虽然被称为“民族大熔炉”，但其发展史上却充斥着白人对包括北美原住民在内的有色人种的压迫。早期，主要来自英格兰的白人移民通过对印第安原住民的屠杀和掠夺、对从非洲贩卖来的黑人的奴役和压迫，牢牢地确立了白人的社会主宰地位。最为讽刺的是，《独立宣言》宣称“人皆生而平等”，美国的奴隶制却直到南北战争结束后才废除；在此之前，美国宪法一直坚定地维护着奴隶制。即使在 1868 年美国宪法第 14 条修正案赋予了非白人美国公民的身份，20 世纪五六十年代民权运动又废止了种族歧视和种族隔离制度后，白人至上主义也仅仅是失去台面上的合法性而已。更加重要的是，无论是在法律层面对白人至上主义予以打压，还是要求所有种族享有平等权利的“政治正确”兴起，都无法从白人至上主义者的心中根除对有色人种的歧视。并且，由于在与种族问题有所关联的言论与行动中必须小心翼翼，整个白人群体实际上受到了矫枉过正的“逆向歧视”的威胁。在这样的情况下，原本不是狂热种族主义拥护者的白人民众也越来越多地被转化为白人至上主义的潜在支持者。

与民粹主义相似，白人至上主义的背后同样是美国社会长期且普遍存在的，对贫富差距日益增大、对现有政治体制、对性别或种族秩序发生变化的不满。首先，经济全球化使主要从事低端制造业的中下层民众的经济处境恶化，高收入与中低收入家庭的财富差距不断变大。此外，2008 年金融危机后，低收入白人家庭遭受了比低收入黑人和西班牙裔家庭更严重的财富损害。其次，由于精英集团垄断社会资源，政府实际上成为资本家攫取利益的工具，现有政治制度并不能很好地维护中下层白人的利益。最后，中下层白人群体也感受到了大量移民涌入美国带来的负面影响。有研究显示，非法移民进入美国后占据了大量劳动密集型产业的工作岗位，尤其是在农业和建筑业，非法移民分别占该行业劳动力总量的 26% 和 15%，这使得中下层白人面临巨大的就业压力。同时，富有竞争力的合法移民同样占据了大量的社会资源，如亚裔的平均年收入为 7.306 万美元，远远超出美国人的平均年收入。这导致少数族裔被视为白人失业率提高、生活水平下降的“罪魁祸首”。

在 2016 年的美国大选中，特朗普吸引了 62% 的白人男性选票和 47% 的白人女性选票，其中不仅有由于经济全球化、移民政策等选择支持他的选民，更有大量的白人种族主义者。特朗普就任总统后，白人至上主义与民粹主义混合带来的影响开始显现并持续发酵。2017 年 8 月，弗吉尼亚州夏洛茨维尔市爆发了造成数十人伤亡的大规模白人种族主义游行。事后，臭名昭著的种族歧视党派三 K 党前领袖大卫・杜克（David Duke）声称，正是因为白人的支持，特朗普才当上了总统。

在国际上，白人至上主义则摇身一变成了“国家民族主义”。特朗普政府为实现所谓“美国优先”，采取建立贸易壁垒、“退群毁约”等措施，虽维护了美国中下层白人利益，却严重扰乱了国际政治经济秩序。

（二）西方中心主义与文化傲慢主义

欧美国家根深蒂固的西方中心主义与文化傲慢主义也助长了右翼民粹主义的蔓延。西方中心主义是指 18 世纪末期以来，西方资本主义国家在与世界落后国家的不平等交往中，逐渐形成的一种以西方国家创造和主导了世界历史为圭臬的政治观念、价值观念、思维方式以及话语系统。它以扭曲的形式反映了西方国家自 18 世纪末以来在世界历史中的领先地位。[①]

与白人至上主义类似，西方中心主义与文化傲慢主义建立在种族优越论的基础之上。西方中心主义由欧洲中心论扩展而来，最早可以溯源到古希腊时期。哲学家亚里士多德在赞扬希腊民族的同时贬低其他民族："亚细亚的人民多擅长机巧，深于理解，但精神卑弱，热忱不足；因此，他们常常屈从于人而为臣民，甚至沦为奴隶。惟独希腊各种姓，在地理位置上既处于两大陆之间，其秉性也兼有了两者的品质。他们既具热忱，也有理智；精神健旺，所以能永保自由，对于政治也得到高度的发展；倘使各种姓一旦能统一于一个政体之内，他们就能够治理世上所有其它民族了。"[②]

第一次工业革命之后，不同文明之间的交流越来越多。相较于亚洲和非洲国家，以欧洲国家为主的西方国家首先步入资本主义阶段，科学技术和经济生产力发展迅速，但是它们却将自己的领先地位转化成了一种优越感。随着全球化进程加速，西方发达国家与世界其他国家之间的发展差距在相当长的一段时间内呈现出扩大的态势。此时的西方中心主义信奉者认为，西方的领先是因为其社会价值和制度最先进、最合乎人类文明发展进程，而非西方社会的就是落后的、低度文明的。其中，他们尤为强调制度在发展中的作用，认为以自由、民主、人权等为核心价值的资本主义文明是人类最高文明，决定了人类文明的方向；后发展国家不发达的主要原因就在于没有采取西方国家普遍施行的自由民主制度。冷战结束后，有西方学者提出"历史终结论"，宣称"自由民主是唯一的最佳选择"，人类社会"不得不接受自由民主制度的优越性和终结性"。

① 参见叶险明《"西方中心主义"的本体论批判——关于"西方中心主义"的三个前提性问题》，《中国高校社会科学》2017 年第 5 期。

② ［古希腊］亚里士多德：《政治学》，吴寿彭译，商务印书馆 1965 年版，第 361 页。

延伸阅读

“历史终结论”的终结

美国政治学家弗朗西斯·福山（Francis Fukuyama）于1989年提出“历史终结论”，并在1992年出版的《历史的终结与最后的人》一书中进行了详细的讨论。福山认为，冷战的结束标志着共产主义的终结，人类政治历史发展已经到达终点；历史的发展只有一条路，即西方的市场经济和民主政治。然而，社会主义历史并没有就此终结。在中国共产党的坚强领导下，全国各族人民团结一心、艰苦奋斗，中国特色社会主义进入了新时代。与此同时，反观以欧美发达经济体为代表的西方资本主义国家，国内政治、经济、社会矛盾不断涌现并越发尖锐。“历史终结论”不攻自破。

事实上，福山本人也在一定程度上对“历史终结论”进行了纠偏。2014年，在《政治秩序与政治衰败》一书中，福山指出，除了法治和民主，政府的治理能力同样重要。2022年3月，在美国国内政治不断极化、欧洲大陆重燃战火之际，福山在接受媒体采访时虽不愿彻底推翻“历史终结论”，但也承认他在提出该理论时还未完全理解“政治衰败”的概念，即一个民主国家可以发生倒退。他表示，西方的右翼和左翼政治势力都破坏了自由主义，前者通过鼓吹自由市场原则，扩大了经济不平等；后者则将身份政治凌驾在个人自决权之上。

事实上，尽管西方发达国家与亚非拉发展中国家间的差距和各国实施的政治制度没有必然的联系，但却和两者间不平等的政治经济关系有关。正是因为美国及欧洲国家在其所引领的资本主义全球化进程中推行西方中心主义，导致并强迫不发达国家与发展中国家不平等地依附于西方发达国家，双方差距才不断扩大。

名词解释

世界体系理论：由新马克思主义的重要代表人物伊曼纽尔·沃勒斯坦（Immanuel Wallerstein）提出。该理论认为，资本主义世界经济被分成了三个区域：由不发达国家与发展中国家组成的边缘地区、半边缘地区，以及由西方发达国家构成的中心地区。边缘地区最不发达，主要依靠廉价的劳动力从事原材料和农业生产，处在被其他区域剥削的状态。半边缘地区既被中心地区剥削，又在对边缘地区的剥削中发挥一定作用。中心地区多位于欧洲和北美。中心地区国家具有强大的政治、经济和军事实力，这使得它们能够在向边缘地区国家倾销产品的同时，以低于自由市场的价格购买原材料，剥削边缘地区廉价的劳动力，污染当地环境。

类似地，文化傲慢主义与白人至上主义、西方中心主义密切相关，在对亚非拉国家的文化持有偏见的同时，自视为“拯救人类的救世主”，甚至炮制了“白人的负担”（white man’s burden）一词，意为欧洲裔白人有所谓“管理欠发达地区非白人的责任”，从而美化欧美列强奉行帝国主义政策对殖民地人民进行剥削的行为。

相关链接

肩负起白人的重担，
派出你最优秀的子孙，
让他们离乡背井，
把为你的俘虏服务来承担。
在繁忙的日常工作中，

伺候那些激动不安的野蛮人，
那些你们新捕获的，
半魔鬼半孩童的阴郁臣民。
——节选自英国作家鲁迪亚德·吉卜林（Rudyard Kipling）1899 年所作诗歌《白人的负担》

美国的文化傲慢主义最为活跃，甚至发展为美国例外主义（American Exceptionalism），认为自身不但优于发展中国家，而且也胜过欧洲国家。美国第 28 任总统伍德罗·威尔逊（Woodrow Wilson）便是美国例外主义的坚定支持者。他认为，美利坚民族不同于世界上的任何民族，美国天生便是基督教国家，而美国宽松的宗教和政治环境创造了“新经验”、获得了“新意识”、形成了“新品格”，从而使自己从一个松散的英国殖民地变成一个伟大的联邦。移居美国的世界各民族移民把自己的个性融入已经形成的国民性中，使美国不断汲取其他民族文化之所长，使这个新民族逐渐形成了不同于其他民族的显著特征，在许多方面独一无二。在政治上，美国不仅拥有民主制度，更成功地在联邦体制内显示出多样性和统一性。美国在道义上和精神上也是独特的，因而在推进人类福利进步上比世界上任何其他民族都贡献更多。威尔逊甚至认为，美国白人是上帝的选民，这些人具有活力与创造力，他们去遥远的边疆为自己开创新的生活。威尔逊从以上几个方面解释了美国民族的特殊性，目的无非是说明美国对世界承担一种“特殊责任”，对人类承担一种“拯救使命”。[①]

① 参见王晓德《梦想与现实：威尔逊“理想主义”外交研究》，中国社会科学出版社 1995 年版，第 38—39 页。

相关链接

美国例外主义一般认为，美国在宗教、种族、文化、价值观、制度等诸多方面是独一无二的，并优于其他国家。作为世界上唯一的超级大国，美国自诩“世界警察”“人权卫士”。高高在上的美国政客们生活在“山巅之城”，笃信美国是“上帝的选民”。但从北美大陆近400多年的历史来看，霸道的扩张主义、残酷的种族主义等贯穿其中，赤裸裸的“双标”是对美国例外主义的最好形容。

尽管西方国家在客观上的确为人类社会发展作出了一定的贡献，但其也对人类历史上的数次灾难性战争，特别是对亚非拉国家所遭受的殖民剥削负有不可推卸的责任。仅仅从这个角度来看，无论是西方中心主义还是文化傲慢主义，其论点都被证明是错误的。

延伸阅读

二战以来美国对外侵略战争及造成平民伤亡等情况统计

2021年4月9日，中国人权研究会发表《美国对外侵略战争造成严重人道主义灾难》。文章指出，据不完全统计，从1945年第二次世界大战结束到2001年，世界上153个地区发生了248次武装冲突，其中美国发起的就有201场，约占81%。美国发动的多数侵略战争都是单边主义行动，甚至还招致其盟友的反对。这些战争不仅夺去了大量各方军人的生命，更造成了极为严重的平民伤亡和财产损失，导致惊人的人道主义灾难。美国的自私和虚伪也通过这些对外干涉行为表露无遗。

二战以来美国主要对外侵略战争及造成平民伤亡的具体情况如下：朝鲜战争，平民死亡300万人，难民300万人；越南战争，平民死亡200万人，难民300万人，落叶剂受害者300万人；空袭利比亚，军民死亡700人；入侵巴拿马，平民死亡302人，受伤3000人；出兵索马里，平民死亡200人，受伤300人；海湾战争，战争致死平民12万人，制裁致死200万人，经济损失6000亿美元；科索沃战争，致死2000多人，致伤6000人，经济损失2000亿美元；阿富汗战争，平民死亡超过3万人，受伤7万人，难民1100万人；伊拉克战争，平民死亡20万至25万人，难民325万人；叙利亚战争，平民死亡超过4万人，1259万人逃离家园。

在世界百年未有之大变局加速演进的今天，西方国家中仍有大量信奉西方中心主义、文化傲慢主义的右翼人士。他们不愿接受亚非拉国家与欧美国家在社会经济发展水平上不断缩小、部分欧美国家甚至被赶超的事实，更不愿承认西方民主制度内部日益严重的问题。在对待全球化议题时，他们与右翼民粹主义支持者是一丘之貉，将各类问题通通归咎于非西方世界的发展中国家，观点甚至比后者更为激进。

在经济问题上，他们一方面与民粹主义拥护者一致，要求维护本国工人的利益，将传统制造业岗位的流失归结于发展中国家对国际贸易参与的增加，尤其是以“中国冲击”（China Shock）一词描述中国加入世贸组织后西方国家制造业陷入的困境。另一方面，他们更加不希望非西方国家在高端产业中占有一席之地，从而威胁欧美在相关领域乃至世界权力格局中的绝对领导地位。近年来以美国为首的西方国家对中国科技行业采取的打压措施便是如此，如美国在国内通过国会立法和政府制裁等手段限制中美两国在芯片、光刻机等关键科技领域开展合作，在国际上修建“小院高墙”拉拢盟友伙伴实施对华科技围堵。

在民生问题上，鉴于西方国家的政治权力仍大多掌握在白人手中，无论是出于对中下层白人选民的同情，还是出于对有色人种遭遇不公的冷漠，这些精英阶层的白人们大多无意解决国内结构性的种族歧视问题。而在国际上，西方中心主义、文化傲慢主义使得西方政客为迎合国内选民胃口，对其他国家的社会政治制度不分青红皂白地进行批评，甚至满口胡言地散播虚假信息。因恶意制造传播“政治病毒”、为麦卡锡主义复辟招魂而臭名昭著的美国前国务卿蓬佩奥屡次发表涉疆谬论，丧心病狂地无端指责中国政府治疆政策，蓄意抹黑新疆大好形势和各族人民幸福生活，便是最为典型的一个案例。

（三）贸易保护主义与美国特朗普政府

在今天的西方发达国家中，相较于呼吁制定理智的再分配制度或调整就业政策以缩小贫富差距，民粹主义将矛头指向了经济全球化本身。特朗普在2016年美国大选中获胜被看作是民粹主义在西方达到高潮，而其上台后大力推行贸易保护主义政策的行为更充分体现了右翼民粹主义反全球化的特点。

虽然政治素人出身的特朗普在外交战略上缺乏长远眼光与宏观布局，但他惯于利用国内政治和经济问题，尤其是擅长煽动和操纵国内右翼民粹主义力量。2008年金融危机后，美国国内经济民族主义思潮涌现，长期以来在国际层面的外交战略中利益受损的群体所汇集的政治势力将带有民粹倾向的特朗普送上了总统宝座。

特朗普上台后，尝试解决贸易逆差问题、推动制造业回流、鼓励外商来美投资制造业和基础设施行业。这一系列的施政纲领深刻影响了美国对外经贸政策的制定，根源上还是为了巩固其在国内的执政基础，维护其国内的政治力量联盟，尤其是新加盟的“铁锈地带”。共和党的传统票仓州主要集中在中西部及南部地区，而2016年大选出现了戏剧性的一幕：对比2016年和2012年选举结果，五大湖区域“铁锈地带”所包含的5州中的威斯康星、密歇根、俄亥俄及印第安纳州倒向了共和党，民主党仅守住了伊利诺伊州。“铁锈地带”汇聚了大量白人蓝领阶层——在当前的全球分工格局下，这一群体的利益受到了较大的损害，特朗普

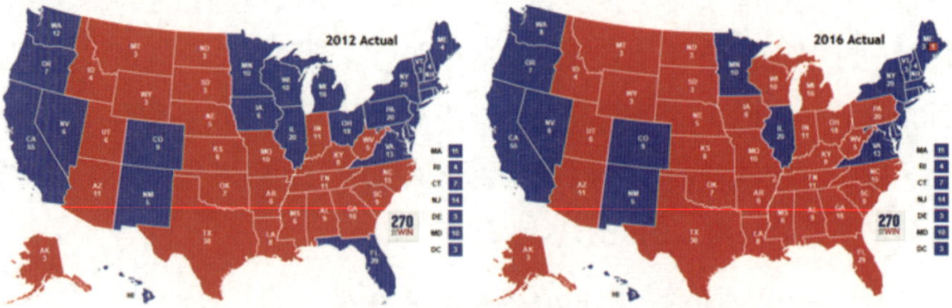

美国 2012 年和 2016 年总统大选结果
（蓝色为民主党赢得的州，红色为共和党赢得的州）

的施政纲领无疑对其有着极强的吸引力；由此，新加盟的东北地区“铁锈地带”和南部、中西部地区共同构成了特朗普政府的执政根基。

工业发展最早的东北部工业区曾是 20 世纪 70 年代之前美国最重要的制造业中心，集中分布着全国的钢铁、机械、汽车、化工、纺织等传统工业。随着这些支柱产业在全球贸易的冲击下不断衰落和外迁，传统制造业沦为美国的夕阳产业，该地区成为美国贸易保护呼声最高的地区。特朗普将钢、铝产业以国家安全的名义加以特殊照顾，利用《关于 301

相关链接

所谓的“301 调查”源自美国《1974 年贸易法》第 301 条。该条款授权美国贸易代表可对他国的“不合理或不公正贸易做法”发起调查，并可在调查结束后建议美国总统实施单边制裁，包括撤销贸易优惠、征收报复性关税等。对于美国来说，“301 调查”是其“终极武器”，它由美国自己发起、调查、裁决、执行，本质上是单边保护主义行为。对其他国家来说，“301 调查”是“过去的亡灵”，记录着美国对国际规则的破坏和践踏。

调查的声明》针对中国优势出口产业，事实上也是“投桃报李”。为的是更好地笼络新晋盟友，支持这些传统制造业国内产能的恢复，在争取产业回流的同时增加就业机会。

但共和党的传统票仓州并非都支持特朗普的贸易保护政策，尤其是农业、油气能源等对华出口贸易有着重要地位的行业所集聚的地区。美国大豆主产区所在的中西部地区是共和党的传统票仓州所在地，中国购买的美国大豆占其出口量的61%，购买的豆制品占全美产量的30%。因此，美国大豆协会一直明确表示反对贸易保护主义，并联合其他农业利益集团游说国会、施压政府。

值得一提的是，尽管民主党人拜登于2021年1月接替特朗普成为美国总统，民主党也在接下来的两年里控制国会参众两院，但是特朗普时期的“美国优先”保护主义思想却为民主党政府和国会所继承。这不但体现在拜登政府不愿意冒着惹恼美国工人群体的风险参与新的贸易协定谈判，还体现在美国对华加征的关税仍未移除等事例上。

（四）本土主义与反移民情绪

民粹主义在欧美发达国家右翼化进程中以本土主义、仇外、反移民为主要特点。有学者指出，民粹主义极右翼政党的本土主义意识形态认为国家应该只由本土民族的成员居住，任何非本土元素——包括个人和思想，都在根本上对同质的民族国家构成威胁。在欧洲，尽管民粹主义极右翼政党自20世纪90年代中期以来便有着抬头趋势，但2014年欧洲议会选举是其成功的最明显标志，法国的“国民阵线”、英国的英国独立党、丹麦的丹麦人民党、荷兰的自由党、芬兰的芬兰人党，以及奥地利的自由党都在选举中大获成功。

2016年的英国“脱欧”公投，更是反映了广泛的反移民的民粹主义倾向。尽管大多数议会议员支持留在欧盟，但仍有51.9%的英国选民选择“脱欧”。研究显示，英国民众对外来移民的强烈担忧，以及民众认

相关链接

“国民阵线”是法国极右翼政党，创始人让－马里·勒庞（Jean-Marie Le Pen）在政治立场上十分激进，公开仇视犹太人、外来者、艾滋病患者等群体，淡化甚至否认德国纳粹大屠杀历史。玛丽娜·勒庞（Marine Le Pen）是其女儿，2011 年 1 月当选“国民阵线”主席，“国民阵线”后更名为“国民联盟”。自玛丽娜担任领导人以来，该党的极端化印记逐渐弱化，形象趋向温和中性，但依然代表反全球化、反欧盟等民粹理念。

知中移民对国家和社区的影响是解释“脱欧”公投结果的核心因素。在投票前经历了因外来移民导致种族变化率较高的社区，支持英国离开欧盟的意愿明显更强烈。大多数投票支持“脱欧”的民众感到前所未有的移民数量对英国的经济、文化和福利待遇造成了负面影响。

在美国，特朗普政府时期的民粹主义也具有明显的反移民色彩。特朗普执政后，大肆煽动国内反移民情绪，并通过调整签证政策和发布行政命令等措施收紧移民政策。特朗普早在 2016 年竞选总统期间，便一度展示他的种族主义和反移民倾向，称墨西哥移民为“强奸犯”“罪犯”。当选总统后，他继续在社交媒体上辱骂国会少数族裔议员，要求他们“滚回自己的国家”。在政策上，除筹建美墨边境墙，特朗普还于 2017 年 1 月签署行政命令，以防范极端伊斯兰恐怖分子进入美国为由，禁止包括伊朗、利比亚、叙利亚在内的 7 个穆斯林居多的国家的人民入境美国。2020 年 6 月，特朗普再次收紧移民政策，暂停发放 H-1B 等工作签证，目的是在疫情期间“保证美国公民就业”。与此同时，美国移民局为外国人办理工作许可的周期自特朗普政府上台后也被显著拉长，平均处理时间从 2016 年的 2.6 个月一度延长至 2020 年的 4.3 个月。

一名墨西哥男子在美墨边境墙边停留

（五）网络民粹主义

改革开放以来，中国经济高速发展，伴随着前所未有的社会深刻转型，一度突出的贪污腐败、贫富分化、环境污染、资源分配不均等问题在一定程度上助长了社会矛盾，民粹主义者将自己遭遇的不幸运、不如意、不公平都归因于现实。信息化时代，网络技术和信息技术突飞猛进，网络空间具有极大的开放性，而且互联网的价值取向有着高度平民主义的特点。一些由于各种原因而长期存在不满和愤懑情绪的群众，为争取利益和表达诉求，将越来越多的现实矛盾置于有更高“自由度”的虚拟网络空间。虚拟网络中的极端情绪迅速发酵，一部分有暴戾情绪的网民歪曲事实、制造对立，一部分围观者添油加醋、推波助澜，网络中群情浩荡、群体狂欢，为民粹主义在中国网络的迅速滋生提供了便利环境，导致民粹主义者的心理不断畸形化，陷入了一种恶性循环，民粹主义在中国网络空间迅速抬头并发展成一定规模。

作为信息化时代的一种新型民粹主义，网络民粹主义在我国的出现是特定社会历史条件下的产物。有学者指出，网络民粹主义是外部冲击、内部矛盾、技术发展和利益勾连等多个内外因素共同作用的结果。在外部，因西方资本主义社会内部矛盾不断加深而愈演愈烈的民粹主义浪潮对我国国内的民粹主义者形成了错误示范效应。在内部，我国社会正处于转型期，存在因利益分化引发的社会焦虑与心理失衡等问题，偏激的民粹主义者抓住这些社会内部矛盾，利用民众的共情心理进行抹黑、歪曲、放大，制造网络舆论危机。在技术上，网络通信技术的快速发展为网络民粹主义的传播提供了技术支撑，拥有开放、去中心化特点的互联网成为民粹主义新的实践场域。不明事情真相、缺乏理性思考能力、缺乏法律意识的网民盲目跟风，或是评论或是转贴，使得民粹事件在网络上一旦出现便会快速传播。在利益上，部分媒体在“流量就是金钱”的资本逻辑影响下，为博人眼球、获得流量，在敏感问题上不惜推波助澜、制造假新闻，甚至相互勾连以获取经济利益。

有学者认为，网络民粹主义除了具有主体的草根性、泛道德批判、非理性等特点外，还具有网络议题的包装性、现实侵蚀的渗透性等特征。网络民粹主义者利用微信、微博等社交网络平台和论坛、直播视频软件等网络媒介，煽动性地宣泄极端情绪、非理性地输出话语暴力，声称追求公平正义，看似站上了道德制高点，实际上是在歪曲事实、混淆黑白，诱导其他网络群众“凑热闹”或直接参与其中。从众心理也会促使更多的网民参与到舆论传播和发酵的进程，激化和固化民粹主义情绪，使民粹主义网络群体更加极端和非理性地思考问题、更加激烈地煽动公共舆论。更有境内外敌对势力抓住这些群体不分对错、不分善恶、不知好歹、颠倒是非的特点，利用人们的“看客”心理，组织动员并集聚力量，故意制造话题“带节奏”，进行“情感动员”并不断煽风点火，使网络空间本已激动的公共舆论更加膨胀。不同地区、不同年龄、不同阶层的网民超越时空限制在各个网络渠道“争取抗争”，引发民粹主义集体行动发展为大规模群体性事件的风险，使得网络民粹主义极易席卷全网，影响范围更加广泛。

此外，中国网络民粹主义有时也具有民族主义特点，这主要体现在当我国与其他国家发生争端时，在双方网络空间中会出现媒体“互怼”以及网民骂战。例如，有学者研究了中国与韩国之间涉及渔业、高句丽历史归属、传统文化申遗、民俗文化、体育等方面的纷争，发现这些两国间的争议性问题为网络民粹主义提供了发展的土壤，而网络民粹主义的发酵放大了本国的民族中心主义，造成中韩两国民众间出现相互排斥和厌恶的“互嫌”现象。在非理性的民族主义心理驱使下，网民通常忽略纠纷的是非曲直、前因后果，只激愤地通过网络渠道宣泄极端情绪——其中既有针对外国“卑鄙行为”的，也有针对本国“软弱回应”的——最终导致两国间的纠纷复杂化，发酵的舆情迫使政府不得不介入民间事务或者采取更加强硬的回应措施。

网络民粹主义在西方国家同样存在，不少西方国家的政客将网络社交平台作为拉取选票的渠道。但是需要指出的是，在本质上，网络民粹主义在西方国家和我国存在明显区别。西方国家的网络民粹主义是一种多以政党组织为依托、具有明确价值诉求的政治思潮，而我国的网络民粹主义目前仍主要是一种价值诉求不明显的负面社会情绪。

四、民粹主义对国际国内有着怎样的影响？

无论是欧美右翼民粹主义，还是中国网络民粹主义，都给人类社会发展带来了负面冲击，这尤其反映在经济发展、社会治安以及政治稳定等方面。

（一）不接受供应链分工，扰乱国际经济秩序

鉴于欧美发达经济体的强大影响力和广泛辐射范围，美国在民粹主义思想影响下，在特朗普执政期间带头转向“零和思维”、追求相对收

益的政策逻辑，在全球形成了不良的带动效应。随之而来的就是贸易保护主义在各国的抬头，进而引发了多场世界主要经济体的经贸冲突，使全球产业链和价值链面临重大调整，全球市场变成了一个个分割开的区域市场，金融危机后脆弱复苏中的国际经济受到负面影响。

2015—2021 年全球货物和服务贸易年增长率
数据来源：世界银行

从全球贸易来看，特朗普政府挑起的贸易争端在短期内造成的冲击比较明显。2019 年，受以中美贸易摩擦为代表的世界经贸冲突加剧影响，全球货物和服务贸易增速出现下滑，仅为 1.1%，跌至国际金融危机后新冠疫情暴发前的最低值，尤其是中美贸易受到了重大打击。2019 年中美货物贸易额 5413.8 亿美元，同比下降 14.5%。其中，中国自美进口 1227.1 亿美元，同比下降 20.9%；对美出口 4186.7 亿美元，同比下降 12.5%。有学者通过实证研究发现，尽管国际贸易中存在贸易转移效应，中美得以通过与第三方国家增加直接贸易或者经第三方国家开展间接贸易等方式部分弥补贸易战带来的 GDP 损失，但是总的来看两国经济都受到了负面冲击。

讽刺的是，特朗普政府为拯救美国制造业而采取的保护主义政策很显然并没有顾及每一家制造业企业的利益。纵使加征关税能使本国部分企业受益，但由于产业链效应，处于下游的企业将因中间产品价格上涨而遭受巨大冲击。比如，在加征金属关税后，2018 年 7 月底，美国市场的钢铁和铝价格上涨了 18%。北美最大的金属服务中心运营商信实钢铁铝业公司发布报告称，2018 年第二季度净销售额达到了创纪录的 29.9 亿美元，较 2017 年第二季度增长 20.8%。但是金属价格上涨导致汽车行业的投入成本增加，特朗普的贸易保护主义政策使它们遭受了损失。受钢铁和铝关税变化的影响，2018 年通用汽车公司必须在原材料上花费 10 亿美元，大约是此前预期的两倍。成本的上涨严重降低了该公司创造利润的能力，导致其股票在 2018 年下半年一直处于下跌。同样，随着从中国进口的电视机部件价格上涨，电视制造商 Element Electronics 公司宣布关闭温斯伯勒工厂，并裁员 126 人，以回应特朗普总统加征关税的政策。在高新产业方面，美国对中国半导体产品征税同样造成了美国科技企业生产成本的上涨，并导致英特尔公司的股票在 2018 年 6 月暴跌。

延伸阅读

加征关税带来负担，本国产业反受冲击

Element Electronics 的工厂坐落在南加州的温斯伯勒，一个位于南加州首府北边仅 30 英里的小城。该公司表示，之所以决定关闭生产设施，完全是受特朗普对华加征关税的影响。该公司将保留 8 名骨干员工，以期未来恢复生产。

对于温斯伯勒及其附近地区来说，Element Electronics 停产的消息不啻雪上加霜。最近该地区的失业愈演愈烈，已经有一家沃尔玛超市和一家纺织厂先后关门停产。在当地建造两个核电反应堆的计划也已告吹。

据当地媒体报道，Element Electronics 向南加州劳动局报告了它的停产计划：“此次裁员和停产，是近期美国突然对从中国进口的大量商品加征关税导致的，这些商品包括了温斯伯勒工厂装配业务所需的电视机的关键零部件。”

（二）煽动种族歧视，增加仇恨犯罪

欧美极右翼民粹主义持有的反移民思想与开放包容的精神相抵触，但也正是以往开放的移民政策造就了这些发达国家在科技、经济、教育乃至军事力量方面的优势地位。在全球化的背景下，推行反移民政策不仅在实现“防范恐怖主义”、保护本国人民就业等目标上效果存疑，而且会扰乱人才市场，促使跨国企业尤其是对外国人才需求强烈的科技企业外迁，从而掣肘自身经济发展。

最为重要的是，民粹主义政治领导人大肆渲染外来移民以及少数族裔对本国社会造成的不良影响，指责其将加剧国内社会已有的种族问题，甚至怂恿支持者参与仇恨犯罪，这些后果在特朗普执政期间的美国有较多体现。白人至上思想更是使有色人种特别是黑人在美国的处境进一步恶化，受到更多的不公正对待。

（三）渲染“‘政府—人民’对立”，危害国家体制稳定

任何一个政府的领导和治理，都难以在短期内使所有国民都满意。在我国，那些活跃于网络社交平台的民粹主义者但凡遭遇了负面经历，都将其归因于现实，并攻击现行体制，甚至炮制并传播“‘政府—人民’对立”的错误思想。民粹主义打着所谓“反权力”“反权威”“反精英”的旗号渲染二元对立，号称“为了人民”，实际上却割裂了“人民”的概念，对国内社会的影响是负面而深刻的。

“‘政府—人民’对立”的错误思想，抹黑了政府形象和信誉，降低了人民对政府的信任度，增加了政府治理的障碍，妨碍人民更好地参与治理、参与和政府的合作，并阻碍人民从政府有效治理中获益，从而有可能引发国家治理失灵，最终导致社会分崩离析。网络和信息技术的发展本应通过拓宽政府管理渠道促使政府管理更加趋向于网络扁平化和便利化，但是网络也成为民粹主义者散布谣言、大肆渲染负面情绪、制

造民粹主义的网络舆论“狂欢”的平台，这阻碍了政府网络治理、降低了政府网络治理效能。他们渲染的二元对立使得政府难以倾听真实客观的民情民意，不能及时疏导民怨民愤，从而产生恶性循环。

此外，我国网络民粹主义也经常受到其他错误思潮的影响，与历史虚无主义、极端女权主义等形成合流。他们或是否定历史文化、民族精神、国家政治制度；或是鼓吹全社会层面的性别对立，向年轻人传播恐婚恐育、不婚不育等观念。网络民粹主义活动往往利用网民同情弱者的心理，蓄意利用收入不平等、男女权利不平等等社会问题，将矛盾不断放大，怂恿网民群体发声讨伐精英、官员、富人、男性群体。别有用心的网络民粹主义者还会操纵网民将矛头指向政府、国家，轻则污蔑政府是上述群体的“帮凶”，重则直接攻击我国社会经济政治制度。总的来看，网络民粹主义对我国有着扰乱国内社会舆论、造成社会秩序混乱、危害国家体制稳定的危险。

在国际上，由于虚拟网络空间不分国界，热点社会事件极易引发全球关注，并成为民粹主义者的炒作噱头。民粹主义者往往抓住国家内部矛盾甚至是多国内部共有的矛盾，在全球网络平台“造势”，发布极端化负面言论；也常常内外勾连，使得民粹主义通过网络空间在国际社会蔓延，导致“牵一发而动全身”的全球网络舆论危机。大规模线上线下切换的集体行动易导致公共危机，煽动各国人民产生对立对抗政府情绪，引发公众恐慌，危害国际体制和各国体制的稳定。

五、怎样防范和应对民粹主义对社会发展的危害？

尽管民粹主义目前在我国还未像在欧美国家那样蔓延，但仍须警惕其进一步发展，及时采取多项措施，积极防范、有效应对其危害。

（一）坚持马克思主义群众观，消除“人民—精英”对立情绪

马克思主义群众观是马克思主义唯物史观的核心和灵魂，也是中国共产党的基本观点。坚持马克思主义群众观，将有助于消除“人民—精英”对立情绪，化解民粹主义对我国社会的威胁，汇聚强国建设、民族复兴的磅礴力量。

习近平总书记强调：“人民是历史的创造者，是真正的英雄。”① 坚持马克思主义群众观，就要尊重人民群众的主体地位。马克思主义认为，人民群众是社会物质财富和精神财富的创造者，是社会变革的决定力量。马克思主义群众观彰显了中国共产党的根本立场和价值追求。中国共产党从建党之初就将马克思主义基本原理与中国实际相结合、与中华优秀传统文化相结合，将实现广大人民群众的根本利益作为最鲜明的政治立场，立下了“为天下劳苦大众谋幸福”的坚定誓言。中国共产党始终站在人民群众的立场上，坚持以人民为中心，牢记党的宗旨，全心全意为人民服务。必须始终牢记，党来自人民、植根人民、服务人民，党的根基在人民、血脉在人民、力量在人民，失去了人民的拥护和支持，党的事业和工作就无从谈起。

学习在线

在任何时候任何情况下，与人民同呼吸共命运的立场不能变，全心全意为人民服务的宗旨不能忘，群众是真正英雄的历史唯物主义观点不能丢，始终坚持立党为公、执政为民。

——2013 年 6 月 18 日，习近平总书记在党的群众路线教育实践活动工作会议上的讲话

① 习近平：《在庆祝中国共产党成立100周年大会上的讲话》，《人民日报》2021 年 7 月 2 日。

坚持马克思主义群众观，就要始终不渝地贯彻执行中国共产党的群众路线。群众路线是党的生命线和根本工作路线。“从群众中来，到群众中去”是群众路线科学的领导方法和工作方法，即“将群众的意见（分散的无系统的意见）集中起来（经过研究，化为集中的系统的意见），又到群众中去作宣传解释，化为群众的意见，使群众坚持下去，见之于行动，并在群众行动中考验这些意见是否正确。然后再从群众中集中起来，再到群众中坚持下去。如此无限循环，一次比一次地更正确、更生动、更丰富”[①]。习近平总书记强调，要把党的正确主张变为群众的自觉行动，把群众路线贯彻到治国理政全部活动之中。贯彻群众路线要求坚持密切联系群众，这是党的三大优良作风之一。当前，国内外环境复杂多变，尤其是民粹主义在境内外各种势力的操纵下与各类社会思潮形成合流，对我国社会发展形成威胁。只有继续坚持马克思主义群众观、贯彻执行党的群众路线，才能真正实现全心全意为人民服务的宗旨。

对于存在于部分民众间的愤懑情绪，政府应避免“小事拖大”，要始终坚持以人民为中心、以全心全意为人民服务为宗旨。要消除部分群众的消极情绪，就需要切实加强政府部门与群众的联系，采取灵活多样的沟通方式，创新工作办法，多渠道倾听人民的合理诉求，及时听取民情民意，把准人民群众的真实需求，向民众反馈正确信息，疏通民怨民愤，妥善解决问题，减轻社会矛盾，避免矛盾积累激化。例如，定期定点开展领导接待、干部下访活动，开放政府公众平台留言信箱、建立网络社交平台官方账号信息反馈机制、开通热线电话等。同时应确保相关政务信息透明化、公开化，减轻并消除群众对遭遇不公平的猜疑心理以及对精英群体的极端化排斥情绪，要让群众感受到政府亲民、爱民、为人民服务。要增强广大干部和群众的沟通意识、责任意识和合作意识，提高政府治理效能和治理效率，营造和谐的沟通气氛，建立并完善理性

①《毛泽东选集》第3卷，人民出版社1991年版，第899页。

化、有效化的长期沟通渠道和反馈机制，避免社会矛盾的积累和极端化发展，防止形成群体性事件，从而更好地保护人民合法权益、促进社会健康发展。

概念辨析

尽管马克思主义群众观与民粹主义都围绕“人民群众”的概念，但是两者在本质上是截然不同的，需要避免混淆。从本质来看，马克思主义群众观是唯物史观的理论基石，“人民至上”是马克思主义政党在价值观上区别于剥削阶级政党的标志。马克思主义群众观要求真正尊重群众、诚心服务群众、科学引领群众。民粹主义则是一种以二元对立为核心的思潮，把政府置于人民群众对立面，认为政府是“精英集团”、是卑鄙邪恶的。民粹主义还曲解了“人民”的真正含义，恶意夸大和渲染一部分人民——尤其是弱势群众的被剥夺感。民粹主义在欧美经常表现为政客拉取选票的手段，这些政客仍是剥削阶级政党的一员。他们虽然凭借维护人民群众利益的口号赢得了选举，却永远不会真正为各阶级人民的利益着想。

（二）促进公平正义，推动共同富裕

民粹主义所谓“人民对抗精英”情绪很大程度上源于社会缺乏公平正义，尤其是社会群体间掌握财富不平等的问题。改革开放以来，中国特色社会主义市场经济发展取得了举世瞩目的成就。但是需要认清的是，贫富差距问题也有所显现。对我国来说，推动实现共同富裕，将有助于缓解社会不平等问题，从而消除民粹主义情绪的一大来源。习近平总书记强调，共同富裕是社会主义的本质要求。共同富裕是社会主义公平正义价值目标的充分彰显，只有在中国特色社会主义制度下才能集中力量办成共同富裕这件大事。一些发达国家工业化搞了几百年，却由于社会

制度原因，到现在共同富裕问题仍未解决，贫富悬殊问题反而越来越严重。正确认识和把握实现共同富裕的战略目标和实践途径至关重要。共同富裕不是少数人的富裕，也不是整齐划一的平均主义，同样也不是城市、农村或者东部、中部、西部地区各提各的指标。

在具体措施上，分配制度是促进共同富裕的基础性制度。我国要吸取西方国家的经验教训，致力于构建和完善初次分配、再分配、三次分配协调配套的制度安排，着力扩大中等收入群体。要提高劳动报酬在初次分配中的比重，探索多种渠道增加中低收入群众要素收入，加大税收、社会保障、转移支付等的调节力度，同时引导、支持有意愿有能力的企业、社会组织和个人积极参与公益慈善事业。

国家税务总局
State Taxation Administration
请输入关键字
搜索
本站热词：疫情防控 减税降费 个税 增值税 小微企业 发票
总局概况　信息公开　新闻发布　税收政策　纳税服务　税务视频　互动交流
首页 > 新闻发布 > 税案通报

国家税务总局坚决支持依法严肃查处黄薇偷逃税案件

2021年12月20日　【字体：大 中 小】 打印本页

近日，浙江省杭州市税务局稽查局查明，网络主播黄薇（网名：薇娅）在2019年至2020年期间，通过隐匿个人收入、虚构业务转换收入性质虚假申报等方式偷逃税款6.43亿元，其他少缴税款0.6亿元，依法对黄薇作出税务行政处理处罚决定，追缴税款、加收滞纳金并处罚款共计13.41亿元。

国家税务总局坚决支持杭州市税务部门依法严肃处理黄薇偷逃税案件。同时，要求各级税务机关对各种偷逃税行为，坚持依法严查严处，坚决维护国家税法权威，促进社会公平正义；要求认真落实好各项税费优惠政策，持续优化税费服务，促进新经济新业态在发展中规范，在规范中发展。

比如，需要注重解决部分高收入群体偷税漏税的违法犯罪问题。明星艺人、网红主播、企业家等公众人物的偷漏税行为，不仅侵蚀国家税收，还助长不良风气、危害社会公平，加重社会内部存在的“仇富问题”。在这一点上，应进一步完善税收相关法律和政策规定，对偷漏税行为重拳出击；鼓励高收入群体更多地参与慈善公益类活动，引导他们与社会共享我国经济快速发展带来的红利。此外，还应使民众树立正确的金钱观，消除“拜金”“仇富”等极端思想对社会内部造成的不良影响。

（三）加强数字时代舆情预判与引导，坚守意识形态阵地

当今时代，谁掌握了互联网，谁就把握住了主动权。面对民粹主义思潮通过互联网不断蔓延并冲击我国主流意识形态安全的挑战，应坚持巩固马克思主义在我国意识形态领域的指导地位，以更加贴近人民生活的形式，推动人民群众真正地了解和认识马克思主义，特别是当代中国马克思主义、二十一世纪马克思主义，走出民粹主义打造的“文字”误区，瓦解混淆概念、混淆视听的民粹主义思潮带来的危险，牢牢掌握意识形态领域的主动权和话语权，铸造安全网络阵地。

要利用好网络技术媒介，加强互联网领域舆情预判和监控，打造主流意识形态引领下的良性互联网舆论生态环境。各网络平台和主流媒体应联合加强监管，一旦出现混淆群众视听的极端化言论，应及时纠正公众接收的不良信息，防止消极的、负面的错误信息扩散；并发布真实、准确、客观的信息，降低网民搜集正确信息的难度，防止舆情刺激的产生和扩大，利用网络媒介传播正能量，营造良好的网络风气，第一时间引领培育良性的网络生态。

政府主管部门应加强全网络空间领域法治建设，加强网络空间实名化认证，加大对通过网络舆论造谣传谣、寻衅滋事、危害公共治理等行为的惩处力度，不断完善网络空间治理秩序建设。特别是要提升自身危机治理能力和网络空间治理水平，合理配置数字化的教育、医疗等与民生息息相关的资源，保障公平正义，提升人民群众的幸福感，真正地改善民生、为人民群众纾困解惑，减少民众的愤恨和极端化情绪，从源头防范民粹主义的滋生。

学校和家庭等应加强对学生等未成年人群体的教育指导。网络用户群体呈现年轻化态势，尤其是学生网民规模庞大——学生年龄相对较小、社会经验缺乏，一部分学生尚未形成完整的价值观念。需要通过正向的教育引导提升年轻网民辨别是非善恶的能力，以社会主流意识形态正面引导其思想观念，从而消解民粹主义思潮，营造风清气正的网络舆论环境。

深度阅读

习近平：《关于坚持和发展中国特色社会主义的几个问题》，《求是》2019 年第 7 期。

习近平：《扎实推动共同富裕》，《求是》2021 年第 20 期。

习近平：《坚定不移走中国人权发展道路，更好推动我国人权事业发展》，《求是》2022 年第 12 期。

（执笔人：朱锋）

第六章
如何看待科技思潮的兴起?

科技是发展的利器，也可能成为风险的源头。要前瞻研判科技发展带来的规则冲突、社会风险、伦理挑战，完善相关法律法规、伦理审查规则及监管框架。要深度参与全球科技治理，贡献中国智慧，塑造科技向善的文化理念，让科技更好增进人类福祉，让中国科技为推动构建人类命运共同体作出更大贡献!

——2021 年 5 月 28 日，习近平总书记在中国科学院第二十次院士大会、中国工程院第十五次院士大会、中国科协第十次全国代表大会上的讲话党的二十大报告指出："教育、科技、人才是全面建设社会主义现代化国家的基础性、战略性支撑。必须坚持科技是第一生产力、人才是第一资源、创新是第一动力。"[①] 这一重要论述，不仅提出要重视科技发展和创新，重视科技人才的培养，也代表着影响未来中国特色社会主义在世界范围内竞争力的一个主要因素就是高水平科学技术的发展。在进入新一轮的世界高水平科学技术竞争时，首先必须弄清楚各种新科技现象以及随之而来的科技思潮的历史影响。

一、如何看待新科技发展及其影响？

进入 21 世纪的第三个十年，科技进入全新的发展轨道。新科学技术及其应用领域的出现，将改变未来社会生活的面貌。尽管科技进步在航天技术、可控核能、人工智能等方面都取得了不小的突破，但对于普通群众来说，现阶段最值得关注也最有可能影响社会生活的科技进步主要涉及三个方面。一是元宇宙技术。这项技术的发展已经相对成熟，下一步即将走向商用化和日常化，将如同智能手机一样塑造未来生活。二是已经变得炙手可热的人工智能技术。中国的人工智能发展相对于以往已取得了巨大进步，逐渐走向应用化。三是将生物技术和数字技术相结合的生物基因技术。生物基因技术涉及未来人类社会的安全，自诞生起，就备受关注。

（一）元宇宙是什么？元宇宙会带来新的科技变革吗？

2021 年是元宇宙元年。随着马克·扎克伯格（Mark Zuckerberg）将 Facebook（脸书）更名为"Meta"，并发布一段极富未来感的宣传片，

① 习近平：《高举中国特色社会主义伟大旗帜　为全面建设社会主义现代化国家而团结奋斗——在中国共产党第二十次全国代表大会上的报告》，人民出版社 2022 年版，第 33 页。

“元宇宙”（Metaverse）便迅速在国际社会上成为一个热门话题，受到资本市场热捧，一大批科技企业和风投基金纷纷宣布进军和布局元宇宙市场。与此同时，各国的人文社会科学学者也从各自的理论视角对之给予高度关注。实际上，元宇宙的发展趋势近些年已有所显现。不过，像 Facebook 这样一个在全球拥有众多活跃用户的软件平台突然更名，无疑是作为一个标志性事件或信号从正面向社会宣告了元宇宙时代已然来临。那么，什么是元宇宙？为何它如此被各界热捧？它又会给人类社会带来怎样的变革与发展？

Facebook 发布的宣传片

有学者考证，“元宇宙”这个概念，最早出现在美国著名幻想文学作家尼尔·斯蒂芬森（Neal Stephenson）1992 年出版的《雪崩》（*Snow Crash*）一书中。在书中，作者描述了一个与现实物理世界相平行的虚拟世界，即元宇宙，所有现实生活中的人都以一个虚拟分身（Avatar）的方式进入其中并活动。而

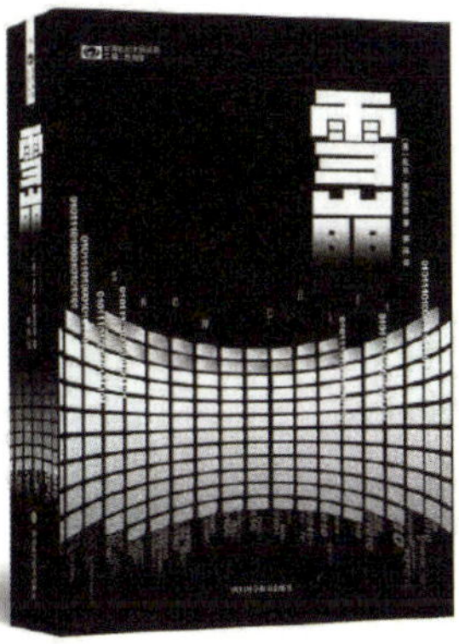

“Metaverse”（元宇宙）一词的前缀“Meta”正具有超越物理宇宙、建构数字世界之义。由此可见，元宇宙本质上是一种将现实世界虚拟化、数字化的空间架构。元宇宙基于对现实世界的虚拟化、数字化，生成现实世界的一种孪生镜像，注重通过数字技术与现实世界的一种多维度连通，进行交互性探索与创造性开发，提供沉浸式体验。比方说，未来大家在学校里上课，或许并不需要我们亲自到达现场，并且不是今天正在使用的腾讯会议、Zoom等在线模式，而是我们进入一个模拟化的场景，每一个人都化身为一个卡通式的角色。在这个元宇宙场景中，我们可以像在现实中一样畅谈、做动作，老师可以像在现实里一样点一个卡通形象的学生起来回答问题，邀请学生一起在空间里做游戏。这或许听起来有些梦幻，但随着通信技术、数字技术、智能算法的进一步发展，这种幻想有朝一日定会变成我们的日常生活中的现实。

那么，这种充满可能性与现实感的元宇宙，会给人类社会带来怎样的变革呢？首先，经济体系与商业模式的变革。元宇宙可以通过区块链技术搭建一套新的社会经济体系，在这套体系中，每个用户无论是在价值形成上，还是在产品创造上，都可以进行生产、编辑与赋值。由此，元宇宙促进传统产业转型、协作方式更新，并催生出一系列经济新业态与新模式。人们在元宇宙中不仅可以生产，而且可以交易消费。聚焦于新的内容场景的数字商业模式，无疑会给人们带来新的购物体验与消费欲望。此外，元宇宙是去中心化交易，必将对以美元为主导的世界经济交易体系产生冲击，新的世界数字货币体系正在形成。

其次，文娱活动与政治治理的变革。元宇宙不仅创造了新兴产业，而且开辟了新的活动场域。元宇宙所主要凭借的包括VR和AR在内的现实增强技术，给人们提供了一种沉浸式的体验，重构了人们的工作和生活方式，使大量工作和生活在虚拟世界进行，虚拟世界与现实世界的密切融合使线上教育、社会交友、游戏体系都发生了彻底改变。当然，这种新的空间所具有的虚拟性，以及其对以往物理疆界的消除，无疑会给境外敌对势力的入侵提供可乘之机，给政府治理带来一定的难度。这也就意味着，元宇宙犹如政治疆域一般，其主权如果不被我们牢牢掌握，就会被敌人夺去。

最后，作为科技变革产物的元宇宙，将会引发科技的进一步变革。元宇宙的出现，是5G、人工智能、操作系统、数据处理等诸多新技术发展与整合的结果。由各种科学技术发展与整合形成的、作为基础性平台领域的元宇宙自身的迭代更新，又必将“牵一发而动全身”，引发或关联着众多相关技术、硬件及软件的不断升级、融合与发展。

总之，元宇宙将会给社会众多领域——包括工业制造、游戏、教育、展览、医疗、政府公共服务等带来革命性的变革。元宇宙代表了一种新的未来方向，而且这个“大势所趋”的发展方向已然为当代人所窥见。这对于我们国家来说，是一个应该占据、必须占据，同时也可以占据话语领导权的最好时代与最佳时机。

（二）人工智能的发展是否会让人类社会走向终结?

随着科学技术的不断发展，一种新型的、富有“智慧”的科学技术——人工智能（Artificial Intelligence，AI）出现，并在人们生活的各个领域中展现出强大的处理能力与巧妙的行动效果，越来越多以往必须由人类来承担的工作开始被智能化的机器设备取代，如自动化生产机床、自动驾驶汽车、智能家居系统、智能面容语音识别系统、深度学习神经网络、各种先进机器人等。2023年，随着OpenAI开发的ChatGPT流行起来，人工智能与人类的关系问题再一次被推向前台。当人们利用智能手机和电脑同ChatGPT的终端界面进行对话时，ChatGPT表现出惊人的能力。向其提出一些任务，如撰写一篇学术论文、制作一个PPT、完成一篇文章的翻译等，ChatGPT似乎都可以十分轻松地完成。但ChatGPT在带来极大便利的同时，也引起了一些人对这种新的人工智能形态的焦虑。他们感觉到，许多人的职业，如秘书、销售人员、设计师、写代码的程序员甚至插画师、翻译等，即将被人工智能取代。更有人认为，人工智能如无度发展，最终会取代人类社会，让人类陷入万劫不复的境地。

名词解释

ChatGPT：全称为“生成式预训转换机器人”，是由美国人工智能研究实验室 OpenAI 推出的一款模仿自然语言的应用。该应用的特点是利用神经网络架构接受大量数据、语料库的机器学习，进而能够模仿普通人的对话和写作。

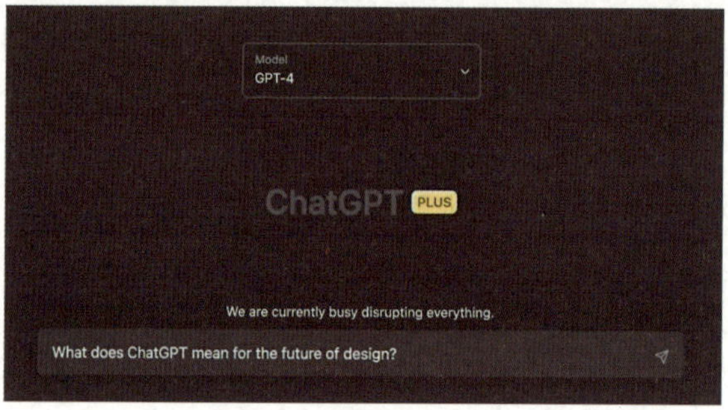

GPT-4 的使用界面

人工智能本质上是科学技术对人类智能的模拟，是科学技术发展的“智人阶段”。随着人工智能模拟人类智能的能力不断提高和深入，部分人工智能甚至表现出强大的自主性和创造性。人工智能的高度“智能化”及其与人类思维意识的相似性，使人在惊叹、膜拜之余，也产生了关于人工智能的发展是否会让人类社会走向终结的思考与担忧。这样的思考与担忧鲜明地体现在各种科幻小说与电影之中，如《美丽新世界》《一九八四》《黑客帝国》《终结者》《我，机器人》等。

人工智能（AI）与机器学习（ML）

毋庸置疑，现在人工智能技术越来越“智能”，能够思考的内容也越来越广泛，但这并不意味着人工智能就必然会最终取代人类，人工智能与人类并不一定是竞争关系。这是因为，人工智能是非生命的物质，它不可能产生意识。就内容而言，作为物质的人工智能不可能模拟非物质的意识，人工智能只能从形式上模拟意识。这意味着人工智能只能模拟思维，却不拥有思维、不能思维。因而，人工智能不可能真正取代人类，它只能是一种物质性的工具。[①] 但不可否认的是，人工智能从形式上模拟人类智能的能力确实一直都在提高，而这个提高的界限直到目前为止，我们都无法给出最终判断。这也导致有些人将人工智能神化，把它看作是一个超人物种，认为这种超人物种已经不再是对人类行为和人类思维的简单模仿，而是一种在人类之外的，甚至与人类毫无关系的奇异的智能物。

实际上，无论是把人工智能看作是将要取代人类的“劲敌”，还是看作是外在于人类的无关“神物”，都是孤立的和片面的，都是用一种

① 参见程承坪《人工智能：工具或主体？——兼论人工智能奇点》，《上海师范大学学报（哲学社会科学版）》2021 年第 6 期。

抽象和对立的方式来思考人类社会与人工智能之间的关系。其实，在现实的人工智能与人类社会的发展过程中，人工智能与人本身以及周围环境的各种因素始终是紧密结合在一起的，我们很难将它们严格区分开来。实际上，它们都是平等交换和关联的行动元，共同在一个数字化的生态系统中进行着信息的交流和行动的反馈，我们可以将这种关系定义为智能关联主义（intelligent co-relationism）。①

在这样的思路下，我们就能够明白人工智能与人类的关系并不是纯粹的竞争关系，并不会导致人类被取代甚至被消灭。换言之，人工智能的发展并不会让人类社会走向终结。当然，人工智能与人类的关系，也并不是纯粹的无关，而是处于同一数字生态之中的相互作用关系。这就意味着，人工智能虽然不会对人类生存构成实质性的威胁，但会给现有社会秩序以及人性带来一些负面的影响与挑战。在这方面，我们必须有所作为，从而在人工智能与人类的良好互动中推动人类社会的健康发展。

（三）生物基因技术会让人类社会走向何方？

生物的起源及生存的奥秘，一直是人类追问与探求的根本性问题。为此，人类通过想象、实验等手段，创造或提出了各种神话和假说。直到目前为止，这个问题依然困扰着人类，依然有待进一步研究。但毋庸置疑的是，基因的秘密的发现，极大地照亮了人类的科学征途，在一定范围内破解了生物的奥秘，开启了通往生物内部的大门。一种基于基因知识的行动学，即生物基因技术也随之产生。所谓生物基因技术就是指按照人类的愿望，利用生物科学知识，对生物基因进行设计、编辑、重组和转变等，以此赋予生物新的基因遗传特性和样态特征，从而创造出更符合人们需要的新生物。从 1996 年 7 月 5 日世界上第一只克隆羊多利

① 参见蓝江《数字生态下的信息体与智能关联主义》,《中国人民大学学报》2022 年第 3 期。

成功出生到现在，不过短短 20 余年，生物基因技术就取得了重大进展。随着其他科学技术，如载人航天、载人深潜、人工智能等不断发展，生物基因技术又实现了进一步突破。

第一只克隆羊多利

生物基因技术能够给人类带来的好处是不言而喻的，如培育优良物种、增加作物产量、生物病毒防治、促进人类健康等。但生物基因技术作为科学技术的一种，它同样具有科学技术的“双刃剑”属性，一旦被用于不正确的目的，将会给人类社会带来诸多危害，如利用转基因技术制造新型病毒和细菌等。此外，生物基因技术给人类社会带来了另外一种更大的冲击，即伦理问题。通过基因技术可以设计出所需要的生命，如果人类可以“定制”，那么，人类社会存在的生理学基础、以往的道德伦理秩序必将受到巨大的冲击。更进一步的问题是，在现实社会中，充分掌握社会资源的人必然是首先甚至是唯一有可能使用生物基因技术的人，这必将进一步导致社会的不平等。

延伸阅读

首例基因编辑婴儿事件

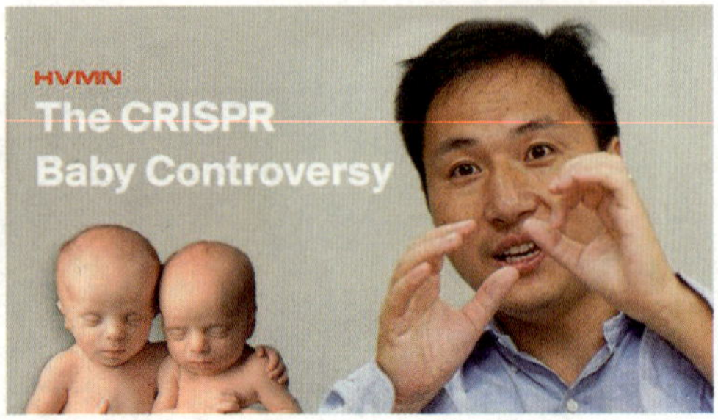

2016 年 6 月开始，南方科技大学原副教授贺建奎在明知违反国家有关规定和医学伦理的情况下，通过伪造伦理审查书招募志愿者参与实验，违规将人类胚胎基因编辑技术应用于人类辅助生殖医疗，最终有 2 名志愿者怀孕，其中 1 名志愿者生下一对名为露露和娜娜的双胞胎免疫艾滋病女婴。2018 年 11 月，贺建奎在第二届国际人类基因组编辑峰会召开前一天对外宣布基因编辑婴儿的出生。随即，引发轩然大波。2019 年 1 月，贺建奎被采取刑事拘留，最终被判处有期徒刑 3 年。

二、如何看待社会层面上的新科技思潮？

现代科学技术的发展，不仅带来一系列新的科技应用和现象，也冲击着我们的日常生活和思想体系。自工业革命以来，关于科学技术的发展就存在着多种声音，这些不同声音在各个历史时期也汇聚成形态各异的科技思潮。我们需要从社会与国家两个层面来梳理当代科技思潮对人们的影响。本节主要讨论社会层面的科技思潮，国家层面的科技思潮将留到第三部分介绍。

简单来说，对于社会层面的科技思潮，可以根据其面对科学技术与人类社会之间关系的不同态度，划分成三种不同的类型。首先，是坚定地站在科技发展一边，无条件地支持科技突飞猛进，从而忽略了人在社会中的价值，这种思潮可以界定为唯科学主义或科技本位主义。而在今天，唯科学主义和科技本位主义进一步演化为科技加速主义。其次，关注人类社会和科技发展之间的和谐关系，这种和谐关系正是科技人文主义的体现。最后，还有一种极端倾向，即认为任何科技的发展都势必会让人类社会走向毁灭。在马克思的时代，这种思潮体现为破坏机器的卢德主义；在数字技术、生物技术和人工智能技术高度发展的今天，这种思潮以新卢德主义的方式复活了。

（一）什么是唯科学主义和科技本位主义？人工智能时代的唯科学主义和科技本位主义有何主张？

唯科学主义是一种科学独断论。唯科学主义者把科学视为人类社会与自然世界的唯一主宰，认为一切都可以从科学的角度予以解决，只有科学知识才是人类的真知。唯科学主义将科学绝对化、神圣化，从根本上否认人类的情感、道德、艺术等人类活动的独立性，试图将一切归结为科学决定的结果，取消了人类的自由意志与人文理念的合法性。科技本位主义与唯科学主义一脉相承，指的是将科技发展本身作为核心追求与根本目标的思想。与人类所追求的自由平等、民主富强等价值目标相比，科技本是促进人类发展、改造人类世界、实现人类价值的手段与途径，科技本位主义却舍本逐末，将科技自身的发展作为唯一核心目标。

启蒙时代的法国唯物主义哲学家拉美特利就把人归结为机器，认为支配人的不是人类的精神与意志，而是物质性，仿佛只要弄懂了物质的构成、机器的运转规律，我们就能理解人类行为与整个人类社会。马克思在《关于费尔巴哈的提纲》的开篇即说："从前的一切唯物主义——包括费尔巴哈的唯物主义——的主要缺点是：对事物、现实、感性，只是从客体的或者直观的形式去理解，而不是把它们当作人的感性活动，

相关链接

拉美特利（Julien Offroy de La Mettrie，1709—1751），法国启蒙思想家、哲学家，是 18 世纪法国唯物主义最早的代表。他曾在荷兰莱顿大学学医，1742 年回国任军医，后因宣传唯物主义和无神论被迫逃亡荷兰、德国。拉美特利继承和发展了笛卡儿的物理学，抛弃了他的二元论。主张物质是唯一的实体，人和动物一样，也是机器；认识起源于感觉，感觉的对象是客观存在的物质世界，人的性格、社会风俗以及道德观念皆为物质因素所决定。宣称宗教是一副“神圣的毒药”，认为没有宗教，人类就要幸福得多。主要著作有《心灵的自然史》《人是机器》《伊壁鸠鲁的体系》等。

当作实践去理解，不是从主观方面去理解。”[①] 马克思对旧唯物主义的批判一语中的。旧唯物主义把人当作被动的东西，而马克思的新唯物主义则把事物、社会以及整个世界看作是人类历史实践的过程。旧唯物主义是僵死的形而上学的决定论的教条，新唯物主义则是动态的辩证的充满人类主体精神的理论。唯科学主义与科技本位主义也无非只是旧唯物主义的重新呈现；它将人置于僵死的科学规律之下，奉科学为神明，无视人在历史发展中的主观作用。

随着科学技术的不断发展，当前唯科学主义和科技本位主义在民众中有诸多表现，其中最典型的就是科技加速主义。科技加速主义是 20 世纪 80 年代由英国右翼理论家尼克·兰德（Nick Land）提出的一种唯科学主义的变种。科技加速主义十分欣赏科技发展为人类社会带来的飞速变化，希望用这种变化来彻底改造人类。他们试图在新技术发展下改造一

①《马克思恩格斯全集》第 3 卷，人民出版社 1960 年版，第 3 页。

批新人，从而取代那些愚昧、落后、懒惰的旧人。他们甚至利用古希腊神话中的魔神修格斯发明了一个新词——“修格斯剃刀”；意思是说，科技发展就像一把修格斯剃刀，会将那些不适应科技发展的人全部消灭，世界上只留下那些可以适应科技发展节奏的人。在这些极右翼的科技加速主义者看来，现存的人类并不重要，人类社会的希望在于改造人类，塑造出适应科学技术加速发展的人类。所以，也有批评家认为这种极右翼的科技加速主义是带有法西斯主义倾向的科技本位主义思潮。

准确来说，无论是唯科学主义、科技本位主义还是极右翼的科技加速主义，实际上都犯了同样的错误，即认为科技发展有一种不依赖于人的客观性力量，人在这种力量面前是不值一提的，科技发展的原理应该是人去适应科技发展而不是科技发展来适应人。在如今数字科技和人工智能科技发展的背景下，一种新的唯科学主义的主张产生了，即在人工智能的主导下，人类最终被淘汰了。例如，美国的人工智能学者雷伊·库兹韦尔（Ray Kurzweil）的《奇点临近：当计算机智能超越人类》（*The Singularity is Near : When Humans Transcend Biology*）一书，就提到人工智能技术会发展到一个奇点，在这个奇点（书中写的是2045年）到来之后，计算机将全面取代人类。这个观点错误地忽略了科学技术的发展并非一个完全自然而然的与人无关的纯客观的过程；科技本身也只是人类改造世界的工具，是人类文明的产物。在新的大数据技术和人工智能技术背景下的唯科学主义与科技本位主义将人类创造的人工智能反过来当作世界的统治者，从而使人成为人工智能的附庸。这一主张下，人类世界沦为人工智能算法的臣仆，人类成为追求力量与效能的世界机器中的零件。在现代性的技术世界中，我们应该坚守人文本位，坚持用正确的科技观与发展观来引导科学技术的发展。

（二）科技人文主义如何思考科技与人的关系?

科技的发展给人类社会带来了深刻的影响，科学技术在改善人民生活、增进人民福祉、提升人权保障等方面作出了卓越贡献。与此同时，科学技术也衍生出了隐私权保护、算法歧视、数字鸿沟等众多社会问题。科学技术本身并不分善恶好坏，但一项科研成果或一种科研手段，既可用于造福人类、造福世界，也可能沦为作恶工具，损害他人或集体利益，破坏人与自然和谐共生，甚至危害人类生命安全与种族存续发展。作为人类活动产物的科学技术，其最终目标应该是为人类社会的生存与发展服务，但因某些个体、集体甚至国家的认识偏差与利益偏离，科学技术的发展与运用被引向了歧途，甚至直接危害到整个人类社会本身。

在科幻电影《生化危机》中，在资本主义利益驱使下，保护伞公司致使T病毒泄露，最终使人类陷入生化危机

科技人文主义认为，科学技术本身只是人类使用的工具或手段，并没有价值导向。科学技术走向何方、被运用于何种目的、做何使用，关键在于人如何把握。当然，人类也可以用科学技术本身来应对由科学技术带来的诸多社会问题，但这种方式在一定意义上只是金庸武侠小说《射雕英雄传》中老顽童周伯通所修炼的“左右互搏术”，最终只能是一种无限地“相互督促”和自我矛盾式的所谓的进步与发展，本质上是黑格尔所说的一种“恶无限”。这就意味着，在“物的领域”根本无法解决科学技术发展带给人类社会的问题。主要立足于“人的领域”的人文主

义对科技健康发展的重要作用，由此便极为突出了。

在科技人文主义看来，科技不能离开人文主义孤立发展，否则容易走入歧途，不仅不能造福人类，甚至可能给人类社会带来灾难性后果。如果说科技侧重于人类“能不能”做什么，那么人文主义的作用则在于提醒人类“该不该”做什么，前者是从事实层面强调通过科技活动探索未知领域，后者是从价值层面强调按照一定的价值准则展开科技活动，二者在人类社会发展中都不可或缺。

在当代的数字技术和人工智能条件下，一些科技企业和科技工作者容易迷失方向，失去社会价值判断，盲目追求经济效益和疯狂迷恋物质财富。这样，就需要用科技人文主义来平衡这种不合理的现象。比如，一些网络商家滥用个人信息数据进行差异定价的“大数据杀熟”，这种做法虽然在技术上是轻而易举的事情，但是从人的角度来看，它极大地挑战了常规意义上的市场伦理和商业道德；一些网络平台滥用信息传播中的算法推荐，基于用户的某种行为数据，非法推送特定种类信息；“AI换脸”“深度伪造”等人工智能技术的发展与应用，对人们的人身财产安全构成威胁。更有甚者，利用科学技术，勾结境外敌对势力，企图煽动分裂国家、颠覆国家政权。实际上，今天的网络水军许多是由人工智能聊天机器人充当的，只要触发关键词就能通过这些网络机器人催生大量关注和热度，充当境外敌对势力在境内的代理人。

上述科学技术被滥用、错用、误用的情况，在现代社会中早已屡见不鲜。它们不仅突破了道德边界、伦理底线，甚至已经触碰到违法犯罪的“红线”。由上述可见，人文主义只有深入渗透于科技活动中，才能在科技活动监管真空、法治缺失的地方有效减少和防止技术滥用可能引发的道德安全、伦理风险等问题。因而，在加强科技创新的同时，必须高度重视人文主义的价值支撑，把价值权衡与道德伦理考量充分融入科技活动之中，明确科技创新活动的道德边界、伦理底线、法律红线，把准科技活动的价值坐标，不断激发向上向善的道德力量，推动科技活动不断释放强大能量，为增进人类福祉带来福音。

（三）如何理解新卢德主义对科技发展的拒绝？

在过于崇拜科技发展的唯科学主义和科技本位主义，以及关注科技发展和人类社会之间和谐关系的科技人文主义之外，还有一种坚持站在人的立场反对科技发展的新卢德主义。

相关链接

卢德主义（Luddism）源于卢德运动。该运动是 19 世纪英国工人以破坏机器为手段反对工厂主压迫和剥削的自发的工人运动。1811 年 11 月，在英国曼彻斯特、约克郡、兰开夏郡、德比郡等地方的工厂里，爆发了工人自发地反抗资本家的剥削和压迫的运动。他们反抗的手段并不是武装起义和政治斗争，而是破坏机器。其中卢德运动的主角并不是一个真实的人物，而是参与卢德运动的工人中虚构出来的一个捣毁机器的英雄，即莱斯特郡一名叫“卢德”的工人，传说他因为反抗资本家砸毁了工厂的纺织机。卢德的传说被广为传播，成为许多工人争相效仿的对象。1812 年，英国政府针对日益蔓延开来的卢德运动，颁布了《1812 年恶意破坏法》和《摧毁机器被限制破坏法》，从而镇压了现实中的卢德运动。新卢德主义（Neo-Luddism）出现在 20 世纪末期，它继承并发展了卢德主义的观点，将以前对机器的反对极端化为对整个现代工业文明和科学技术的攻击。

马克思在著作中对卢德运动中工人反抗资本家的意识的觉醒给予了正面评价，但是，在马克思看来，这种觉醒仍然是自发性的，他们斗争的目标并不是指向资本主义社会本身，而是指向了工业革命中科技发展的标志——机器。这使得卢德运动在很大程度上被后来的历史学家描绘为一种抵抗新事物和新技术的盲目的运动，而不是看成工业革命时期工人与资本家之间矛盾的具体体现。

如今，卢德运动作为无产阶级运动的含义并没有被直接保留下来，新卢德主义的诞生实际上延续的是卢德运动的另一个含义，即蒙昧的工人（大多数被资产阶级历史学家描述为没有太多文化）对日新月异的新事物和新技术的反抗。所以，新卢德主义的基本含义是，一群没有良好的科技文化素养的群众（大多是贬义）面对数字技术、智能技术、生物医学技术发展所进行的盲目的反抗。例如，美国有人宣称“5G 基站会传播新冠病毒”，一些乡村地区的人信以为真，他们选择了反智的行为，纵火烧掉了亚利桑那州的部分 5G 基站。这种现象也发生在欧洲。2021 年，法国的两位传教士也试图烧毁巴黎地区的一个 5G 基站，因为他们认为 5G 基站是某个邪教团体的阴谋。此外，在新冠疫情开始之初，美国一些别有用心的人宣传口罩里面藏有收集个人数据的芯片，以至于很多美国人一直坚持不戴口罩。这些现象实际上就是新卢德主义的体现。他们虽然没有直接宣称反科技进步，但是他们的行为已经构成了新的“破坏机器”运动。与科技人文主义不同的是，他们的这些行为并不是为了人类本身的价值和地位，而是被一种虚构的意识形态幻象蒙骗了，让这些幻象支配了自己的行为，目的是让他们残破的生活恢复到之前的美好状态。

值得注意的是，这些反对新技术、破坏数字装置和设备的人，并没有宣称自己是新卢德主义者，“新卢德主义者”恰恰是那些掌握了话语权、在西方意识形态中占据着优势地位的人给他们贴上的标签。所以，从一开始，“新卢德主义”就带有贬义。换言之，在当代西方知识圈子里，新卢德主义并不是一种有影响的思想潮流。相反，西欧和北美的一些下层家庭和人群更愿意从文化保守主义、阴谋论、民粹主义等角度来看科技的发展；也就是说，新卢德主义恰恰是与西方近几年流行的右翼保守的民粹主义思潮密切相关。

（四）对社会层面的科技思潮的反思：在未来科技发展中如何体现人的价值和地位？

虽然科学技术的发展为人类社会带来了诸多便利、增进了社会福祉，但在推动科学技术发展与变革的同时，更要关注人的价值和地位问题。只有这样，才能把握科学技术的正确发展方向和促进人类社会的全面进步。在未来科技发展中，人的价值和地位主要体现在以下三个方面。

首先，人是未来科学技术的创造者。科学技术是人类活动的产物，一切科技创新成果都是由人创造出来的。正是人类的实践智慧催生出一系列科学技术，并把这些科学技术广泛地应用于社会生活的方方面面，促进了社会各个领域的深刻变革，推动着整个人类社会的不断进步与发展。如果没有人的劳动与智慧，科学技术便不会产生，更不会有今天已经深度介入人们日常生活的种种科技之物。无论是过去、现在还是未来，人在科技发展中的主体创造性作用都将一如既往地存在。虽然如今科技高速发展、人工智能技术日渐升级，甚至某些科学技术已经开始替代人类工作，如智能写作机器人，但从根本上说它们都是由人创造出来的，缺乏人的能动性。当然，不能完全排除在未来社会中科学技术更加智能、更加强大，甚至可能自我制造的可能性。但无论未来科技发展到何种程度，人始终是科学技术的创造者，而且也应该是科学技术的创造者。人类只有始终是科学技术的创造者，才能始终成为自身发展命运的掌握者。

其次，人是科学技术发展方向的引导者。科学技术作为一种客观事物，本身并没有善恶好坏之分。只有通过人的使用才能实现科学技术自身独有的社会价值，而且也只有有思想意识活动的人才能引导其未来的发展方向，人的思想活动、目的动机等主观因素在很大程度上决定着客观的科学技术的社会效应。譬如，现代流行的AI换脸技术，作为一种科学技术应用于生活中，可以帮助人们修复图片和影像，甚至还原老照片，对人们来说的确是一桩好事；但这项技术也被一些别有居心的人非法利用来合成伪造面容、虚假照片、不雅视频，以此作为攫取私利和敲诈勒索的一个手段，对人民群众的人身财产安全构成了极大威胁。科学技术要真正实现造福人类、造福世界的积极价值，充分发挥好人类对科学技术的正确引导作用是关键。人的思想道德、伦理观念、法律意识等是决定科学技术价值发挥方向和张力的重要“戒尺”，一旦科学技术逾越了这些“戒尺”边界，就容易对人类社会产生有害甚至灾难性的影响。从这个层面讲，在未来科技发展过程中，人对科学技术的引导作用不仅不应该被弱化，反而应该进一步强化。要牢固树立人是科技发展的引导者意识，用正确的思想观念、良好的道德品质引导科学技术，使其发挥对人类有益的作用。

最后，人是未来科学技术发展成果的享用者。“人民的需要和呼唤，是科技进步和创新的时代声音。”[①]服务人民是科技发展的本质要求和价值所在。在未来科技发展中，应该始终把增进人类社会福祉、满足人们美好生活需要、促进人的价值实现放在首位，想人民之所想、急人民之所急。我国始终坚持科技为人民、人民至上的科技发展观念，不仅面向国家重大战略需求，而且始终面向人民生命健康和幸福生活。大幅增加公共科技供给，发展信息网络技术，让人民享有更宜居的生活环境、更优质的医疗卫生服务、更放心的食品药品、更普惠的公共服务体系、更

① 习近平：《为建设世界科技强国而奋斗》，《人民日报》2016年6月1日。

均等的文化教育资源，以此来消除不同收入、不同地区人群之间的差异，努力实现社会的普遍发展。科技发展深入人民生活的方方面面，使人民的“衣食住行”都变得更加便利。无论什么时候，无论科技发展到何种程度，科技都不能凌驾于人之上，一切科技成果都应该指向于人、服务于人。人民对美好生活的期待，是未来科技发展的根本所在，科学技术应该始终坚持服务于人的原则。

总之，在未来科技发展中，人的价值和地位主要体现在人既是科学技术的创造者和发展方向的引导者，也是科技发展成果的享受者。

三、如何看待当代科技霸权主义的兴起？我们应当如何应对？

在国家层面，当代科技思潮的影响主要体现为西方某些国家的科技霸权主义。科学与技术，本应该成为全人类的共同财富，为创造一个以合作共赢为价值旨归的人类命运共同体服务。但是，每当世界发展进入国际格局调整时期，科技便会变成某些霸权国家手中的武器，任其挥舞，被用来阻止新兴国家的发展与进步。20 世纪出现的“巴黎统筹委员会”（1949）和《瓦森纳协定》（1996），成为西方发达国家用来封锁和限制发展中国家科技发展的武器。尤其是《瓦森纳协定》迄今仍然限制着主要发展中国家在数字技术、通信技术、计算机技术、航天工业等领域的发展。面对各个国家在科技发展上所采用的不同策略，面对当代世界格局变化中出现的霸权与反霸权、封锁与反封锁的斗争，我国坚持走独立自主、合作共赢的科技发展道路。

（一）科学技术何以成为大国竞争的武器？

由于根本制度不同，大国竞争首先表现为社会主义与资本主义两大社会阵营中的大国之博弈。譬如，冷战时期的美苏为了赢得战争主动权

名词解释

“巴黎统筹委员会”：为了对社会主义国家实行严格的禁运和贸易限制，1949 年美国秘密倡议成立“出口管制统筹委员会”（Coordinating Committee for Multilateral Export Controls）。因其总部设在巴黎，遂又被称为“巴黎统筹委员会”。1952 年，“巴黎统筹委员会”在亚洲的分支机构“中国委员会”成立，美国、日本等五国为其成员国。20 世纪 90 年代，苏联解体、东欧剧变，世界格局发生重大变化，“巴黎统筹委员会”的禁运措施与世界经济科技领域的激烈竞争形势日益不相适应。1994 年，“巴黎统筹委员会”及“中国委员会”解散。

《瓦森纳协定》：全称为《关于常规武器与两用物品和技术出口控制的瓦森纳协定》，是西方国家 1996 年在荷兰海牙附近小城瓦森纳就加强常规武器与军民两用物品和技术出口管控而达成的有关安排。目前，该协定共有 42 个参与方，包括美国、英国、法国、日本等，也包括俄罗斯、保加利亚、罗马尼亚等独联体和原华约组织国家，中国未加入该协定。虽然该协定声称不针对任何国家和组织，但其明显具有针对发展中国家的集团性质。

开始争夺太空领域并展开太空竞赛，而太空竞赛的核心就是航空航天科学技术的较量与比拼。

苏联解体之后，随着经济全球化与政治多极化的发展，西方资本主义国家阵营开始把社会主义大国中国当作主要的竞争对手加以敌视，对中国进行技术管控、人才封锁，并极力遏制、打压和制裁中国高科技企业的发展。特别是近年来，美国对中国高科技企业中兴发布长期禁令，并对华为疯狂打压，企图扼杀中国高科技发展的意图昭然若揭。而美国对中国挥舞的贸易战大棒，在很大程度上也主要是针对中国的高科技产

美苏在太空领域的争霸

业。其实，无论是哪一个历史阶段，大国都始终把科学技术当作是遏制竞争对手发展以在竞争中占据有利地位的重要武器。具体来看，科学技术之所以成为大国之间竞争的有力武器，可以从经济、政治与文化三个方面来加以分析。

首先，科学技术是提升一国经济实力的有力杠杆。科学技术是“历史的有力杠杆”，在人类社会历史发展中具有杠杆作用。譬如，第一次工业革命时期出现的蒸汽机等重大科技发明，直接开启了人类社会的现代化进程。因此，科学技术无论是对整个人类社会的发展，还是对一国经济实力的提升，都具有重要作用。一些国家只要抓住科技革命的难得机遇，就可以实现经济实力、国防实力的迅速增强与综合国力的快速提升。甚至可以说，哪个国家占据了科技的制高点，哪个国家就掌握了发展的主动权，就能在激烈的国际竞争中站稳脚跟，在国际舞台中占有一席之地。尤其是在今天这个数字化时代，科学技术之争在国家综合国力竞争中的地位更加突出。

其次，科学技术是保障国家主权完整的重磅武器。世界正经历百年未有之大变局，国际形势风云变幻，大国博弈愈演愈烈。看似和平稳定的国际格局背后，是大国力量的相互牵制，其中科技力量是影响大国博弈局面的重要因素。对世界上绝大多数国家而言，只有自身综合实力强大，才能在政治、经济、军事、国防等各方面筑牢安全屏障，对世界上一些别有居心、企图冒犯的国家形成一定的威慑力；才能有能力、有底气捍卫国家主权和领土完整。对极少数热衷于推行霸权主义、强权政治的西方国家而言，在科学技术或军事武器装备上的优势为其带来推行霸权主义的资本。因而，从加强自身实力、捍卫国家利益角度来看，科学技术是各国之间尤其是大国之间竞争的有力武器。

2011 年 1 月 11 日，歼-20 首飞成功；2021 年 9 月 28 日，歼-20 换装国产发动机

中华人民共和国成立初期，面对意图颠覆社会主义新生政权的西方敌对势力和国民党顽固分子，我国科技工作者自力更生、艰苦奋斗。原子弹、氢弹的成功爆炸，极大震慑了敌对势力，抵御住了帝国主义的武力威胁，打破了大国的核垄断、核讹诈，有力地维护了新生政权。在新的历史条件下，“能源安全、粮食安全、网络安全、生态安全、生物安全、国防安全等风险压力不断增加，需要依靠更多更好的科技创新保障国家安全”①。

最后，科学技术是传承文化命脉与维护意识形态安全的重要媒介。文化认同与意识形态安全，事关一个国家、一个民族的长治久安。科学

① 习近平：《为建设世界科技强国而奋斗》，《人民日报》2016 年 6 月 1 日。

技术以及由科学技术建构的数字空间，成了当今传承文化命脉与维护意识形态安全的重要媒介。掌握核心技术，牢牢把握“制网权”，对于保障国家安全、增强社会凝聚力、传承民族文化具有非常重要的意义。西方发达资本主义国家利用科学技术长期攻击与监控我国互联网，实施意识形态渗透。2022 年 3 月 22 日，360 政企安全集团首次对外界完全披露美国国家安全局（NSA）针对中国境内目标所使用的代表性网络武器——Quantum（量子）攻击平台的技术特点，同时证明美国的网络攻击属于无差别攻击，可以劫持全世界任意地区任意上网用户。

相关链接

美军网络空间司令部是 2009 年由网络战高层指挥机构、全球网络作战联合特遣部队和网络战联合职能组成司令部合并组建的，在行政上隶属战略司令部，但业务与指挥相对独立。主要职能是计划、协调、整合各军种的网络行动；在接到指令时实施全频谱网络空间军事行动；保护国防部全球信息栅格安全。

网络空间司令部的成立，首次将网络防御、网络资源利用和网络攻击集成至一个部门，是美军建立完善网络作战体系的重要步骤。美国将网络空间安全纳入国家安全战略范畴，先后颁布《网络空间政策评估》《网络空间国际战略》《网络空间行动战略》等一系列政策性文件，加快构建网络空间安全的战略体系，大力加强网络作战力量建设，以实现对网络空间控制的霸权地位。

习近平总书记反复强调：“只有把关键核心技术掌握在自己手中，才能从根本上保障国家经济安全、国防安全和其他安全。”[①] 只有掌握核

①《习近平谈治国理政》第三卷，外文出版社 2020 年版，第 248 页。

心技术，成为世界科技强国，才能在国际社会中站稳脚跟，有力地捍卫我国主权和领土完整。一旦我国的科学技术居于世界尾端，就很容易被西方资本主义发达国家牵制，我国的国际威望、国际地位将受到极大冲击，进而威胁我国的国家安全。

（二）当代科技霸权主义和科技民族主义主要体现在哪些方面？

长期以来，西方国家推行霸权主义的计划从未停止。他们深知唯有掌握更多的科学技术，尤其是其他大国暂时还没有掌握的核心和高端技术，才能施展卡住其他国家“脖子”的关键绝招。这种“锁喉术”为西方国家的霸权主义行径提供了有力支撑。如果没有科学技术作为强大支撑，这些热衷于推行霸权主义的西方国家必然会失去牵制和制裁其他国家的资本和力量。因而，它们想方设法在科技领域创新突破，试图掌握更多更高水平的科学技术，其目的就是要在世界科技竞争舞台上占据制高点，使科学技术成为他们实现全球扩张的锐利武器。正是因为霸权主义与科学技术在西方国家深度勾结，才形成了西方国家的科技霸权主义，使科学技术畸变成了西方国家推行霸权主义的工具。

特别是近年来，以美国为代表的少数西方国家，公然举起科技霸权主义的大旗，以各种手段阻碍和拒绝科技竞争，不断打压国际合作空间，限制其他国家科技发展。以我国为例，近年来，美国政府滥用国家力量对以华为为代表的中国高科技企业恣意挑事，在没有任何事实根据的情况下，以“窃取机密”“威胁国家安全”等莫须有的罪名为借口，禁止华为参与美国的电信设备，尤其是5G设备网络建设；随后，又以一纸行政禁令将华为及其附属公司列入出口管制“实体名单”，操控多家美国公司“断供”华为，甚至勾结加拿大政府非法拘押华为CFO孟晚舟女士。美国动用国家力量刻意打压，甚至发动相关国家和企业试图“团灭”其他国家的高新科技企业的无耻行径，赤裸裸地暴露出了以美国为首的少部分西方国家科技霸权主义的丑陋面目。

相关链接

近年来，美国不断在科技领域对中国企业进行打压。自特朗普政府时期开始，美国明显加大对中国高新技术产业和企业的打压力度，拜登政府也利用“实体清单”“芯片禁令”等手段不断对中国企业进行单方面制裁。2021年12月16日，美国财政部将8家中国企业列入“中国军工企业”投资黑名单，美国商务部将中国军事科学院、军事医学研究院及其旗下11家研究所等25个实体列入限制出口的名单。12月中旬，美国政府连续推出4波涉及中国企业的制裁，涵盖数十家中企或研究机构。

2019年5月，美国商务部将中国华为公司及其70家关联企业列入出口管制“实体名单”，禁止华为从美国企业购买技术或配件

美国作为世界顶级强国，动不动就给其他国家的高科技企业扣上莫须有的罪名，表面上打着维护国家安全、伸张世界正义的旗帜，实际上不过是借题发挥，以所谓的维护“国家安全”和“世界安全”为由打压其他国家科技企业，遏制其科技发展势头，为美国以及美国企业独占全球高新科技领域、维持其在国际科技产业中的垄断地位排除异己，以便更好地控制和操纵全球科技发展格局。这种心态、这种行径，将美国“只许自己发展，不许他人进步”的霸权本质暴露无遗。

科技霸权主义本质上是利用科学技术优势推行的一种霸权主义，不仅是一种倚强凌弱的行为，而且还阻碍着人类科学技术的发展，显然这不是发展的根本之计、长久之计。用不正当手段“消灭”对手，并不能保证自身永远立于不败之地；不能理性看待国际竞争，无视国际贸易规则，动辄使出浑身解数打压他国科技企业，绝非占据世界科技主动权的王牌手段。只有合作才能共赢，拒绝竞争、孤立发展只会冲击全球供应链，各国经济发展都会因此受到影响。作为世界上最大的发展中国家，我国长期受到科技霸权主义的“围堵”，但这种无理的霸道行径不仅从未让我国停止科技创新的步伐，反而助推了我国科技的发展。中国人民坚持自主创新、合作共赢，用行动和实力证明了，那些想靠强权独霸遏制中国科技创新进步的国家注定是枉费心机，只能是搬起石头砸自己的脚。

此外，除了美国等少数国家主张用科技来“卡脖子”，遏制其他国家的科技发展，其他国家也不同程度地爆发了科技民族主义的潮流。需要明白的是，科技民族主义并不是一个单独的思潮，而是在超级大国推行科技霸权主义的背景下，一些相对力量比较薄弱的国家选择的科技策略。在 21 世纪的最初几年里，科技民族主义思潮其实并不明显。但随着美国政府加紧对中国等发展中国家挥舞科技制裁的大棒，用“长臂管辖”原则来制约其他国家的科技发展，一些国家自然联想到用科技民族主义来保护本国的产业。

（三）如何应对科技霸权主义兴起带来的问题?

当前，世界百年未有之大变局加速演进，国际关系与发展环境都在不断变化，特别是中美两个大国的关系走向直接影响着世界发展的整体格局。正是在这样的局势下，全球科技霸权主义泛起，以美国为首的部分西方国家公然逆全球化而动，坚持保守的本地主义策略，拒绝多边技术合作。面对这一情况，应该积极应对科技霸权主义的兴起，以确保我国技术发展与安全。

延伸阅读

日韩半导体之战

日本尽管不是半导体制造大国，但也占据着半导体制造业上游产业的大半江山，尤其是光刻胶等在半导体产业中不可或缺也不可替代的产品。大国之间的科技战，让当时的安倍晋三政府看到，占据优势的科技产业实际上可以成为世界市场竞争，甚至大国政治博弈中一个重要筹码。于是，日本开始仿效美国，利用自己的优势产业来谋取更大的经济和政治利益。2019 年 7 月，日本宣布限制对韩国出口高纯度氟化氢、含氟聚酰亚胺、光致抗蚀剂三种关键半导体材料，同年 8 月将韩国踢出适用简化出口程序国家“白名单”。对此，韩国政府于同年 9 月向世界贸易组织（WTO）起诉日本出口限制，同时将日本移出韩国“白名单”，展开反制。日韩贸易战就此拉开序幕。

2023 年 3 月 16 日，尹锡悦飞抵东京羽田机场，正式开启对日本为期两天的工作访问。这是韩国总统十二年来首次专程访日。随后，日本决定解除限制向韩出口高纯度氟化氢、含氟聚酰亚胺、光致抗蚀剂三种关键半导体材料的措施。韩国据此撤回之前向 WTO 提起的诉讼，历时三年之久的日韩贸易战缓慢靠近“终点”。

首先，坚持自主创新的理念不动摇。近代历史上的中华民族是一个多灾多难的民族。由于科技与文化上的差距，我们受西方列强的压迫长达一个多世纪。也正因为这一深刻的民族创伤记忆，中华人民共和国自成立以来，就坚持独立自主的外交政策。而与之相伴随的，是国家在积极引进西方先进技术的同时，努力提升自主创新能力。特别是进入新时代后，我国在科技自主创新方面屡创佳绩，在基础科学研究方面持续有重大成果涌现，化学、材料、物理等学科的整体水平不断上升，量子计算机原型、二氧化碳人工合成淀粉等原创成果纷纷亮相；工程科技方面进步飞快，从 5G 与北斗导航到中国高铁与数据港，众多原创性工程技术成果不断激励国人的科技自信。尽管国际科技发展环境风云变幻，但坚持科技自主创新的理念永远是我们应对一切复杂局势的核心立场。

其次，保持对外开放的态度，加强与世界各国的技术合作与共同研发。中国的大门永远不会封闭，我国愿意同世界上一切友好国家和平共处、互通有无。在这个万物互联的世界中，没有任何国家与民族能够孑然茕立于世，加强共同合作是所有国家发展的必由之路。科学技术作为实现人类幸福的手段，其本身具有一定的价值中立性。科技不应该成为意识形态斗争和国际地缘政治摩擦的“人质”，各国之间应该从整个人类发展的角度出发加强科技合作，努力促使世界的新发展。尽管以美国为首的部分西方国家妄图对我国进行技术封锁，但我国仍然保持着积极开放的态度，并取得了一系列成果。进入新时代，中国坚持扩大开放，形成了全方位、多层次、广领域的国际科技合作新格局。截至 2022 年底，我国与 160 多个国家和地区的科技合作关系持续发展，签订了 114 个政府间科技合作协定，推动“一带一路”创新之路的形成。在应对气候变化、粮食安全、人类生命健康等领域，中国也加强与世界各国的分享与交流，在积极吸收世界各国先进成果的同时，为世界作出中国的科技贡献。

最后，以胸怀天下的大国气度，以文化交流带动科技交流，通过“一带一路”倡议，推进构建人类命运共同体。中国自古以来就是礼仪之邦，积极推进与世界的文化交流也是我国一以贯之的重要对外开放内容。科技发展是为了让人类世界变得更美好，而文化交流则是世界人民互相沟通理解的重要桥梁。坚持多边主义、坚持多元文化，文化交流与科技合作相伴相生，二者是我国“一带一路”建设不可分割的部分。促进各国相互理解，努力达成发展共识，中国有能力也有信心推动构建人类命运共同体。近年来，我国不断推进南南合作，尤其在中非合作方面成绩喜人。例如，我国利用自己强大的基础设施建设能力，帮助老挝、印度尼西亚等东南亚国家建设基础设施，为这些国家带来了巨大便利和利益。中老昆明—万象铁路的通车，改变了老挝这个内陆国家长期以来交通闭塞，无法与外界进行畅通的货物贸易和交往的问题。老挝开始融入东盟主导的 RCEP 框架体系之中，为其经济发展提供了巨大的动力。2022 年 7 月 1 日，老中铁路公司与老挝万象物流园共同举行了万象铁路换装场标准轨与米轨铁路联通仪式，实现了中老铁路与老泰铁路的硬联通，将泰国整合到整个货物贸易的发展圈里。这对中国、老挝、泰国的共同发展是十分有益的。此外，对肯尼亚、埃塞俄比亚等非洲国家的援建和技术援助加强了我国与非洲国家的对话，逐步深化了文化交流与政治互信，成为推动构建人类命运共同体实践的典范。

雅万高铁目前是印尼乃至东南亚地区的首条高速铁路。该线路连接印尼首都雅加达和旅游名城万隆，全长 142 公里，最高设计时速 350 公里，全线采用中国技术和中国标准，是我国首次出口国外的高速动车组。雅万高铁不仅是共建“一带一路”倡议和中印尼两国务实合作的标志性项目，也是中国同周边国家深化合作的生动写照

四、如何应对科技思潮，实现高水平科技自立自强？

（一）树立正确的科技观

人民日报
RENMIN RIBAO

树雄心，立壮志，向科学技术现代化进军。
华主席为全国科学大会的题词

在全国科学大会开幕式上的讲话
（一九七八年三月十八日）
邓小平

《人民日报》关于1978年全国科学大会的报道

“科学技术是第一生产力”是邓小平关于科学技术与社会生产力关系的重要论断，集中表达了科学技术在社会生产力和社会经济发展中的主导作用。1978年3月，邓小平在全国科学大会开幕式上引用马克思的“生产力中也包括科学”的著名论断，并进而指出“科学技术是生产力”。1988年9月，邓小平在会见捷克斯洛伐克总统胡萨克时提出“科学技术是第一生产力”，随后在多次讲话中反复强调了这一论断的重要性。邓小平关于科学技术在社会生产力发展中居首要地位的重要论断，对于我国大力发展科学技术、促进科学技术进步、提高全民族的科学文化水平，进而推动我国改革开放和经济社会发展都起了十分重要的作用。

党中央对科学技术力量的重视，以及对科学技术在生产力发展中的地位的强调，是一贯的、始终的。1956年1月，以毛泽东同志为核心的党中央发出“向科学进军”的号召。1988年，邓小平作出“科学技术是第一生产力”的重要论断。之后，1995年，以江泽民同志为核心的党中央号召大力实施科教兴国战略。2006年，以胡锦涛同志为核心的党中央部署实施《国家中长期科学和技术发展规划纲要（2006—2020年）》，动员全党全社会为建设创新型国家而努力奋斗。

党的十八大以来，以习近平同志为核心的党中央一如既往地强调科技的重要作用，同时立足于新时代、新形势、新任务，提出了新理念、新思想、新战略，重视科技创新工作，坚持把创新作为引领发展的第一动力，提出加快实现高水平科技自立自强，从党和国家发展全局的高度对科技创新进行顶层设计，坚持“四个面向”的战略方向，谋划部署和推动一系列重大改革举措。

纵观党的历代领导集体对科学技术的重要论述，从“向科学进军”到“科学技术是第一生产力”，再由“科教兴国”“建设创新型国家”到“重视科技创新工作”“实现高水平科技自立自强”，无不体现着对我国科技事业发展的关心和对科学技术力量的重视。

相关链接

2016 年 5 月 30 日，全国科技创新大会、两院院士大会、中国科协第九次全国代表大会在京隆重召开，习近平总书记发表重要讲话，发出向世界科技强国进军的号召。“科技三会”在全社会引起强烈反响，树立了我国科技发展史上一座新的里程碑。

2016 年 11 月 25 日，国务院批复，同意自 2017 年起，将每年 5 月 30 日设立为“全国科技工作者日”，明确由中国科协和科技部商有关部门组织实施具体工作。“全国科技工作者日”的设立，旨在鼓励广大科技工作者牢记使命责任，切实发挥好支撑发展的第一资源作用，紧紧围绕党和国家的中心任务，瞄准建设世界科技强国的宏伟目标，创新报国，引领发展。

学习在线

希望广大科学家和科技工作者肩负起历史责任，坚持面向世界科技前沿、面向经济主战场、面向国家重大需求、面向人民生命健康，不断向科学技术广度和深度进军。

——2020 年 9 月 11 日，习近平总书记在科学家座谈会上的讲话

当前，新一轮科技革命和产业变革突飞猛进，以信息技术、人工智能为代表的新兴科技快速发展，科学技术在国家经济、社会发展中的重要作用更加凸显，科学技术是综合国力竞争的焦点已成为共识。谁能在科学技术创新方面占据优势，谁就能在综合国力竞争中占据更有利的位置。当年，邓小平作出的“科学技术是第一生产力”的重要论断不仅没有过时，反而越发散发出真理的光芒。今天，不仅要继续坚持“科学技术是第一生产力”的重要论断，充分发挥科学技术对社会经济发展的巨大推动作用，而且要更加注重我国科技创新工作，努力突破更多关键核心技术，创造更多科技成果，不断把科学技术、科技成果广泛渗透和运用于我国社会各领域、各行业，实现科学技术与社会方方面面高度融合，促进各行各业内涵式发展。同时，紧跟世界科技发展前沿，加强国际科技交流与合作，善于学习和借鉴世界先进技术，不断发展自身，努力提升自己的科技竞争力，为经济高质量发展提供强大动力。

（二）坚持把创新作为引领发展的第一动力

回顾历史，中华人民共和国成立初期，工业基础薄弱、生产水平落后，连一辆汽车、一架飞机、一辆坦克、一辆拖拉机都不能制造。但在中国共产党的坚强领导下，中国人民艰苦奋斗、自力更生，不仅造出了

第一批真正属于自己的汽车——“解放牌”汽车，结束了中国不能自己制造汽车的历史，而且造出了自己的飞机、大炮，取得了包括“两弹一星”在内的重大科学技术成果。改革开放后，我国科技整体能力进一步得到提升，甚至在一些重要领域、方向已经跻身世界先进行列，取得了举世瞩目的伟大成就，综合国力得到了跨越式提升，在主要科技领域和方向上实现了“占有一席之地”的战略目标。

同时，也应该清醒地认识到，我国科技整体水平与西方发达资本主义国家还存在着一定的差距。习近平总书记强调：“发展不平衡不充分问题仍然突出，推进高质量发展还有许多卡点瓶颈，科技创新能力还不强。”[①] 毫无疑问，这是在历史发展过程中形成的差距，尽管我国已付出了长期的努力，但这些差距不可能在一朝一夕中完全消除。现在，这些差距主要存在于高端制造、高新技术等顶尖科学领域和方向上；而对它们的突破，则需要科学创新，需要提出更多原创理论、作出更多原创成果。只有这样才能实现跨越式发展，跟上甚至引领世界科技发展新方向，掌握新一轮全球科技竞争的战略主动。

进入新时代，以习近平同志为核心的党中央高度重视科技创新工作，坚持把创新作为引领发展的第一动力，把科技创新摆在国家发展全局的核心位置，围绕创新驱动发展战略提出了许多新思想、新要求、新论断。习近平总书记指出：“纵观人类发展历史，创新始终是一个国家、一个民族发展的重要力量，也始终是推动人类社会进步的重要力量。不创新不行，创新慢了也不行。如果我们不识变、不应变、不求变，就可能陷入战略被动，错失发展机遇，甚至错过整整一个时代。实施创新驱动发展战略，是应对发展环境变化、把握发展自主权、提高核心竞争力的必

① 习近平：《高举中国特色社会主义伟大旗帜　为全面建设社会主义现代化国家而团结奋斗——在中国共产党第二十次全国代表大会上的报告》，人民出版社2022年版，第14页。

然选择，是加快转变经济发展方式、破解经济发展深层次矛盾和问题的必然选择，是更好引领我国经济发展新常态、保持我国经济持续健康发展的必然选择。”[①] 只有始终面向世界科技前沿，加快社会生活各个领域的科技创新，才能掌握全球科技竞争先机，才能使我国成为世界科技强国，在国际社会中赢得主动权。

（三）实现高水平科技自立自强

习近平总书记指出：“加快实现高水平科技自立自强。以国家战略需求为导向，集聚力量进行原创性引领性科技攻关，坚决打赢关键核心技术攻坚战。加快实施一批具有战略性全局性前瞻性的国家重大科技项目，增强自主创新能力。加强基础研究，突出原创，鼓励自由探索。提升科技投入效能，深化财政科技经费分配使用机制改革，激发创新活力。”[②] 这一重要论述深刻阐明了，我国当前突破科技封锁，在艰苦的环境下打好核心技术攻坚战的关键就在于实现高水平科技自立自强。科技优势是市场换不来、有钱买不到的，它必须靠自己研发和创新才能获得。“科技立则民族立，科技强则国家强。”唯有科技自立自强，才能使自身得到发展，解决“卡脖子”问题；唯有高水平科技自立自强，才能使自身得到高质量发展，彻底摆脱“卡脖子”问题。

学习在线

实现高水平科技自立自强，是中国式现代化建设的关键。

——2023 年 4 月 10 日至 13 日，习近平总书记在广东考察时的讲话

---

① 习近平：《为建设世界科技强国而奋斗》，《人民日报》2016 年 6 月 1 日。

② 习近平：《高举中国特色社会主义伟大旗帜　为全面建设社会主义现代化国家而团结奋斗——在中国共产党第二十次全国代表大会上的报告》，人民出版社2022年版，第35页。

首先，必须加强基础研究和原始创新能力建设。加强基础研究和原始创新能力建设是实现高水平科技自立自强的必然要求，基础研究是科技自立自强的基础和根基。正所谓“基础不牢，地动山摇”。只有在基础研究领域争得一席之地，才能稳住基本盘、练好基本功，才能产生出更多高新尖端科技。基础研究要注重应用，从经济社会发展和国家安全面临的关键问题出发，以实际应用为牵引动力，弄通“卡脖子”技术的基础理论和技术原理，以此来突破发展瓶颈。与此同时，要加大基础研究财政投入力度，对企业基础研究投入实行税收优惠，鼓励社会以捐赠和建立基金等方式多渠道投入，形成持续稳定的投入机制。基础研究还要突出原始创新。原始创新是从无到有的创新，只有从根上掌握关键核心技术，才有可能突破别人卡我们脖子的局面。目前我国关键核心技术受制于人的局面尚未根本改变。比如，我国在芯片、发动机、材料、工业软件等领域存在短板，一些关键零部件、关键装备依赖国外，一旦别人用这些技术制裁我们，我们将毫无还手之力。这就决定了我国必须把原始创新摆在国家发展全局的突出位置。

其次，必须注重创新体系建设，形成整体联动效能。国家间科技竞争的输赢，很大程度上取决于国家的综合战略科技力量。而国家实验室、高校、科研院所、企业等都是国家综合战略科技力量的重要组成部分，是培养高水平科技人才、研发高科技创新成果的主要阵地，要自觉承担起高水平科技自立自强的使命职责。国家实验室要紧跟世界科技发展大势，立足我国科技发展的实际情况，按照党中央对我国科技发展作出的各种重大战略决策，不断研发和创造原创性、关键性重大科技成果。高校、科研院所等科研机构要把人才培养与科技创新有机结合起来，不断深化科研人才选拔、引进、评价等体制机制改革，全面提高科技人才的综合素质。企业是科技和经济紧密结合的重要力量，应该成为技术创新决策、研发投入、科研组织、成果转化的主体。习近平总书记强调：“加强企业主导的产学研深度融合，强化目标导向，提高科技成果转化和产业化水平。强化企业科技创新主体地位，发挥科技型骨干企业引领支撑作用，营造有利于科技型中小微企业成长的良好环境，推动创新链产业链资金链人才链深度融合。”① 在科技创新与国家命运紧密相连的时代背景下，要通过发挥市场在资源配置中的决定性作用，使各种创新要素充分活跃起来，整合各种创新资源，积极促进科技成果产业化转化。近年来，我国企业纷纷加大科技研发投入，发力破解我国产业关键技术难题，取得了一系列前沿科技研究成果。比如，在芯片和系统方面，华为研发团队已成功拿下石墨烯晶体管专利并开发出了鸿蒙操作系统，为破解“缺芯少魂”之患作出重大贡献。

再次，必须深入推进科技体制机制改革。科技体制机制层面的改革和完善，能够消除制约科技创新的体制性、机制性障碍，大力释放发展活力；能够为科技创新提供制度保障，全速发动科技创新引擎。要以推动科技创新为核心，引领科技体制及其相关体制深刻变革。加快建立科技咨询支撑行政决策的科技决策机制，加强科技决策咨询系统，建设高水平科技智库。加快推进重大科技决策制度化，解决好实际存在的部门领导拍脑袋、科技专家看眼色行事等问题。完善符合科技创新规律的资源配置方式，解决简单套用行政预算和财务管理方法管理科技资源等问题，优化基础研究、战略高技术研究、社会公益类研究的支持方式，力求科技创新活动效率最大化。着力改革和创新科研经费使用和管理方式，让经费为人的创造性活动服务，而不能让人的创造性活动为经费服务。改革科技评价制度，建立以科技创新质量、贡献、绩效为导向的分类评价体系，正确评价科技创新成果的科学价值、技术价值、经济价值、社

① 习近平：《高举中国特色社会主义伟大旗帜　为全面建设社会主义现代化国家而团结奋斗——在中国共产党第二十次全国代表大会上的报告》，人民出版社2022年版，第35—36页。

会价值、文化价值。

最后，必须造就一大批高水平的科技人才。科学技术是人类的伟大创造性活动。一切科技创新活动都是人做出来的。我国要建设世界科技强国，关键是要建设一支规模宏大、结构合理、素质优良的创新人才队伍，激发各类人才创新活力和潜力。实现高水平科技自立自强，关键要有一大批高水平的、爱党爱国、潜心科学研究、致力于科技报国的科技人才。正是因为我国有一大批心系祖国和人民的科技工作者，我国科技事业才能取得了今天这样的伟大成就，正是他们的兢兢业业和卓越才智奠定了中国在科学技术方面的独立自主地位。要牢固树立人才是第一资源的发展理念，加快培养造就大批一流科技领军人才和创新团队、青年科技人才、卓越工程师、大国工匠、高技能人才。

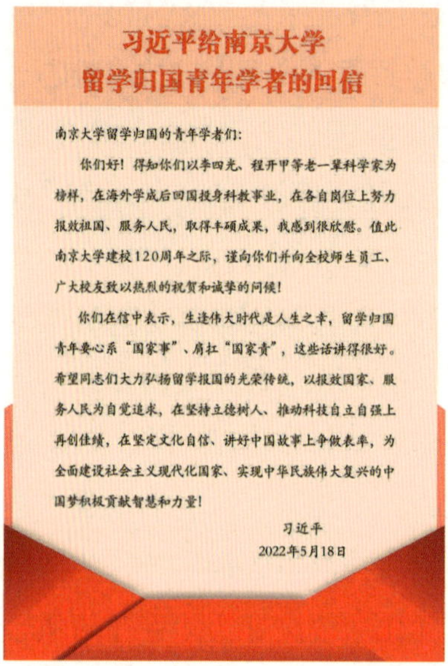

习近平给南京大学留学归国青年学者的回信

南京大学留学归国的青年学者们：

你们好！得知你们以李四光、程开甲等老一辈科学家为榜样，在海外学成后回国投身科教事业，在各自岗位上努力报效祖国、服务人民，取得丰硕成果，我感到很欣慰。值此南京大学建校120周年之际，谨向你们并向全校师生员工、广大校友致以热烈的祝贺和诚挚的问候！

你们在信中表示，生逢伟大时代是人生之幸，留学归国青年要心系“国家事”、肩扛“国家责”，这些话讲得很好。希望同志们大力弘扬留学报国的光荣传统，以报效国家、服务人民为自觉追求，在坚持立德树人、推动科技自立自强上再创佳绩，在坚定文化自信、讲好中国故事上争做表率，为全面建设社会主义现代化国家、实现中华民族伟大复兴的中国梦积极贡献智慧和力量！

习近平

2022年5月18日

深度阅读

习近平：《论科技自立自强》，中央文献出版社 2023 年版。

习近平：《在科学家座谈会上的讲话》，《人民日报》2020 年 9 月 12 日。

习近平：《加快建设科技强国，实现高水平科技自立自强》，《求是》2022 年第 9 期。

（执笔人：蓝江）

第七章
如何看待生态思潮的新趋势？

今后5年是美丽中国建设的重要时期，要深入贯彻新时代中国特色社会主义生态文明思想，坚持以人民为中心，牢固树立和践行绿水青山就是金山银山的理念，把建设美丽中国摆在强国建设、民族复兴的突出位置，推动城乡人居环境明显改善、美丽中国建设取得显著成效，以高品质生态环境支撑高质量发展。

——2023年7月17日，习近平总书记在全国生态环境保护大会上的讲话近年来，随着全球气候变化加剧、环境运动或环境污染抗议事件频发，全球生态治理复杂性增强，形形色色的生态思潮一路高涨并在推动全球生态治理中扮演重要角色。围绕气候治理、绿色转型、生态文明等议题，生态主义在“浅绿”（生态资本主义、绿色资本主义）、“深绿”（生态中心主义）、“红绿”（生态学马克思主义、生态社会主义）、“粉绿”（生态女性主义）等思潮的基础上，呈现“浅绿”向“黑绿”（生态帝国主义）蜕变、“灰绿”（环境民粹主义）兴起、“深绿”消沉与低迷、“红绿”拓展与创新、“粉绿”转型等趋势。与此同时，在习近平生态文明思想指导下，我国生态文明建设取得举世瞩目的成就，在国际社会引发高度关注。深刻辨析生态思潮的新趋势，对我们进一步认识和把握绿色低碳转型、推进美丽中国建设具有重大理论意义和实践价值。

一、生态思潮焦点议题有哪些新变化?

目前流行的生态思潮兴起于 20 世纪 70 年代西方的环保运动和绿色思潮。围绕 1972 年罗马俱乐部 (Club of Rome) 里程碑式的报告《增长的极限》（*The Limits to Growth*），生态乐观主义与生态悲观主义展开了“经济增长是否有极限”的激辩，拉开了生态思潮的序幕。此后逐渐形成了与生态乐观主义相呼应的、在维护资本主义制度的前提下通过科技和经济“绿化”来化解生态危机的“浅绿”（生态资本主义、绿色资本主义）思潮；与生态悲观主义相呼应，以深层生态学为基础，与后现代、后工业化、后资本主义相结合的“深绿”（生态中心主义）思潮；以社会生态学为基础，以性别、等级、父权制、等级制的生态批评为重点的“粉绿”（生态女性主义）思潮；以马克思主义生态思想为基础，视资本主义为生态问题的深层根源，要求消除资本主义、构建生态社会主义的“红绿”（生态学马克思主义、生态社会主义）思潮。近年来，还形成了由“浅绿”蜕变而来的“黑绿”（生态帝国主义）思潮、与民粹主义相勾连的“灰绿”（环境民粹主义）思潮。这些思潮的兴盛与其关注的环境议题密切相关。随着全球环境形势的日益严峻，生态思潮聚焦的议题主要涉及三个方面。

（一）如何应对全球气候变化的加剧?

近年来，极端天气气候事件频发、生物多样性丧失、荒漠化加剧等问题越发严峻，全球范围内生态环境的恶化已经对人类的生存与发展造成严重威胁，全球气候治理的重要性日益凸显。“如何应对全球气候变化的加剧？”作为国际社会全球治理的一大核心议题，成为生态思潮关注的焦点。该议题与政治、经济、社会、文化、安全等因素紧密联系，不仅关乎各国粮食安全、生态安全、国土安全和水资源保障安全等问题，而且深刻影响着全球经济社会的可持续发展和世界格局的重塑。

国际社会从 20 世纪 90 年代开始就高度重视应对全球气候变化。历经 30 多年的艰苦努力，相继出台《联合国气候变化框架公约》《京都议定书》《巴黎协定》等具有里程碑意义的文件，有力推动了全球气候治理的进程。2015 年的《巴黎协定》明确提出了全球气候治理的长期目标：“把全球平均气温升幅控制在工业化前水平以上低于 2℃之内，并努力将气温升幅限制在工业化前水平以上 1.5℃之内。”这一目标清晰、具体，可以直接衡量气候治理所取得的效果，能够有效敦促各缔约国履行承诺。随着《巴黎协定》的签订，越来越多的国家开始积极制定契合自身发展需求的气候治理政策，完善相关立法，逐渐形成了一股全球气候治理潮流。

围绕“如何应对全球气候变化”这一议题，各种生态思潮方法各异。比如，生态资本主义寄希望于现代制度体系内的科技、经济的绿色转型；

名词解释

《巴黎协定》：2015 年 12 月 12 日，197 个国家在巴黎召开的第 21 届联合国气候变化大会（巴黎气候大会）缔约方会议上通过了关于气候变化的《巴黎气候变化协定》（简称《巴黎协定》）。该协定于 2016 年 11 月 4 日起正式实施。《巴黎协定》共 29 条，涉及目标、减缓、适应、损失损害、资金、技术、能力建设、透明度、全球盘点等内容。根据协定，各方根据本国国情及自身发展状况来提交各自的减排计划和目标。自 2023 年开始，每 5 年对全球行动总体进展进行一次盘点，以实现全球应对气候变化长期目标。《巴黎协定》是继 1992 年《联合国气候变化框架公约》、1997 年《京都议定书》之后，人类历史上应对气候变化的第 3 个里程碑式的国际法律文本，形成了全球气候治理新格局。我国于 2016 年 4 月签署并于 9 月批准《巴黎协定》，成为第 23 个缔约国。

生态帝国主义则倾向于利用西方在低碳技术、碳关税、国际投资等方面的优势，通过围绕生态环境问题的大国博弈，打压他国，实现生态霸权；生态社会主义则认为克服气候变化这种全球化危机需要全球团结协作。

当前，应对气候变化已成为联合国人类可持续发展的重要目标。国际社会应对全球气候变化加剧的行动进入了以减缓和适应为主要途径、构建气候风险多层治理体系的新阶段。各国加强了应对气候变化的国内行动，特别是联合国政府间气候变化专门委员会（IPCC）发布《气候变化 2022：影响、适应和脆弱性》报告倡议的“气候韧性发展”理念也在错综复杂的挑战中得以践行。

相关链接

2022 年 2 月 28 日，IPCC 发布了第六次评估报告（AR6）第二工作组报告《气候变化 2022：影响、适应和脆弱性》。该报告较为全面地归纳和总结了第五次评估报告（AR5）发布以来的最新科学进展；阐述了当前和未来气候变化影响和风险、适应措施、气候韧性发展等内容；揭示了气候、生态系统和生物多样性以及人类社会之间的相互依存关系；特别关注陆地、海洋、沿海和淡水生态系统，城市、农村和基础设施，以及工业和社会系统转型的重要性和紧迫性。该报告还提出了一个新的概念，即“气候韧性发展”（Climate Resilient Development），明确多种社会选择的综合效应会影响气候韧性发展及未来可能的方向。

（二）如何公平公正促进绿色转型?

应对气候变化的全球治理是一个高度复杂的国际议题，与地缘政治关系调整、经济发展方式转型、新能源技术创新以及相关法律法规制度变革等诸多因素高度关联。2008 年 12 月，时任联合国秘书长潘基文在联合国气候变化大会上提出了“绿色新政”概念，以统称环境友好型政

学习在线

我们要推进美丽中国建设，坚持山水林田湖草沙一体化保护和系统治理，统筹产业结构调整、污染治理、生态保护、应对气候变化，协同推进降碳、减污、扩绿、增长，推进生态优先、节约集约、绿色低碳发展。

——2022 年 10 月 16 日，习近平总书记在中国共产党第二十次全国代表大会上的报告

策。此后，“绿色新政”成为众多国家和地区应对气候变化、促进绿色变革和绿色发展的战略选择。例如，欧盟将“绿色新政”作为长期发展战略，2019 年决定推进“欧洲绿色协议”，期望到 2050 年成为世界上第一个实现气候中和（即碳中和）的经济共同体。

2013 年，IPCC 第五次评估报告（AR5）基于人类活动与气候变化关系的认识、大气中二氧化碳浓度增加的趋势，首次提出了“全球碳排放预算”（简称“碳预算”）的概念。此后，全球二氧化碳减排成为公平公正地促进绿色转型的新热点。2022 年 6 月，美国通过《清洁竞争法案》（*Clean Competition Act*）；2023 年 4 月，欧盟碳边境调节机制（CBAM）立法程序完成。这些措施一方面意味着绿色低碳转型趋势的加强；另一方面也意味着欧美发达国家在气候变化治理中利用创新“游戏规则”强化自身优势、罔顾他国发展权的极化选择。

相关链接

随着气候与地缘政治危机愈演愈烈，以欧盟与美国为首的经济体相继出台碳关税政策，以形成新的贸易保护壁垒。碳关税通过额外的税收对进口商品的碳排放加以约束，同时为本国商品提供保护，将全球贸易规则带入了新的纪元。2022 年 6 月，美国民主党提交了碳关税立法提案，即《清洁竞争法案》，要求对超出美国同类商品碳排放量的部分征收碳关税。

正如生态社会主义、生态学马克思主义等思潮所主张的，减缓和适应全球气候变化、实现《2030 年可持续发展议程》不仅会遭遇经济社会发展不平衡规律的制约，而且更难摆脱生态问题政治化、工具化的影响。在生态学马克思主义者看来，特朗普退出《巴黎协定》反映了资本主义反生态的本质，拜登重返也并不意味着资本主义反生态的本质改变。他们的目的只是恢复或捍卫美国对世界的控制权，通过国际组织发挥领导世界的作用。美国等西方国家在参与应对气候变化、推动可持续发展方面的进与退，除了维护所谓国家利益外，更重要的是以生态环境保护之名行帝国主义之实，对实现可持续发展目标进度的快慢并非发自真心关切。

相关链接

2015 年 9 月，世界各国领导人在联合国峰会上通过了《2030 年可持续发展议程》。该议程涵盖 17 个可持续发展目标，于 2016 年 1 月 1 日正式生效。这 17 个可持续发展目标包括在全世界消除一切形式的贫困；消除饥饿，实现粮食安全，改善营养状况和促进可持续农业；确保健康的生活方式，促进各年龄段人群的福祉；确保包容和公平的优质教育，让全民终身享有学习机会；实现性别平等，增强所有妇女和女童的权能；为所有人提供水和环境卫生并对其进行可持续管理；确保人人获得负担得起的、可靠和可持续的现代能源；促进持久、包容和可持续的经济增长，促进充分的生产性就业和人人获得体面工作；减少国家内部和国家之间的不平等；采取紧急行动应对气候变化及其影响；等等。

（三）如何推进生态文明建设？

气候问题关乎全人类及后代福祉。应对气候变化需要全球性行动，任何国家都不可能独善其身。面对全球生态治理进程中的种种困难，亟须多边主义框架下的国际社会共同行动。中国作为世界上最大的发展中国家，主动担当大国责任，深入推进生态文明建设与高质量发展，着力推动构建人类命运共同体，形成了一系列应对生态问题的新理念，以中国智慧和中国行动为全球生态治理作出巨大贡献，彰显出大党大国的责任担当。

在国际合作方面，中国围绕应对全球气候变化与生态多样性保护议题而持续展开的一系列政治努力，为《巴黎协定》的达成、签署、生效和实施作出历史性贡献，推动全球气候治理体系朝着更加公平合理的方向发展。截至 2022 年 6 月初，我国已与 38 个国家签署了 43 份应对气候变化合作文件，为积极应对气候变化提供了切实帮助。

在国内，党和政府把生态文明建设作为关系中华民族永续发展的根本大计，开展了一系列开创性工作，决心之大、力度之大、成效之大前所未有，生态文明建设从理论到实践都发生了历史性、转折性、全局性变化，美丽中国建设迈出重大步伐。

中国生态文明建设在国际社会引发高度关注，其中“绿水青山就是金山银山”等价值主张更是在全球引发强烈反响。进一步推进生态文明的中国实践，以环境污染防治、自然生态系统修复、全球气候变化应对和生物多样性保护等议题为核心，使广义的“生态环境保护治理”或生态文明建设表现出较强的社会与政治韧性，正影响着全球生态治理的前行方向。2021 年 10 月，联合国《生物多样性公约》第十五次缔约方大会（COP15）第一阶段会议在中国云南昆明召开，“生态文明：共建地球生命共同体”理念作为大会主题首次纳入联合国公约文件。

名词解释

《生物多样性公约》：1992 年 6 月在联合国环境与发展大会上通过，1993 年 12 月 29 日生效。旨在保护并合理利用全球生物资源。除序言和附件外，共 42 条。主要内容：重申各国对其生物资源拥有主权；各国有责任保护其生物资源的多样性和可持久地使用；各国有责任确保其活动不至于对其他国家或地区的环境造成损害等。中国于 1992 年 6 月 11 日签署公约，1993 年 1 月 5 日交存加入书。

总之，生态思潮焦点议题的变化既推动了多样化的社会心态和社会思想的发展，也增强了积极参与应对气候变化全球治理、公平公正促进绿色转型、积极推进生态文明建设的共识。然而，立场各异的生态思潮也在相互博弈中不断发展变化，亟须辨析引导。

二、如何看待生态思潮的新动向?

近十年来，围绕气候治理、绿色转型和生态文明等议题，各种生态思潮再度活跃起来，并展开了激辩和角逐；在主导世界绿色潮流的同时，呈现出蜕变、兴起、消沉与低迷、拓展与创新、人道主义扩展等多种趋向。

（一）“浅绿”思潮向“黑绿”思潮的蜕变

“浅绿”是谋求在资本主义内部消除生态危机的生态思潮。“黑绿”思潮则是在全球生态危机加剧、经济社会发展遭遇多重挑战的背景下，美国等西方国家试图通过控制世界能源资源、垄断绿色低碳技术和碳汇市场等维护资本主义在绿色转型中的霸权地位并赢得新的生态竞争优势的生态帝国主义思潮。这是列宁所谓“垄断帝国主义”的生态化变种，与 1986 年美国学者阿尔弗雷德·克罗斯比（Alfred W. Crosby）在《生态帝国主义：欧洲的生物扩张，900—1900》（*Ecological Imperialism:The Biological Expansion of Europe*，*900—1900*）一书中提出的“生态帝国主义”既一脉相承，又有质的变化。后者以军事侵略为手段，掠夺、占有他国生态、生物资源，进而对殖民地国家造成严重的生态破坏、生命危害、经济社会损害，是一种服务于自由资本主义发展及其殖民体系建立的广义的生态帝国主义。在“红绿”看来，这种理论只是揭露出了西方社会的“生物扩张”，忽略了其背后的社会扩张，是一种典型的生态资本主义理论。近年来提出的“绿色资本主义”“自然资本主义”“气候资本主义”“能源帝国主义”“基因帝国主义”甚至包括“碳帝国主义”[①] 等都可视为“生态帝国主义”的变种。其实质是以生态垄断为特征的帝国主义，标志着帝国主义进入了生态帝国主义新阶段。

名词解释

生态帝国主义：西方发达国家掠夺别国生态资源的一种理论和行为。主要表现在两个方面：一是把大量有毒有害的化学废料以经济补贴方式（近年来每吨约 30 美元）向发展中国家输出，把穷国当作工业垃圾场，使有毒废料在国际范围转移，造成严重的全球性问题；二是把大量危害生态和破坏环境的污染工业向发展中国家转移，对这些国家的生态环境造成直接损害，或者留下严重隐患。

虽然在生态资本主义思潮的影响下，西方社会以“绿色增长”“绿色经济”“可持续发展”“生态现代化”等“绿色”话语相号召，但在生态学马克思主义者看来，不过是资本主义的变种。国内从污染治理和学术研究的视角来看待上述生态资本主义思潮的话语建构，使这些字眼在中国也得以流行。正如将市场经济从资本主义制度中剥离出来并使之成为一般资源配置方式一样，这些术语也正从资本主义制度中剥离出来并使之成为推进绿色发展和生态治理的一般手段。

生态帝国主义追求的是垄断资本主义的可持续，反映的是生态危机的加剧和工业垄断帝国主义与金融垄断帝国主义的式微，意味着争夺全球生态霸权的全球生态帝国主义开始走上历史舞台。对于这样的帝国主义，国际知名生态学马克思主义学者约翰·贝拉米·福斯特（John

① 参见郇庆治《“碳政治”的生态帝国主义逻辑批判及其超越》，《中国社会科学》2016 年第 3 期。

Bellamy Foster）强调其全球性、危害性、人为性，尤其是其晚期性、灭绝性。为此，他把新帝国主义称为“晚期帝国主义”，有时也称为“人类世帝国主义”[1]，认为这代表了资本主义秩序的终点，“不革命，即灭亡”，破解路径只能是也终将是社会主义。

延伸阅读

博帕尔之殇

1984年在印度发生的博帕尔灾难，是发达国家将高污染、高危害企业向发展中国家转移的一个典型恶果。美国联合碳化物属下的联合碳化物（印度）有限公司设于贫民区附近一所农药厂发生氰化物泄漏——氰化物是世间最毒的物质之一，可以影响细胞呼吸链导致窒息死亡。这次泄漏事故中有30吨毒气化作浓重的烟雾以5千米/小时的速度迅速扩散，引发了严重的后果，造成了2.5万人直接致死、55万人间接致死、20多万人永久残废的人间惨剧。

（二）“灰绿”思潮的兴起

随着全球气候变化的加剧，近年来不少欧洲国家的民粹主义运动与环境及气候政治发生关联，形成了一种被称作“环境民粹主义”的新兴生态思潮。其兴起，一方面与民粹主义快速走强密切相关。2016年堪称

① 参见John Bellamy Foster, Hannah Holleman, Brett Clark, “Imperialism in the Anthropocene,” *Monthly Review*，2019, 71（3）, p.84。

民粹主义“黄金年”：6 月 23 日，英国举行“脱欧”公投；11 月 9 日，被称作“操纵民意之天才”的特朗普当选美国第 45 任总统。自 2017 年起，民粹主义运动在欧洲各国的街头此起彼伏，加剧了欧洲政治生态的极化倾向。另一方面，与全球气候变化明显加剧相关联。世界气象组织（WMO）发布的数据显示，人类活动导致全球主要温室气体浓度持续攀升，自 2001 年起的 16 个年份中，全球地表平均温度比常年值高出 0.4℃以上；2017—2019 年，全球主要温室气体浓度继续增高；2019—2022 年，欧洲多国气温曾高达 40℃以上。与此同时，暴雨洪涝、高温热浪、寒流暴雪和热带气旋等各类极端天气现象显著增多。气候变化加剧，不仅使广大民众蒙受利益损失、身体损伤，而且在一定程度上改变了人类的生产生活方式，改变了人们对环境议题、环境政策的看法。于是，民粹主义事件与民众关切的环境议题频频在媒体“同框”出现，最终使民粹主义与环境议题形成契合关系。当然，催生环境民粹主义的因素是复杂的，如环境议题的综合性强、民粹主义边界灵活，以及有利于民粹主义发展壮大的“需要论”“机会论”“可借鉴论”“策略论”等在欧洲学界的出现和政党政治的助推等。

从本质上看，环境民粹主义一方面具有民粹主义的性质；另一方面因参与主体涉及具有不同绿色意识的群体，可以界定为与“浅绿”“深绿”“黑绿”“红绿”相杂糅和勾连的“灰绿”。这一思潮的兴起，既暴露了欧洲绿党政治在资本主义框架内发展的局限性，又促进了欧洲内政外交的绿色化和绿色公众运动的全球化。例如，在由“星期五为未来”（Friday for Future）倡议发起的 2019 年 9 月 20 日至 27 日的“全球气候大游行”中，不但德国各州均有游行安排，全球 150 多个国家、1000 多个城市亦组织了规模不等的抗议游行活动，西方发达国家无一缺席。环境民粹主义的盛行使保护生态环境已经在欧洲成为新的“政治正确”，气候正义已经成为最大的社会正义，促使欧洲环境政策日趋极化，保守和排外倾向更加显著。

同时，环境民粹主义刷新了欧洲乃至全球生态环境治理未来图景。受“浅绿”“深绿”和“红绿”的交互影响，欧洲国家各政党在迎合环境民粹主义思潮时存在深层理念和根本主张的差异。有的政党（以左翼政党为主）将绿色作为价值来追求；有的政党（以右翼政党为主）将环境议题作为工具来使用。所以，欧洲生态环境治理和全球生态环境治理的未来图景充满着不确定性。随着环境民粹主义的兴起，发达国家极有可能利用环境议题实施新的贸易保护措施，甚至可能通过改写国际贸易规则来巩固自身的优势并迟滞发展中国家的发展。

就未来的图景而言，环境民粹主义目前虽因经济复苏、俄乌冲突等因素对政治、经济、社会的冲击而有所收敛，但就影响其兴起的环境议题、民粹议题、政党竞争、外部条件变化等多种因素而言，存在欧美呼应交织的可能。对中国而言，“草根”“生态难民”等字眼主要出现在关于环境事件的学术研究中，环境民粹主义的兴起警示我们在运用这些词语或概念时有必要使之与资本主义制度相剥离。

（三）“深绿”思潮的消沉与低迷

“深绿”思潮以价值观为核心议题，以 1973 年挪威学者阿伦·奈斯（Arne Naess）提出“深层生态学”概念为标志，开启了生态中心主义思潮的演进之旅。

“深绿”认为自然自身具有内在价值，主张采用“不干扰”方式对待自然，限制西方技术对非工业化国家的影响。这样，就形成了生态中心主义思潮。在广义上，“深绿”还包括“动物解放论”“生物中心主义”“生态后现代主义”等流派。20 世纪七八十年代以来，美国学者霍尔姆斯·罗尔斯顿（Holmes Rolston）用以“自然价值论”为基础的环境伦理学和“荒野”哲学进一步确立了生态中心主义的理论形态。就近期发展而言，虽然 2017 年澳大利亚学者阿伦·盖尔（Arran Gare）提出了

“思辨自然主义”（Speculative Naturalism）概念，强化了生态中心主义的哲学基础，但在生态主义思潮激荡的当下，“深绿”思潮因受到其价值哲学的抽象性理论特质的束缚而在总体上显得消沉和低迷。

在生态学马克思主义眼中，生态中心主义陷于抽象的价值哲学不能自拔，缺失对生态危机深层社会根源的揭示。另外，在实践上，生态中心主义导致了“地球第一”这样的生态恐怖主义。

在中国，“深绿”思潮的影响使一些学者呼吁走出人类中心主义。由罗尔斯顿个人资助翻译的《哲学走向荒野》（1986）、《环境伦理学》（1988）在中国出版后，部分学者沿着生态中心主义的方向研习环境哲学和伦理学，提出只有回归乡村文明或超越工业文明才能走向生态文明。但随着中国经济社会的发展，以及多种生态思潮在中国的传播、碰撞和交融，人们跳出了单纯的生态中心主义或人类中心主义的争辩；特别是习近平生态文明思想所蕴含的“人与自然和谐共生”等价值理念，使中国生态文明实践超越了人类中心主义与生态中心主义的价值论争。

（四）“红绿”思潮的拓展与创新

针对资本主义生态危机，一些学者通过 1968 年法国“五月风暴”看到了学生运动与工人罢工相结合的巨大力量，开启了生态学马克思主义的探索，学界称之为“红绿”思潮。

“红绿”思潮将生态学和马克思主义相结合，或是试图从马克思主义和社会主义的视角提出化解生态危机的理论和方案，或是试图用生态学来补充、修正马克思主义和社会主义以克服生态危机。1979 年，加拿大学者本·阿格尔（Ben Agger）在《西方马克思主义概论》一书中创制了“生态学马克思主义”（Ecological Marxism）这一概念。世纪之交，美国学者詹姆斯·奥康纳（James O’Conner）的《自然的理由——生态学马克思主义研究》（1997）、保罗·伯克特（Paul Burkett）的《马克思和自然——一种红绿视野》（1999）、约翰·贝拉米·福斯特（John Bellamy Foster）的《马克思的生态学——唯物主义与自然》（2000）、乔尔·科威尔（Joel Kovel）的《自然的敌人——资本主义的终结还是世界的毁灭？》（2000）相继出版，掀起了新一轮生态学马克思主义的发展高潮。

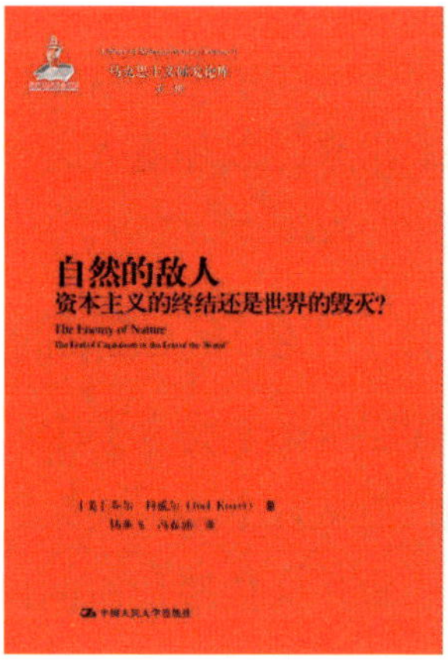

近年来，生态学马克思主义在论争中实现了拓展和创新。福斯特和伯克特等人以《每月评论》（*Monthly Review*）为阵地，以“马克思的生态学”为依据和基础，以“物质变换断裂”为核心概念和原理，展开了对资本主义的生态批判，呼吁通过“生态革命”向社会主义生态社会过渡。奥康纳和科威尔等人以《资本主义、自然、社会主义》（*Capitalism Nature Socialism*）为阵地，认为资本主义存在“第二重矛盾”（生产力和生产关系与生产条件的矛盾）、“第二重危机”（生态危机），因此，必须用双重矛盾理论和双重危机理论来补充马克思主义，以实现向生态社会主义的过渡。

在论争中，福斯特和伯克特阵营发展了马克思主义生态政治经济学。例如，伯克特的《马克思主义和生态经济学：走向一种红绿政治经济学》（2006）、斋藤幸平的《马克思主义的生态社会主义：资本主义、自然与未竟的政治经济学批判》（2017）。在现实问题上，福斯特等人批判了能源帝国主义，对中国生态文明理念表现出了高度关注。在应对全球气候变化方面，2022 年马修·休伯（Matthew Huber）从生态社会主义视角提出了“全球协作的生产革命”观念。

西方“红绿”思潮的本质是以不同的理论和价值观念为基础重构或修正马克思主义。这一思潮在中国引起了极大反响，有学者提出了“生态马克思主义经济学”概念；也有学者提出应将马克思、恩格斯的相关论述抽取出来，以环境人文社会科学为学科依托，实现“生态马克思主义中国化”等。

（五）“粉绿”思潮的人道主义扩展

当深层生态学将人类中心主义视为造成生态危机的根源时，一些流派强调，要从社会支配关系的角度发现生态危机的真实根源，将消除社会支配逻辑作为摆脱危机的出路。例如，生态女性主义指出，父权制才是造成问题的根源，消灭父权制才能解放女性和自然。

1974 年，法国作家弗朗索瓦·德奥博纳（Françoise d’Eaubonne）提出了“生态女性主义”（eco-feminism）概念，将女性主义和生态主义相结合，从性别角度提出了解决生态环境问题的理论和方案，开启了“粉绿”思潮。从发展维度看，1980 年前，“粉绿”主要关注女性与男性、自然与文化之间的某种本质性倾轧关系，并形成了众多理论支系。20 世纪 90 年代，随着西方生态批评整体转向“环境正义”，生态女性主义的批评视角由性别正义向社会“公平正义”转变，“性别公正与社会公正”成为生态女性主义关注的理论核心。近些年，生态女性主义透过环境正义视角讨论种族、阶层与文化对女性的破坏和异化，分析生态与性别政治的复杂关系，实践策略也由构建女性与自然相和谐的田园实践转向生态教育等。

当前，西方生态女性主义较多热衷于依据种族、文化、精神传统对女性与自然之间的特殊联系进行关注，开展多层次、多维度、交叠式的审视与批判，如澳大利亚学者艾瑞尔·萨勒（Ariel Salleh）的《生态女性主义经济学：从生态适量到全球正义》（2010）、美国学者格里塔·加德（Greta Gaard）的《跨文化女性主义伦理的研究工具——探讨梅卡人捕鲸诉求中的伦理语境及其内容》（2018）等。这些研究成果意味着生态女性主义迈入了后人类主义时代，进入了具有新的理论框架的“女性主义生态批评”阶段。

生态女性主义思潮传入我国多年。在文学和批评理论层面上对中国产生了积极影响，有助于提升女性的生态意识。在学术研究领域，国内生态女性主义研究基于中国经验的自主反思与本土批判意识逐渐强化，一批中国学者已经开启了生态女性主义与马克思实践论融合之路，女性主义生态批评的学术研究则成为近年来生态主义思潮研究中的热点。目前，“粉绿”流派在中国的影响主要局限在学术领域。

总之，近年来，围绕全球气候治理、绿色新政、绿色转型、生态文明等议题，生态思潮再度活跃，并在碰撞和融合中重塑和影响着国际生态环境治理。各种生态思潮由于立场不同，观点各异、泥沙俱下。随着新时代中国生态文明建设取得举世瞩目的伟大成就，习近平生态文明思想作为社会主义生态文明建设理论创新成果和实践创新成果的集大成者，逐渐开始引领绿色思潮，推动全球共建绿色家园。

三、如何正确引领生态思潮？

日益多元化的生态思潮虽然有助于唤醒公众的生态意识，但不同的生态思潮因其固有的政治立场和哲学基础存在着误导生态文明实践的可能和危险；因此，必须以习近平生态文明思想为指导，廓清思想认识。

（一）坚持社会主义生态文明观

在生态文明的社会属性上，习近平生态文明思想明确提出了“社会主义生态文明”的科学理念。“浅绿”和“深绿”等思潮没有看到资本主义反自然、反生态的本性。“粉绿”思潮没有看到社会支配逻辑是私有制的表现和表征。生态社会主义主张的社会主义并非无产阶级专政的社会主义国家。生态学马克思主义亦非无产阶级政党的意识形态。习近平生态文明思想要求反思和批判资本主义发展模式，牢固树立社会主义生态文明观，走向社会主义生态文明新时代，代表着生态主义发展的正确政治方向。

学习在线

我们坚持绿水青山就是金山银山的理念，坚持山水林田湖草沙一体化保护和系统治理，全方位、全地域、全过程加强生态环境保护，生态文明制度体系更加健全，污染防治攻坚向纵深推进，绿色、循环、低碳发展迈出坚实步伐，生态环境保护发生历史性、转折性、全局性变化。

——2022 年 10 月 16 日，习近平总书记在中国共产党第二十次全国代表大会上的报告

（二）坚持人与自然是生命共同体的理念

人与自然的关系是人类社会最基本的关系。对人与自然的关系问题的回答构成了不同生态思潮理解和解决生态危机的逻辑起点。习近平生态文明思想创造性地提出了“人与自然是生命共同体”和“山水林田湖草是生命共同体”的科学理念。自然是生命之母，人因自然而生。大自然孕育抚养了人类，人类应该以自然为根，尊重自然、顺应自然、保护自然。人类可以利用自然、改造自然，但归根结底是自然的一部分，必须呵护自然，不能凌驾于自然之上。人类对大自然的伤害最终会伤害人类自身，这是无法抗拒的规律。

针对“人类中心”和“生态中心”二元对立造成的弊端，“人与自然是生命共同体”理念深刻揭示出人与自然是一个不可分割的生命共同体，自然界是一个有机的生命系统。生态问题的解决不在于以自然还是以人类为价值的中心，而在于能否从人与自然整体关联、协同进化的高度把握人与自然的关系。因此，“人与自然是生命共同体”理念为彻底终结人类中心主义和生态中心主义的争论夯实了哲学基础。

学习在线

人与自然是生命共同体，无止境地向自然索取甚至破坏自然必然会遭到大自然的报复。

——2022 年 10 月 16 日，习近平总书记在中国共产党第二十次全国代表大会上的报告

（三）坚持良好生态环境是最普惠的民生福祉的价值观

习近平生态文明思想坚持以人民为中心的发展思想，始终把人民群众对美好生活和优美生态环境的需要作为出发点和回归点，认为民生是人民幸福之基、社会和谐之本，提出“坚持良好生态环境是最普惠的民生福祉”的生态价值观，顺应了人民群众对优美生态环境的需要已成为我国社会主要矛盾的重要方面和人民群众从“盼温饱”到“盼环保”、从“求生存”到“求生态”的需求越来越迫切的社会变化趋势。

这一价值观充分认识到了生态环境保护既是重大经济问题，也是重大社会和政治问题，是关系发展为了谁、依靠谁、为谁所享的重大问题；充分认识到了良好生态环境是实现中华民族永续发展的内在要求，是增进民生福祉的优先领域，是建设美丽中国的重要基础。践行这一价值观必须着力建设健康家居美丽家园，大力推进经济社会的全面绿色转型，有效防范生态环境风险，防止“黑天鹅”“灰犀牛”事件，将生态安全纳入国家安全并贯穿于党和国家工作各方面、全过程，以满足人民群众加快提高生态环境质量的热切期盼，不断提高人民群众的获得感、幸福感。

（四）坚持贯彻绿色发展理念

绿色发展，要解决好人与自然和谐共生问题。绿色是生命的象征、大自然的底色，更是美好生活的基础、人民群众的期盼。习近平总书记指出，推动形成绿色发展方式和生活方式，是发展观的一场深刻革命。坚持以绿色发展引领绿色转型首先意味着发展观的深刻转变。生态环境问题归根到底是发展方式和生活方式的问题。贯彻绿色发展理念，要改变传统的“大量生产、大量消耗、大量排放”的生产模式和消费模式，使资源、生产、消费等要素相匹配相适应，实现经济社会发展和生态环境保护协调统一。

坚持绿色发展就要促进经济社会发展全面绿色转型，力争 2030 年前实现碳达峰，努力争取 2060 年前实现碳中和。当前，推进“双碳”工作是新发展阶段破解资源环境约束突出问题、实现可持续发展的迫切需要，是顺应技术进步趋势、推动经济结构转型升级的迫切需要，是满足人民群众日益增长的优美生态环境需要、促进人与自然和谐共生的迫切需要，是主动担当大国责任、推动构建人类命运共同体的迫切需要。

实现碳达峰碳中和是一场广泛而深刻的经济社会变革，绝不是轻轻松松就能实现的。我国是在工业化、城镇化仍在快速发展的情况下开启降碳进程的，降碳任务之重、时间之紧前所未有。作为世界上最大的发展中国家，想要用全球历史上最短的时间实现碳达峰碳中和，完成全球最高碳排放强度降幅，无疑是一场硬仗。必须充分认识实现“双碳”目标的重要性、紧迫性和艰巨性，扎实按照党中央决策部署，保持战略定力，科学有序推进。

相关链接

英国学者、世界银行首席经济学家尼古拉斯·斯特恩（Nicholas Stern）表示：当前，中国迎来了进一步展现自己气候治理担当的好时机。如果中国能在2030年前实现碳达峰，这将使在2060年前实现碳中和的目标变得更容易，也将给中国和世界都带来好处。“双碳”目标的提出有助于中国实现可持续、包容性和弹性的经济增长。

“双碳”工作要坚定不移推进，但不可能毕其功于一役，等不得、急不得也慢不得，必须坚持稳中求进、逐步实现。要注重处理好发展和减排、整体和局部、长远目标与短期目标、政府和市场四对关系，不搞齐步走。要防止出现“碳冲锋”“一刀切”“运动式降碳”等错误倾向和急功近利的做法，把“双碳”工作纳入生态文明建设整体布局和经济社会发展全局，坚持降碳、减污、扩绿、增长协同推进，支持有条件的地方和重点行业、重点企业率先达峰，打造国家重大战略绿色发展高地，以高度的政治责任感和历史使命感做好各项工作，确保经得起历史和实践检验。

事实说话

新时代10年，中国坚持以绿色发展引领绿色转型，使重点城市PM2.5浓度累计下降57%，单位GDP二氧化碳排放下降34.4%，全国地表水Ⅰ到Ⅲ类水质断面比例提高23.8个百分点、达到87.9%，已接近发达国家水平。中国成为全球空气质量改善速度最快、可再生能源利用规模最大、森林资源增长最多的国家，绿色发展成效显著，推动了全球绿色发展。

相关链接

所谓“碳达峰”是指二氧化碳在某个时点达到不再增长的峰值，之后逐步回落。“碳中和”是指企业、团体或个人测算在一定时间内直接或间接产生的温室气体排放总量，通过植树造林、节能减排等形式，抵消自身产生的二氧化碳排放量，实现二氧化碳“零排放”即中和。

一些地方对碳达峰碳中和的理解偏差导致了两种极端倾向。一种是把碳达峰片面理解为碳减排。一些地方采取拉闸限电、“一刀切”的方式，通过限制发展实现减排。另一种是“碳冲锋”，把2030年的目标当成眼前目标，把这之前的时间都当作“窗口期”，对高耗能、高排放项目大干快上。2021年8月中旬，国家发展改革委发布的一份文件显示，2021年上半年，部分地区能耗强度不降反升，9省（自治区）被列为一级预警地区。同年9月，一些省份在“金九银十”的生产旺季拉闸、限电、停产。

（五）坚持共谋全球生态文明建设的理念

在全球化背景下，生态环境问题既是中国所要面对和解决的重大社会问题，也是世界各国、各民族所面临的共同挑战。长期以来，西方生态思潮受制于“全球性思考，地方性行动”抑或“地方性思考，全球性行动”的局限，虽意图解决全球性生态危机，实践结果却并不尽如人意。究其原因，在于西方生态思潮所内含的地方与全球的二元论思维，在于二元对立的制度体系建构，在于固守二元对立的生态主义行为选择。例如，在全球生态环境问题上，西方发达国家立足自身发展，操纵生态环境议题大搞生态霸权和生态帝国主义“碳”政治等。

面对气候变暖、生物多样性减少等全球生态环境问题的加剧，习近平总书记提出了“坚持共谋全球生态文明建设”的理念，强调地球是人类的共同家园，生态文明建设关乎人类未来。人类面临的所有全球性问题，任何一国单打独斗都无法解决，必须开展全球行动、全球应对、全球合作。从理念和行动两个方面超越了全球生态治理中地方与全球的二元对立，为绿色发展和全球生态文明建设开辟了团结协作的可持续新路。

学习在线

中国式现代化的本质要求是：坚持中国共产党领导，坚持中国特色社会主义，实现高质量发展，发展全过程人民民主，丰富人民精神世界，实现全体人民共同富裕，促进人与自然和谐共生，推动构建人类命运共同体，创造人类文明新形态。

——2022 年 10 月 16 日，习近平总书记在中国共产党第二十次全国代表大会上的报告

综上所述，形形色色的生态思潮仍处于分化、裂变和发展之中。在全球气候变化加剧与西方资本主义国家执迷不悟的矛盾中，“深绿”倡导“弱人类中心主义”“生态中心主义”来保护生态环境、实现可持续发展的初衷正渐行渐远，“红绿”“粉绿”或为了与地球和平共处或为了人类共同福祉而呼吁“生态革命”“生产革命”“环境正义”的实践与目标正背道而驰。生态理性日益被资本理性或资本逻辑消解，与霸权主义、民粹主义、极端环保主义相结合的生态帝国主义、环境民粹主义等开始盛行。这意味着在资本逻辑主导下，人类无法在现实和终极的意义上实现人与自然、人与人的真正和谐共生。

中国的参与、贡献和引领正在使全球生态思潮朝着和平发展、合作共赢的方向转型。在习近平生态文明思想的指引下，中国主动承担与国情、发展阶段和能力相适应的生态环境治理义务，力求为全球提供更多公共产品，使自身在促进生态思潮的健康发展方面发挥了引领作用，以自动、自主的中国行动彰显了大国担当，以中国故事和中国奇迹彰显了促进人与自然和谐共生、推动构建人类命运共同体、创造人类文明新形态的中国式现代化的魅力和活力，为建设清洁美丽世界提供了中国方案。

深度阅读

《习近平生态文明思想学习纲要》，学习出版社、人民出版社 2022 年版。

习近平：《推动我国生态文明建设迈上新台阶》，《求是》2019 年第 3 期。

习近平：《以美丽中国建设全面推进人与自然和谐共生的现代化》，《求是》2024 年第 1 期。

（执笔人：曹顺仙）

第八章
如何看待青年亚文化？

中华民族是历史悠久、饱经沧桑的古老民族，更是自强不息、朝气蓬勃的青春民族。在5000多年源远流长的文明历史中，中华民族始终有着“自古英雄出少年”的传统，始终有着“长江后浪推前浪”的情怀，始终有着“少年强则国强，少年进步则国进步”的信念，始终有着“希望寄托在你们身上”的期待。千百年来，青春的力量，青春的涌动，青春的创造，始终是推动中华民族勇毅前行、屹立于世界民族之林的磅礴力量！

——2022年5月10日，习近平总书记在庆祝中国共产主义青年团成立100周年大会上的讲话青年亚文化是青年群体创造的、用于表达青年群体自我追求和情感满足的、具有不同于主流文化的“反常”色彩或独特风格特征的各种文化实践、生活方式和价值体系，是兼容亚文化和青年文化发展规律的特殊当代文化现象。20 世纪 50 年代，战后西方青年亚文化在资本主义经济高速发展过程中开始出现并不断发展，逐渐形成了具有普遍表征的青年亚文化样态。在我国社会主义现代化进程中，新时代中国青年群体也创造出了当代中国的青年亚文化。不同的社会制度、不同的现代化道路决定了中国的青年亚文化具有不同于国外青年亚文化的独特风格特征。我们应当立足中国实际，理性分析、客观评价当代中国的青年亚文化，既要警惕青年亚文化的脱序生长，更要积极引导青年亚文化良性成长，推动新时代中国青年尽快成长成才，早日成为社会主义的合格建设者和可靠接班人。

一、西方青年亚文化的表征有哪些？

青年恒有而青年亚文化不恒有，青年亚文化本质上是现代化进程达到较高阶段才会出现的一种当代文化现象。二战后，西方发达资本主义国家先后进入“丰裕社会”，在此过程中成长起来的青年一代与老年一代产生了全面的代际文化断裂，青年亚文化以前所未有的、引人注目的方式在美、英、日、韩等发达资本主义国家先后出现，随即作为一种特殊文化现象受到主流社会的广泛关注，并对我国青年亚文化产生了一系列联动影响。

（一）美国青年亚文化

美国青年亚文化的“越轨化”被认为是亚文化最典型的特征。“亚文化”（subculture）作为术语，最早出现于 20 世纪 40 年代中期美国芝加哥学派的理论中。早在 20 世纪 20 年代，芝加哥大学社会学系就开始对美国移民、犯罪的青少年等亚文化群体展开系统研究。二战后美国进入高速发展的黄金阶段，在其工业化和城市化进程中，阶级意识与文化意识被不断重构，文化认同维度不断拓展，身份意识与社群意识获得激发，导致大量越轨亚文化行为和亚文化群体产生，推动了美国青年亚文化的形成和发展。随后，在美国对外的越南战争和对内的麦卡锡主义的双重刺激下，包括青年群体在内的群众反抗被激发。在当代世界文化运动，如新左派运动、环保运动、反越战运动、黑人民权运动等的推动下，美国形成了以 20 世纪 50 年代“垮掉的一代”、60 年代“叛逆的一代”

名词解释

美国芝加哥学派: 起源于芝加哥大学的社会学和犯罪学思想流派，其研究在 20 世纪初具有广泛影响力。1892 年，刚刚诞生的芝加哥大学建立了世界上第一个社会学系。该系在 1915 至 1935 年间声名鹊起，成为社会学思想研究的前沿与中心，是第一个专门研究城市社会学的主要研究机构。芝加哥学派主要关注城市社会问题（包括种族、青少年犯罪、移民等），开启了亚文化研究的源流。他们强调社会学与人类学的结合视域，注重实地观察和田野调查，以深入理解社会现象。主要人物包括欧内斯特·伯吉斯（Ernest W. Burgess）、罗伯特·帕克（Robert E. Park）等。

麦卡锡主义: 20 世纪 50 年代初盛行于美国的反共产主义的法西斯主义。因由美国共和党参议员麦卡锡（Joseph Raymond McCarthy）首倡，故名。1950 年 2 月麦卡锡发表演说，声称美国国务院内有共产党“渗入”，引起轰动。1951 年麦卡锡领导参议院常设调查小组委员会以法西斯手段广泛地对美国国内的民主和进步力量实施迫害，引起美国各阶层强烈不满。1954 年全美掀起反麦卡锡主义运动。同年 12 月 2 日，美参议院通过弹劾麦卡锡的决议。

为代表的青年亚文化。反叛性、颠覆性、狂欢性是美国青年亚文化的基本特征。他们通过吸毒、酗酒、纵欲、偷窃等“越轨”行为颠覆和挑战资产阶级主流价值观，表达对“无望社会”的绝望。

（二）英国青年亚文化

英国青年亚文化的“风格化”是世界青年亚文化的典型表征。继芝加哥学派之后，20 世纪六七十年代，致力于探索英国的社会主义未来的伯明翰学派深入观察并系统阐释了英国工人阶级青年群体亚文化的具体表征，着力揭示了这一形态的青年亚文化指向资产阶级主流文化的颠覆和抵抗的特征，确立了当今世界人们描述、理解、评价青年亚文化的基本范式。

名词解释

伯明翰学派：1964 年，伯明翰大学的当代文化研究中心（The Centre for Contemporary Cultural Studies，CCCS）成立，标志着伯明翰学派的形成。该学派由英国新左派学者理查德·霍加特（Richard Hoggart）与斯图亚特·霍尔（Stuart Hall）领导创立，成立后始终秉持“政治介入性”与“现实导向性”原则，着力运用马克思主义理论，关注英国的社会主义未来，致力于在学术研究与社会实践等各个层面对资本主义宰制力量进行批判与反思，以探索进行革命实践的可能。

20 世纪 70 年代，伯明翰学派以阶级、代际、性别和种族等多重理论视角，率先对英国及世界青年亚文化现象进行系统研究，界定了“青年亚文化”的内涵，通过一系列成功的案例研究在客观上建构了一套关于亚文化的学术理论体系，确立了亚文化研究的基础范式，推动了亚文化研究在西方以及全球的长期开展。

二战以后，英国迅速进入“丰裕社会”，通货膨胀、阶级分化、文化趋同、道德堕落，处于社会底层的工人阶级青年群体的期待和憧憬在残酷的现实与虚假的共识面前转变为极度失望和不满。新型贫富差距带来的绝望触发英国工人阶级青年群体以自发的形式表达对现实的抗争。他们通过大量越轨行为触碰社会道德底线，破坏与颠覆主导文化和价值观念，表达对社会体制的愤懑与不满，并在此过程中逐渐形成了独特的“风格化”特征，如泰迪男孩（teddy boy）、摩登族（mods）、光头仔（skinheads）、嬉皮士（hippie）、朋克（punk）等。伯明翰学派认为，“通过仪式抵抗”是这些青年亚文化所具有的总体特征，即英国工人阶级青年以象征性的、想象性的方式对主流社会秩序采取了一种颠覆和反叛的姿态以实现政治抵抗。

名词解释

泰迪男孩：最早出现在20世纪50年代中后期，又被称为“不良少年”。他们穿着爱德华时代的服装，行为粗野、暴力，以示叛逆。

摩登族：出现于20世纪60年代。他们穿着整齐时髦的服饰，骑着小型摩托车，是第一个对黑人亚文化正面回应并加以效仿的亚文化。

光头仔：主要由下层工人阶级青年构成。他们留着短平头，穿着笨重的靴子，是暴徒青年象征。

嬉皮士：出现于20世纪60年代晚期的青年群体。他们穿着奇装异服，标新立异，独特风格的服饰和与众不同的生活方式与社会格格不入。

朋克：以朋克摇滚为核心的亚文化群体，是第二次世界大战后英国青年亚文化最为成功的集大成者，以独特的音乐风格而闻名。

（三）日本青年亚文化

“商业化”的日本青年亚文化是世界青年亚文化市场运作的成功典

范。20 世纪 50 年代，经历了战争黑暗期及战败重建期的日本青年面临迷茫自失与价值观崩塌的境况。他们通过漫画亚文化弥补物质与精神上的匮乏，迫切希望重建更理想的日本。从 20 世纪 60 年代开始到 70 年代末，日本经济由高速发展进入稳定发展期，日本青年亚文化一方面受到主流价值观的渗透，另一方面与西方当代文化融合，逐渐进入成熟发展阶段。在当代世界文化运动的影响下，日本青年开始对主流文化提出质疑，试图以一种颓废且无厘头的方式向日本主流社会发出反抗之声。80 年代日本泡沫经济破灭后经济大幅倒退，日本青年的消费观念随之发生变化，关注重点由社会转为自我，青年亚文化逐步脱离社会整体独立发展为次文化，在残酷现实中寻找浪漫与理想主义的慰藉。从 90 年代起，日本青年亚文化样貌层出不穷，商业化特点显著。其中动漫文化已经逐渐成为一种大众消费文化，被商业与市场收编，总体呈现碎片化、多样化、消费化、肤浅化特征。日本青年亚文化在“低欲望”“佛系”等消极颓废的整体文化表征中，推动了多元化亚群体实现自我解放与精神满足。作为中国的近邻，日本青年亚文化凭借商业化优势在 20 世纪 90 年代前后进入中国并迅速受到部分中国青年的欢迎和喜爱，“哈日”等潮流词汇在此阶段得以兴起。

（四）韩国青年亚文化

“娱乐化”的韩国青年亚文化是世界青年亚文化中的典型代表。20 世纪 50 年代，二战的硝烟还未消散，又一场规模巨大的局部战争在朝鲜半岛爆发。朝鲜战争使韩国经济在二战的重创后雪上加霜，战后重建工作不及时导致韩国社会发展速度缓慢、经济不景气、青年失业率居高不下。20 世纪 60 至 90 年代，韩国经济重振，工业化、城市化与现代化进入快车道，经过三十年的发展跻身中等发达国家行列。不过高速的现代化进程和社会转型导致了巨大的贫富差距，使阶级对立日益严峻。1997 年爆发的亚洲金融危机加剧了社会的两极分化，进一步激化了阶级矛盾。

严重的失业问题与低廉的工作报酬使韩国青年群体逐渐沦落为新的贫困阶层。在阶级固化的社会中韩国青年难以通过努力改变命运，遂以失范化、狂欢化、极端化的娱乐手段对主流社会进行反抗，以弥补现实困境中精神上的缺失，这是韩国青年亚文化的显著特征。近年来，“全抛世代”成为韩国青年的一种普遍处世观，即以抛弃、放弃的悲观状态表达对现实社会的无奈与绝望。20 世纪 90 年代，韩国青年亚文化迅速进入中国，在中国青年群体中掀起一阵“韩流”。

相关链接

2011 年韩国出现“三抛世代”，主要指不恋爱、不结婚、不生子的青年一代。2015 年韩国青年在原有的“三抛”基础上增加了不社交、不买房，成为“五抛世代”，其放弃原因是当代韩国社交所需的大量花销与日益高涨的房价。随后，2016 年出现“七抛世代”，韩国青年抛弃了精神世界的“梦想”与“希望”。2017 年，韩国青年再一次扩大抛弃的范围，衍变为放弃任何想放弃的东西，成为“N 抛世代”即“全抛世代”。

总之，西方青年亚文化主要以“越轨化”“风格化”“商业化”“娱乐化”等为表征，因无法满足资本主义阶级地位体系标准而被拒斥到社会边缘，呈现一种边缘化的特征。他们以“越轨”完成颠覆，以“风格”建构差异，实现对资产阶级主流文化的抗拒与疏离，通过“商业化”与“娱乐化”表达对现实社会的不满与绝望。整体来看，西方青年亚文化在西方资本主义经济普遍衰退的现实中呈现一种消极、颓废、无力的文化样态，在无望中以个人主义为核心进行极端反抗。虽然西方青年亚文化创造了丰富的外部文化资源，但其中某些不良因素也对中国青年树立正确价值观形成潜移默化的影响，甚至造成破坏性伤害，我们应当注重防范和警惕。

二、中国青年亚文化有着怎样独特的风格表征?

历史发展存在普遍规律性，但这种规律的实现方式是多种多样的。总的说来，青年亚文化是现代化进程推进到特定阶段的必然产物，任何国家和地区在特定历史发展阶段都会不同程度地出现这种特殊文化现象。不过，国家、地区和民族不同，青年亚文化的发生机制、风格特征等也会有所不同，中国青年亚文化就是如此。

（一）中国青年亚文化的形成

20 世纪 80 年代以后，随着改革开放的不断推进，中国现代化进程加速，青年亚文化开始悄然出现。进入新时代，中国式现代化取得令世界瞩目的巨大成功，在全球化和网络化的时代背景下成长起来的中国青年自主性和创造力不断增强。他们试图通过个性化思维模式和独特化行为方式缓解现实矛盾与精神压力，逐渐形成了独具时代特征和中国特色的亚文化风格，并借助网络和自媒体得到迅速而广泛的传播，成为受人关注的文化现象。具体而言，中国青年亚文化的形成离不开以下五点背景：

第一，社会结构转型是中国青年亚文化得以出现的历史前提。改革开放以来，中国社会经历了深刻的转型和快速的经济发展。这种转变既对社会结构和环境产生了巨大的影响，也为亚文化的形成提供了肥沃的土壤。随着市场经济的兴起，社会结构转型导致了社会分层的重构与转化，原有的社会等级和身份认同逐渐受到挑战。社会流动性的增加使得新的社会阶层和群体得以崛起，他们独特的价值观、兴趣爱好和生活方式为亚文化的形成奠定了基础。此外，中国式现代化的进程也对亚文化产生了影响。城市化进程加速，大规模的工业化和城市化带来了城市发展和现代化建设，生态、空间等方面问题的逐步显现为中国青年亚文化的形成提供了土壤。

第二，当代中国青年自主性的增强和创造力的释放为中国青年亚文化的形成提供了强劲动力。当代青年群体较父辈拥有更优渥的经济条件、更优质的教育资源、更开放的生活空间。这种客观条件的变化使中国青年的自主意识不断增强，创造能力得到释放。他们以不同于父辈文化的方式学习、交流、互动，逐渐形成一种全新的、具有亚文化特征的生活模式和价值体系。作为社会变革的“急先锋”，他们在社会结构转型过程中不断奋斗与成长，逐渐形成文化自觉，开始主动构建与传统主流文化有别的文化样态，推动了青年亚文化的形成。

第三，全球化背景下外来文化思潮的涌入为中国青年亚文化的发展提供了外部资源。经济全球化推动了中国与世界文明交流互鉴，给中国青年带来了丰富的文化资源，他们开始主动对外来文化进行学习、融合与创新。外来文化思潮的涌入一方面为青年亚文化的发展提供了丰富的文化样态与外部文化资源，另一方面激发了中国青年对多元文化的需求，在客观上推动了中国青年亚文化的进一步发展。

第四，互联网时代的降临使中国青年亚文化的快速传播成为可能。21 世纪前后，互联网技术的快速成长与普及，使中国青年亚文化实现了从相对封闭的“小众团体”向对整个社会开放的“普泛化”转向。原本被限制在一定传播与流行范围内的青年亚文化，在网络时代得到极大扩散。“Z 世代”普遍接受了高水平的教育，具有强烈的个人风格和丰富的自我意识，擅长用网络学习、社交、娱乐，具有鲜明世代特征。中国青年的兴趣爱好和社交方式开始广泛地受到社会关注，导致青年亚文化频频“出圈”“破壁”，实现了由小众化传播到大众化传播的加速转变。

第五，中国青年在强国建设、民族复兴进程中遭遇的现实挑战与精神需求推动了中国青年亚文化的风格化建构。在中国式现代化进程的持续推进中，中国青年的基本生活条件不断改善、物质生活水平显著提升，开始更加关注自我精神世界的解放与发展。社会迭代加速在带来了更多机遇与选择的同时，也意味着更多困难与挑战。绝大多数中国青年直面压力、应对挑战；其中一部分青年选择以荒诞、娱乐、戏谑的方式宣泄压力、释放情绪，满足心理代偿需求。这一过程恰恰促进了中国青年对自我意义的构建，同时也推动和实现了中国青年亚文化风格的形成。

相关链接

"Z 世代"源自美国及欧洲的流行用语，又称"网生代""互联网世代"，主要指出生于 1995 年至 2009 年的青年一代。他们一出生即与网络时代无缝对接，成为互联网的"原住民"。"Z 世代"借助新媒体浪潮彰显了网络"去中心化""去权威""去压制"的特征，从而获得了自由、平等、个性表达的权利。

（二）中国青年亚文化的独特风格表征

中国青年亚文化与其他国家的青年亚文化在风格表征方面既有同也也有不同。相同之处在于二者在形式上皆与主流文化存在对抗与协商、争锋与合作的关系；不同之处在于二者呈现的精神文化风貌存在巨大差异。比如，英国青年亚文化是在无望中以个人主义为核心的颠覆反抗，中国青年亚文化则是在奋斗中以集体主义为核心的情绪释放。相较之下，中国青年亚文化主要呈现以下四个特征：

第一，边缘化：在"退缩"中奋斗。与西方青年亚文化相比，中国青年亚文化同样具有边缘化特征。不过，一种是被动，一种是主动。中国青年并非因无法满足主流文化标准而被拒斥至社会边缘，而是其中少部分青年在面对高速发展的现代化社会以及白热化的竞争与不断增大的生存压力时，表现出一种"边缘化"的典型性现象，如"慢就业""佛系”“丧”“躺平”“摆烂”等“退缩型”心理状态的表达。不过，大部分青年并未因“边缘化”而放弃，只是借“退缩型”来缓解焦虑和释放压力，绝大多数中国青年更愿通过自我奋斗来实现价值。

名词解释

“慢就业”：指一些大学生毕业之后，不立即选择毕业后即升学或工作的传统路径，而是暂时选择游学、支教抑或待业在家陪父母、创业考察等形式以慢慢考虑人生道路的现象。

“佛系”：网络流行词，也指一种文化现象。它主要指的是一种生活态度，即无欲无求、不悲不喜、淡泊宁静的心态。追求“佛系”的人强调内心的平和，不过分追逐物质和功利，对待生活和事物持一种随遇而安的态度。这个词最早来源于2014年日本某杂志——该杂志介绍了“佛系男子”这个概念，后来在网络上传播开来，衍生出了“佛系青年”“佛系度假”等一系列相关概念。

“丧”：在网络语言中，“丧”常常用来形容一种消极、悲观、低落的情绪状态，可以表示在生活、工作、学习或人际关系等方面的失望、疲倦或无奈感。当人们说自己“丧”时，意味着他们可能因为压力、困惑、挫折等，感到情绪低落、无精打采。

“躺平”：源自中国的网络文化。它常用于描述一种在生活、事业或情感等方面消极、放弃努力、不积极进取的态度或行为。这个词在网络上常被用来表达对压力、竞争等现实问题的逃避和无奈，有时也被用于调侃或自嘲的语境中。

“摆烂”：一般是指原本可以改变事情发展的方向，但又故意自我放弃造成“烂”的结果，是一种“破罐子破摔”的心态。具体来说，可以理解为故意表现出低劣、低效或不积极的态度或行为。在工作或学习中，“摆烂”指的是故意表现出懒散、不积极的态度，不认真履行职责或完成任务。

第二，越轨化：微“抵抗”与强“接合”。与西方青年亚文化所表现的“越轨化”特征不同，中国青年亚文化不再是对主流文化的颠覆性“反抗”，而是对自我文化的彰显、对自我价值的追求。中国青年亚文化的抵抗性相对内敛温和，更多显现的是一种“微抵抗”，即采用隐蔽的、间接的、戏谑的方式对主流文化进行非公开、非激进式的抵抗；其目的是释放青春的压抑，宣泄负面的情绪，展现创新创造的能力。在与主流文化保持距离的同时，中国青年亚文化更愿意与主流文化保持流动性“对话”与“接合”，在本质上对主流文化价值观保持认同。如国潮文化、汉服文化、古风文化等文化潮流就是中国青年亚文化通过对传统文化元素的“接合”实现自我亚文化风格的构建。

名词解释

接合理论：由伯明翰学派领军人物斯图亚特·霍尔提出，表示不同要素之间连接并形成同一体，且连接只是暂时的、动态的、未完成的。接合理论打破了从静态角度思考社会意识形态问题的模式，摆脱了经济决定论和阶级决定论的认识，从一种更加动态、更加灵活、更加辩证性的视域去认识和思考不同社会形态所呈现的“意义”。

第三，风格化：实现“微改变”。与西方青年亚文化类似，中国青年亚文化同样具有风格化特征。不过，中国青年亚文化的风格化特征更多是为了张扬个性、释放情绪以及满足社交需求。中国青年秉承一种“微改变”的策略，希望通过风格的建构展现自我价值、增强自我认同、释放自我情绪，并在潜移默化中改变主流社会根深蒂固的传统观念。例如，鬼畜文化、无厘头文化、网络恶搞文化等，通过拼贴、重构和戏谑、夸张等手段，对传统语言规范、视觉习惯乃至意义系统进行颠覆性破坏，目的是实现对传统文化的“微改变”。其中蕴含的跳跃性思维、创造性想象、颠覆性尝试是对现实秩序的解构和后现代式的重构。正是这种风格化特征，使中国青年亚文化的独特性得以显现。

名词解释

鬼畜文化：最初源自日本，其名称源自日语中的“鬼畜”（キチク，kichiku），意为怪异、离奇。它起初是指一种以动画、游戏等媒体形式为基础，通过对素材进行混剪、变声、变速、添加特效等处理，创造出怪异、滑稽、荒诞演绎效果的创作方式。中国的鬼畜文化受到了日本鬼畜文化的影响，在爱稀饭（AcFun，简称A站）和哔哩哔哩（bilibili，简称B站）等中国弹幕视频网站占据一席之地。随着时间的推移，鬼畜文化逐渐扩展到更多领域，不仅包括动漫和电视剧，还涉及音乐、电影、综艺节目等各种媒体形式。鬼畜文化的内容常常以荒诞搞笑、恶搞翻唱、奇特画面效果等为特色，旨在通过夸张和滑稽的方式引起观众的笑声和共鸣，常被视为一种表达创意、幽默和自娱自乐的方式。

第四，商业化与娱乐化：网络空间的个性彰显。与西方青年亚文化相似，新时代的中国青年亚文化同样具有商业化与娱乐化特征。不同的是，中国青年运用“商业”与“娱乐”的目的是彰显个性，使其文化更具风格化与辨识度。他们通过网络平台构建新媒体技术高墙，在进行自我赋权的同时突破对主流文化的盲信与依赖，从而以“娱乐”为手段建立话语体系（如新创各类调侃类网络词汇），创建专属娱乐亚空间，实现与主流文化世界的分隔。不过，他们又并非只局限于自我亚空间。中国青年更愿意以娱乐的形式积极表达与共享，通过展现其专属的小众文化输出自我文化价值，以期待获得更多关注与认可。此外，中国青年擅长利用符号在消费市场中获取商业资源，在消费的过程中实现再生产，通过创建青年亚文化消费符号实现与大众文化和商业文化的合作与融合，进而引领新潮流、创造新风尚。

三、如何理性认识与评价中国青年亚文化？

重视青年亚文化问题，反思当前围绕青年亚文化的既有评判思路，事关青年亚文化发展的方向问题。从长远来说，也影响广大青年的思想成长。习近平总书记指出："要坚持关心厚爱和严格要求相统一、尊重规律和积极引领相统一，教育引导青年正确认识世界，全面了解国情，把握时代大势。既要理解青年所思所想，为他们驰骋思想打开浩瀚天空，也要积极教育引导青年，推动他们脚踏实地走上大有作为的广阔舞台。"[①]对待中国青年亚文化，应遵循正确的文化发展规律，树立起正确的评价标准。

（一）整体评价，避免以偏概全

评价中国青年亚文化须立足整体，不能以偏概全，否则将一叶障目，影响判断。中国青年亚文化不是反文化，反文化是对主流文化的全盘否定和拒绝，而青年亚文化的"反叛性"实质是一种"反主流"。它不是对主流文化的全盘否定或拒绝，而是推崇个性、彰显风格的一种情绪表达。整体上看，中国青年亚文化"是一种非主流的、局部的文化现象，它不是作为主流文化的对立而存在"[②]的。青年正处于特定的人生阶段和社会方位，既是推动经济社会发展的最积极、最有生气的力量，又受限于社会资源占有、社会地位形成等方面的弱势。因此，对待中国青年亚文化应把握整体，辩证看待，不可一概而论。既要更正刻板印象，避免

① 习近平：《在纪念五四运动100周年大会上的讲话》，《人民日报》2019年5月1日。
② 刘建华：《以正向亚文化引导负向亚文化》，《中国青年报》2021年11月9日。

忽视青年亚文化的积极要素，又要防止只观其表，简单理解青年亚文化的真正内涵。

（二）客观评价，把握主流方向

评价中国青年亚文化须客观公正，主动把握主流大方向，以寻求更大的文化共识。青年是社会中一股强大的新生力量，是一个国家和民族的兴旺所在。客观地看，中国青年亚文化是中国青年在成长过程中面对危机感与恐慌感自发形成的一种自我补偿机制。首先，在个人层面，中国青年借助青年亚文化满足其自身发展过程中对身份认同的需求，并进一步实现个人的进步与发展。这种认同“建立在共同的起源或共享的特点的认知基础之上”[①]以获得归属感、安全感和认同感。中国青年在面对社会竞争、学习压力、生活困惑时依然能够保持对未来的期待，其中真正“躺平”的是极少数，不懈奋斗的才是大多数。其次，在群体层面，中国青年借助网络与新媒体力量实现青年亚文化跨圈层、跨地域、跨文化的群体融合，与负面评价往往能进行能动性抵抗。最后，在社会层面，中国青年自发形成的青年亚文化、创造的亚文化文本、构建的亚文化产品在一定程度上彰显着中国青年的活力与力量。

（三）历史评价，用发展眼光看待

马克思、恩格斯在《德意志意识形态》中指出：“历史不外是各个世代的依次交替。”[②]评价中国青年亚文化须结合历史时代特征，坚持以发展的眼光认识和理解中国青年亚文化，同时予以宽容、关爱和保护。时代各有不同，青春一脉相承。“青年亚文化最能够反映这一时期社会

①［英］斯图亚特·霍尔、［英］保罗·杜盖伊编著：《文化身份问题研究》，庞璃译，河南大学出版社 2010 年版，第 3 页。

②《马克思恩格斯选集》第 1 卷，人民出版社 2012 年版，第 168 页。

变迁的本质特征。”① 中国青年亚文化的特征具有特定的历史性和时代性。历史地看，中国青年亚文化是中国式现代化历史发展进程中的一种文化现象，认识和评价新时代中国青年亚文化应当结合历史时代特征，坚持用发展的眼光看待。青年的宝贵价值在于“昭示未来、孕育希望”。青年之所以谓之青年，乃因其尚未成熟与定型。中国青年亚文化衍生的低欲望、无追求、不奋斗的表象，是少部分中国青年从离开理想的“象牙塔”进入现实的“修罗场”的巨大落差中寻找心理代偿的一种方式。他们有的通过“躺平”等方式适应社会规范、调节心理落差、创造相对平衡，进一步催化其尽快成熟成长。从发展的维度判断，青年是成熟未满，成长将至。伴随年龄增长与心智成熟，如果引导得当，青年亚文化隐含的消极文化表象和元素将在这一部分青年群体中逐渐隐退，不会贯穿其整个人生。因此，正确认识与评判新时代中国青年亚文化应结合新的历史时代特征，不该简单地排斥、拒绝与批判。

（四）正面引导，给予合理空间

评价中国青年亚文化须保持理性，不能妄下结论，以防影响其成长规律及发展的空间与潜能。中国青年亚文化是中国青年集体创造的一种风格化与表征化的文化样态，不该被简单定义或下定论，应保持理性判断，避免刻板评价。中国青年亚文化常常打破常规、挑战权威、突破主流，但未曾背离主流文化的价值取向和本质属性。若对其妄下结论或将导致两种极端影响：一是中国青年亚文化凭借抵抗精神对“结论”极力反抗，逐渐偏离主流文化的核心价值理念，与社会主义文化背道而驰；二是中国青年亚文化无力反驳直接沦为“结论”，最终失去创造力与活力。任何一种结果都将对中国青年亚文化造成不可逆的伤害。青年的健

---

① Stuart Hall, Tony Jefferson（eds.）, *Resistance through Rituals: Youth Subcultures in Post-War Britain*, London: Hutchinson, 1976, p.3.

康成长在于“悉心引领、艰苦磨砺”。每一代中国青年都不曾懈怠，要引导他们看待社会和人生，正确利用青年亚文化实现情绪纾解与释放，尽量缩短周期，以期在新的高度继续奋斗前行。

事实说话

2022 年中国青年报社社会调查中心进行的一项关于“00 后”的调查显示，90.7% 的受访者相信当时代接力棒交到“00 后”手上时，他们可以担起重任。在“00 后”受访者中，这一比率达到 96.8%；其中 60.5% 的“00 后”表示未来会苦练本领，提高自身综合素质。可见，不懈奋斗、敢于斗争是中国青年的优秀传统。

四、“防微杜渐”：为什么要警惕中国青年亚文化脱序生长？

习近平总书记把青年人生成长的关键期形象地比作“雕琢期”“灌浆期”和“拔节孕穗期”，每个时期对于青年“三观”的树立都十分关键，需要精心栽培与引导。客观地看，青年的“三观”尚未定型，心智尚未成熟，极易受到资本利用、国外意识形态冲击以及陈腐思想误导等负面因素的影响，进而形成某些不良的文化现象。面对中国青年亚文化中的部分乱象须防微杜渐，审慎分析表象背后的深层问题，防止青年亚文化脱序生长。

（一）不良因素影响中国青年亚文化健康成长

在看到中国青年亚文化积极价值和意义的同时，更要警惕其中潜藏的巨大风险。当前，中国青年亚文化中不乏乱象，如沉迷网络、厌学、推崇暴力、惯于拉踩、热衷谩骂与嘲讽、“烧钱”等，严重影响了部分青少年的身心健康，导致青年亚文化与青年群体的精神世界日渐庸俗化、冷漠化、颓废化，腐蚀了青少年心灵世界的进步性、积极性与丰富性。不过，诸多亚文化产生的乱象是多种因素共同作用的结果。我们应当提高警惕，深入探究与总结导致乱象产生的不良因素，加强监管与治理，杜绝其侵害中国青年的身心健康。

首先，青年亚文化乱象频现，是资本唯利是图的结果。青年作为庞大的消费群体，早已成为商业资本观察与分析的对象。在强势的商业逻辑与资本逻辑的影响下，青年群体极易被商业力量收编与裹挟，甚至异化为“数据劳工”与“流量劳工”，以致沦为实现资本增殖的工具。据调查数据显示，在 14—28 岁中国青年群体中，73.11% 的青少年主要把钱花费在吃喝玩乐、朋友聚会上，近 20% 的人主要花费在游戏充值、动漫或明星周边上。当父母不允许购买且自身无力支付时，有 60% 的人会选择通过借钱、贷款等途径购买心仪商品。在这些享受性的个性消费、随意消费、狂欢娱乐背后呈现出的是青年群体的价值空虚，危害深重。此外，在利益的驱动下，资本诱导青年进行流量造假、恶意炒作、投票打榜，误导青年恶意造谣、互相攻击等现象层出不穷，“饭圈”违规集资、盲目“倒奶式追星”、网络平台的高额消费、拜金炫富等乱象频现，无不表明警惕资本对中国青年亚文化的利用和诱导迫在眉睫。

相关链接

“倒奶式追星”这一网络热词出自2021年某网络综艺选秀节目，指青年群体为给偶像投票，疯狂集资购买牛奶，然后再整箱倒掉的盲目追星行为。青年粉丝为了给心仪的偶像们投票，在购买牛奶后，只留下印有投票二维码的瓶盖进行扫码投票，瓶中牛奶则直接倒掉。尽管最终该节目停止录制，节目与赞助商双双道歉，但这种荒诞且疯狂的追星乱象已经暴露了资本链条的畸形传递，严重误导了青年的价值观和道德观，同时反映了部分中国青年在消费观和金钱观上存在的问题。

其次，青年亚文化乱象泛滥，是国外意识形态与价值观冲击的结果。随着全球化深入发展，文化全球化的表征日益显现。在互联网与新媒体的作用下，不同价值理念与外来文化思潮相互碰撞，呈现出前所未有的复杂性。由于青年是非价值观尚未定型，近年来西方社会思潮的传播和渗透主要瞄准了我国青少年群体。如盲目崇拜西方外来文化，在功利主义、拜金主义、个人主义等西方文化思潮的影响下，容易丧失对本土文化的自信与坚守。例如，部分青年群体热衷于欧美、日韩的影视作品，认为国产影视作品没有吸引力。这在一定程度上也说明，在外来社会思潮的冲击下，青年群体的民族文化认同感在降低。面对这种趋向，我们应当提高警惕，放大中国主流文化音量，对青年实现正确的价值观引领，阻隔、减轻国外不良意识形态的冲击与影响。

最后，青年亚文化乱象蔓延，是传统陈腐思想复活的结果。当前，传统陈腐思想具有明显复活倾向，如倡导“日常迷信”、消极无为等腐旧观念，已严重影响中国青年一代积极拼搏、乐观向上的心态，侵蚀着青年群体生机勃勃、开拓进取的力量。面对这种文化倾向需要坚决抵制、提高警惕，积极推动青年亚文化与主流文化相互交融渗透，帮助中国青年亚文化逐渐摆脱传统陈腐思想的操控。

相关链接

“当代年轻人，在上班和上学之间选择了上香，在求人和求己之间选择了求佛，最后在算数和算法之中选择了算命。”这是网络上的一句调侃，却是当前部分年轻人生活的真实写照。只是，沉迷其中的还是少数，大多数人持着“信而不迷”的态度。网上“玄学”的出现，说明对年轻人的思想教育还有空白需要填补。在互联网时代，应该努力创新思想政治工作的方式方法，用新媒体的语言和路径，让思想教育有意义、有意思，让年轻人听得进去、乐于接受，这样才能用正能量和积极向上的价值观滋养他们。

（二）脱序生长的多重危害

在“数据为王”“流量为王”的网络时代，中国青年亚文化乱象横生，泛娱乐化、庸俗化、商业化等特点日益显著，对中国青年亚文化的良性发展造成诸多危害。网络新媒体时代，信息传播速度和传播范围呈几何式飞速增长，负能量可实现短时间内迅速传播并形成一种不良亚文化现象。面对中国青年亚文化的乱象，除客观评价与批判外，更重要的是审慎分析、及时总结青年亚文化脱序生长的多重危害。

第一，挑战中华传统美德，弱化主流核心价值观。青年亚文化在某些方面与主流文化始终保持着对抗与争锋的关系。不同于与主流文化保持持续对抗的国外青年亚文化，中国青年亚文化依托于主流价值观形成和发展，并始终与传统文化和传统价值观念保持密切关联。青年亚文化作为青年社会舆论的表达阵地，主流意识形态不去占领，就势必受到各种不稳定因素的影响。如果放任乱象发展不施以管控，将导致中华传统美德不断面临挑战，社会主义核心价值观不断受到削弱，从而使中国青年乃至整个社会在价值追求与价值判断上迷茫不定，势必严重影响全社会的凝聚力与向心力的形成，甚至影响中国未来的发展和繁荣。

第二，削弱中国青年的文化认同与文化自信。所谓文化认同是一个国家或民族的人民在充分认识与理解自身文化的基础上形成的文化认同感与归属感。文化自信就是在对自身文化价值充分肯定和积极践行的基础上，对自身文化的生命力持有坚定信心。一个国家或民族人民的文化认同与文化自信的强弱，不仅关乎自身文化的传承与发展，更会对其宏观社会的发展产生重要影响。当前中国青年亚文化中存在崇洋媚外、解构传统、不尊重不相信本土文化等不良倾向，严重削减了中国青年的文化认同与文化自信，诱导中国青年在麻木与颓废中享受泛娱乐化带来的短暂且廉价的快感，容易陷入历史虚无主义、文化保守主义等误区。中国青年作为祖国未来的有生力量，绝不容许任何负能量干扰与影响其树立对民族文化的自信心和自豪感。正确引导中国青年增强文化认同、提升文化自信不仅迫在眉睫，而且必须久久为功、善作善成。

青少年为“偶像”打榜

第三，毒化青年人的心灵世界。青年心灵上的成长和塑造尤为重要。当前，中国青年亚文化的种种乱象迅速蔓延，且有愈演愈烈之势。其中的一些极端恶劣现象已经严重毒害青年人的身心健康，猛烈侵袭青年人的精神文化家园，给青少年正确价值观的形成造成不良影响。如跑偏的“偶像经济”、病态的“粉丝文化”、极端的“追星行为”等，使中国青年亚文化在一定范围内严重“走偏”，导致部分中国青年逐渐迷失自我、丧失价值判断。他们追星、网聊、游戏成瘾，陷入网络陷阱，不仅直接影响学习，还导致价值观偏差、审美畸形，严重危害健全人格的塑造。对待这些不良亚文化现象，我们亟须警惕并加以严控。

第四，易使青年人丧失底气、骨气、志气，无法成长为合格的建设者和接班人。以“丧文化”为例，作为近年来在青年群体中兴起的亚文化现象，其对青年群体的思维方式、行为理念、情感表达产生着重要影响。“丧文化”传递丧失感和挫败感，是青年群体在需求受阻或体验失败后的失落、沮丧、焦虑与绝望情绪的表达。在资本营销与网络传播的作用下，“丧文化”弱化个体存在价值，解构社会核心价值，侵蚀青年心智，诱导中国青年群体丧失底气、骨气、志气，失去对自我的确证、对生活的认可、对未来的期待，致使其难以承担建设者和接班人的重担。

名词解释

“丧文化”：指一些“90 后”“00 后”年轻人在现实生活中因为生活、学习、事业、情感等不顺，在网络上、生活中表达或表现出自己的沮丧而形成的一种文化趋势。

它是青年亚文化的一种新形式，指青年群体当中带有颓废、绝望、悲观等情绪和色彩的语言、文字或图画。以“废柴”“葛优躺”等为代表的“丧文化”的产生和流行，是青年亚文化在新媒体时代的一个缩影。

五、新时代怎样引导中国青年亚文化健康发展?

习近平总书记指出，“青年强，则国家强”，“全党要把青年工作作为战略性工作来抓，用党的科学理论武装青年，用党的初心使命感召青年，做青年朋友的知心人、青年工作的热心人、青年群众的引路人”。[①]引领青年养成积极良好的心态，在全社会共同营造积极健康的文化环境，是关涉党和国家未来的重要工作。新征程上，应当充分结合中国经济社会时代发展热点和青年发展特点，将青年文化教育引导作为党的重要战略工作、作为国家社会治理的重要领域来抓。

（一）强化政策落实：为中国青年文化建设营造积极向善的社会氛围

强化顶层设计，优化制度安排，是中国青年亚文化施治过程中的首要工作。这需要社会、学校、家庭三位一体共同努力，营造积极向善的社会氛围，为中国青年成长成才保驾护航。

相关链接

2017 年 4 月，中共中央、国务院印发《中长期青年发展规划（2016—2025 年）》，从青年思想道德、教育、健康、婚恋等十个方面为促进青年更好更快成长制定了发展目标和发展措施，为新时代中国青年健康成长提供了良好的政策保障。2022 年以来，习近平总书记在中国人民大学考察时、在庆祝中国共产主义青年团成立 100 周年大会上、在党的二十大报告中有关青年成长的重要论述，更是为新征程上中国青年施展才干、实现梦想提供了方向性指引。

首先，要从国家、社会层面为青年施展才干、实现梦想提供舞台保障。提供更广阔的“中心舞台”是打破“边缘化”的有力举措，中国青年亚文化的健康发展离不开国家与社会的保障支撑。习近平总书记在党

① 习近平：《高举中国特色社会主义伟大旗帜 为全面建设社会主义现代化国家而团结奋斗——在中国共产党第二十次全国代表大会上的报告》，人民出版社 2022 年版，第 71 页。

的二十大报告中指出："当代中国青年生逢其时，施展才干的舞台无比广阔，实现梦想的前景无比光明。"① 新的时代背景下，法治保障不断加强、政策保障日趋完善、社会保障更加健全、组织保障坚强有力，国家在政策上加大了解决青少年教育、就业和婚恋、育幼等方面难题的力度，帮助青年解决急难愁盼问题，为中国青年亚文化的健康发展提供了政策支持。要进一步推动政策落地落实，强化平台、资源建设，加强监督管理。一方面，相关部门要根据中国青年亚文化多元发展与风格化需求，主动研究、借鉴吸收对青年亚文化有益的呈现形式、传播手法及话语体系。另一方面，有必要针对中国青年亚文化现象出台更细更实的管理政策，创新监管方式，严格内容管理，划出底线红线，切实加强对青年及未成年人的保护。

近年来，一些主流新闻媒体和政务机构纷纷入驻 B 站，尝试用青年喜闻乐见的形式有效传递家国情怀、民族精神与核心价值，"共青团中央"更成为 B 站首个千万粉丝政务账号。这些都说明，主流媒体已经注意到了青年亚文化正向引导的重要性，并正在努力发挥积极作用。未来，仍须在建立与中国青年沟通的桥梁、探索与打造适应当代青年的主流文化产品等方面多下功夫，让中国青年在拥有充分发展空间的同时，主动接受主流意识形态的引领与指导，帮助青年亚文化走出"边缘化"，让中国青年在全面建设社会主义现代化国家的火热实践中接续奋斗。

其次，要从学校教育入手引导中国青年亚文化。教育是全面建设社会主义现代化国家的基础性、战略性支撑，关乎国之大计、党之大计。

① 习近平：《高举中国特色社会主义伟大旗帜　为全面建设社会主义现代化国家而团结奋斗——在中国共产党第二十次全国代表大会上的报告》，人民出版社 2022 年版，第 71 页。

破解青年亚文化“越轨化”难题，引导其健康有序成长，教育是关键性环节，学校是关键性场所。从学校教育入手引导青年亚文化高质量发展，一是要牢记“立德树人”根本任务，办好思政课，注重课程思政，增强思想政治教育的话语权和影响力，引导青年自觉学习、认同主流文化；二是要继续深化思想政治教育的改革创新，搭建“大思政课”资源平台，采用多元化教学手段，提供线上线下高质量教学资源，以改革推动主流文化扩大覆盖面、增强吸引力，以创新激发亚文化向上向善发展；三是要加强校园文化建设，丰富第二课堂教学，打造能对青年群体的思想文化教育与道德熏陶形成正向影响的人文环境，进而有效引导中国青年树立正向的思想观念和行为模式，塑造正确的世界观、人生观和价值观。

“马克思主义·青年说”是由中共江苏省委宣传部、中共江苏省委省级机关工委、中共江苏省委教育工委、共青团江苏省委、新华报业传媒集团共同主办的系列活动。活动旨在通过诵读马列经典、征文、演讲、情景剧等形式，通俗生动地宣传马克思主义，是贯彻落实习近平新时代中国特色社会主义思想、积极推进马克思主义大众化的生动实践。2023 年 6 月 30 日，第七届“马克思主义·青年说”系列活动开幕

最后，要从家庭教育、家庭氛围营造角度推动中国青年亚文化良性发展。家庭教育是教育的开端，关乎未成年人的终身发展和家庭的幸福安宁，也关乎国家发展、民族进步、社会和谐稳定。家庭是青年的第一所学校，父母是子女的第一任老师，家庭教育与家庭氛围对青年成长发展具有举足轻重的作用。风格化特征背后隐藏的情绪发泄、心理缓释、

交际诉求等问题，如果能够从家庭教育的层面首先引导得当，那么进一步衍生出冷漠、颓废等脱序亚文化的可能性就会大为缩减。为了发扬中华民族重视家庭教育的优良传统，引导全社会注重家庭、家教、家风，增进家庭幸福与社会和谐，培养德智体美劳全面发展的社会主义建设者和接班人，2021 年 10 月 23 日，《中华人民共和国家庭教育促进法》颁布，并于 2022 年 1 月 1 日起正式施行。至此，家庭教育正式纳入国家教育事业发展规划和法治化管理轨道。引导青年亚文化良性发展，家庭教育有必要着眼于社会发展要求，致力于塑造与培养青年的正确“三观”，积极提升监管效力，与国家、社会、学校合力，为青年健康发展提供安全的环境保障，为青年成长成才创造有利条件。

相关链接

《中华人民共和国家庭教育促进法》旨在加强家庭教育的法制化建设，促进家庭教育的健康有序发展，提高家庭教育的质量。其内容主要包括总则、家庭责任、国家支持、社会协同、法律责任和附则共六个章节。该法明确了家庭教育的重要性，强调了父母或其他法定监护人在家庭教育中的主体地位和责任，规定了家庭教育的基本内容，同时明确了国家、社会在家庭教育方面的职责和义务。《中华人民共和国家庭教育促进法》的出台反映了社会对家庭教育的重视和关注，为家庭教育的发展提供了法律依据和支持。

（二）加强监督管理：为中国青年亚文化营造清朗的网络空间

网络空间是青年亚文化创新与实践的重要阵地，是中国青年的精神家园。调查数据显示，我国未成年的网民规模已经接近 2 亿，未成年人互联网普及率达到 97.2%。互联网文化的繁荣和发展在一定程度上改变了原有的社会阶层结构，促进了不同阶层间的平等对话，推动了各类文化融合发展。但不可忽视的是，近年来在网络文化泛娱乐化发展的趋向下，藏匿于网络空间的畸形产物也在不断涌现，形成了不少负面影响。为防止不良网络亚文化对中国青年的侵蚀，相关部门已经开始制定法律法规，加大对互联网的监管力度。如 2022 年 3 月 12 日，国家发展改革委、商务部印发《市场准入负面清单（2022 年版）》，明确要求禁止违规开展新闻传媒相关业务，包括非公有资本不得从事新闻采编播发业务等六项内容。尽管如此，当前网络空间监管仍存在不少问题，如行业处置标准不统一，各平台处置尺度不同、缺乏一定依据，执法协同策略还不完善，等等。对此，相关部门应及时出台政策、采取措施，大力整顿和优化互联网生态环境，禁止不良文化肆意传播，合理引导青年亚文化有序发展，为青年营造风清气正的网络空间。

一方面，深入优化互联网生态空间。作为青年亚文化创新与实践的重要阵地，网络空间的优劣程度将直接影响青年群体的成长与发展。面对网络空间催生出的低俗、色情、暴力、诈骗等不良亚文化现象，须最大限度压缩与阻隔负面效能在网络空间的传播渠道与传播范围，大力削弱或消除不良亚文化现象在网络空间的地位与影响，有效防范青年亚文化泛娱乐化、庸俗化或商业化。同时，须进一步引导、控制青年亚文化产业规模，为青年群体提供安全、健康、优质的互联网生态空间，严防不良文化伺机侵袭。

另一方面，着力加强互联网监管力度。当前，相关部门对网络空间的监管与治理相对滞后。监管与治理应紧跟网络文化产业的发展速度，及时完善相关法律法规，通过行之有效的政府规定，更加严格地规范使用网络空间的行为与方式。同时，更加及时有效地引导舆论，推动网络产业尽快形成成熟的产业规则与伦理规范，监督网络社群健康良性发展，使网络空间不断输出健康、积极的主流价值观和主流文化元素，给予青年充分的表达空间，满足其个性彰显的需求。

相关链接

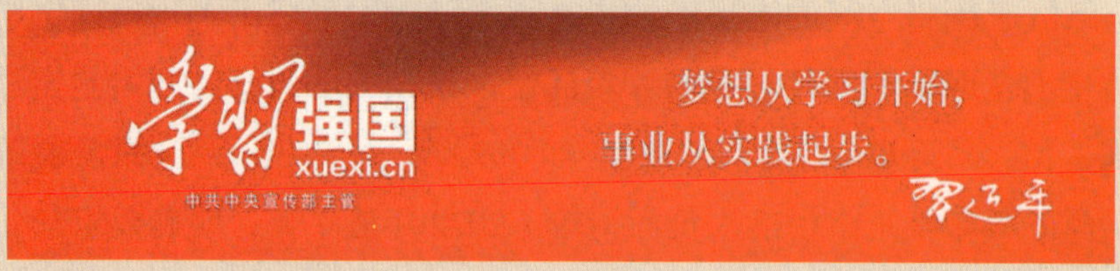

近年来“学习强国”的风靡就提供了一个最好的范例。作为一种多媒体呈现与多资源整合的信息交融平台，“学习强国”以学习、宣传习近平新时代中国特色社会主义思想为主要内容，自推出以来，常年在多个教育类软件排行榜中占据重要位置。“学习强国”的成功启示我们，有关部门应主动占领并利用好新媒体传播的途径与方式，尤其要注重打造主流意识形态信息集成平台，创新传播形式，营造积极、健康、向上的舆论环境来帮助青年抵御亚文化中不利因素的侵袭。

（三）坚定文化自信：在传承弘扬中华优秀传统文化中推进青年文化创新发展

博大精深的中华优秀传统文化是中华民族的根与魂。习近平总书记指出，“中国文化源远流长，中华文明博大精深”，“在新的起点上继续推动文化繁荣、建设文化强国、建设中华民族现代文明，是我们在新时代新的文化使命”。① 继承与弘扬中华优秀传统文化对引导青年坚定文化自信、砥砺青年不断奋进具有至关重要的作用。

首先，要坚定文化自信，提高青年群体对中华优秀传统文化的认知水平。文化自信须建立在对文化内容充分认知与了解的基础上。只有对

① 习近平：《在文化传承发展座谈会上的讲话》，《求是》2023 年第 17 期。

民族文化充分了解，才能形成强烈的认同感与归属感。一是发挥学校教育的主导作用，帮助学生深入了解中华优秀传统文化的精神内核与价值内涵；二是打造优质文化精品力作，增强中华优秀传统文化对青年的吸引力，提高青年对传统文化的学习兴趣，培养青年传承民族文化的意识；三是充分利用网络新媒体，传播形式新颖、内涵丰富、特色鲜明的优秀传统文化内容，充分培养和建立青年的文化自信。

相关链接

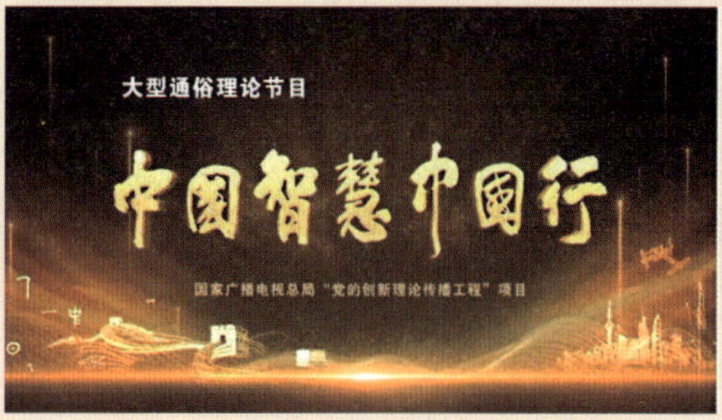

《中国智慧中国行》是由国家广播电视总局指导，中共江苏省委宣传部、江苏省广播电视局、江苏省广播电视总台联合出品的大型通俗理论节目。该节目从“天下为公、民为邦本、为政以德、革故鼎新、任人唯贤、天人合一、自强不息、厚德载物、讲信修睦、亲仁善邻”十个代表中华文明智慧结晶的重要理念展开，既追本溯源，深度解读中华优秀传统文化的源头与流变，更借古开今，深入阐释“第二个结合”对坚持和发展马克思主义作出的重大原创性贡献。节目在精准阐述理论的同时，创新呈现方式，融入诗词歌赋、书法篆刻、戏曲武术等中华优秀传统文化元素，给人以文化的熏陶和美的享受，生动呈现中华优秀传统文化创造性转化、创新性发展的伟大实践。

其次，要坚持创新发展，推动中华优秀传统文化的创造性转化与创新性发展。不忘本来才能开辟未来，善于继承才能更好创新。中华优秀传统文化当中蕴含着中华民族宝贵的精神财富，是中华民族取之不尽、用之不竭的文化宝库。在国家传承弘扬中华优秀传统文化的时代背景下，应积极引导鼓励青年正确把握时代需求、创新传承优秀传统文化基因，使中华优秀传统文化释放出更鲜活、更富有时代性的力量，从而更好地让青年感受中华优秀传统文化的独特魅力，进一步深化青年对社会主义核心价值观的认同，增强青年的文化自信心与文化认同感。

最后，要深入挖掘中华优秀传统文化的价值内涵，为青年亚文化正向发展注入活力。当前青年群体展现出对传统文化的极大热情，正在以一种潮流的形式对优秀传统文化内涵进行挖掘，诸如国潮文化、汉服文化、古风文化等文化现象深受青年人的喜爱。应积极引导青年从优秀传统文化当中汲取文化资源与精神力量，不断开发传统文化价值，增加传统文化厚度。同时，应鼓励青年在借鉴汲取的同时对中华优秀传统文化进行二次创作，使越来越多的优秀传统文化元素成为青年亚文化的符号，以青年亚文化的形式为中华优秀传统文化的传承注入新的活力，并在收获文化体验的过程中凝聚文化自信的力量。

深度阅读

习近平：《论党的青年工作》，中央文献出版社 2022 年版。

习近平：《在庆祝中国共产主义青年团成立 100 周年大会上的讲话》，人民出版社 2022 年版。

习近平：《在纪念五四运动 100 周年大会上的讲话》，《人民日报》2019 年 5 月 1 日。

（执笔人：张亮、张晓、周白冰）

第九章
如何看待女权主义及其滥用？

世界的发展需要进入更加平等、包容、可持续的轨道，妇女事业是衡量的重要标尺。保障妇女权益必须上升为国家意志。要以疫后恢复为契机，为妇女参政提供新机遇，提高妇女参与国家和经济文化社会事务管理水平。我们要消除针对妇女的偏见、歧视、暴力，让性别平等真正成为全社会共同遵循的行为规范和价值标准。

——2020 年 10 月 1 日，习近平主席在联合国大会纪念北京世界妇女大会 25 周年高级别会议上的讲话女权主义（feminism），也称“女性主义”，最早产生于 18 世纪末大革命时期的法国，后在英美等西方资本主义国家及世界其他国家陆续出现。最初的女权主义运动旨在唤醒女性意识、批判男女不平等关系、争取女性合法权益，曾对 19—20 世纪欧美社会进步发挥了积极作用。20 世纪 60 年代末 70 年代初，在欧美民权运动的兴起过程中，激进女权主义（radical feminism）应运而生。激进女权主义崇尚消除性别分工，创造了独立的女性理论，但发展趋势呈现反性别主义和女性中心主义，最终“劫持”“绑架”了西方的女权主义运动。近年来国内出现的极端女权虽然打着“女权”的旗号，实质上却偏离了女权主义追求男女平等、实现妇女解放的初衷，是对女权主义的滥用。中国共产党自成立之初就把妇女解放和男女平等作为实现人的自由平等的题中之义，经过百年奋斗，领导中国妇女事业取得了举世瞩目的成就。进入新时代，中国共产党秉持“平等、发展、共享”理念，在更高水平上促进男女平等，引领亿万妇女为强国建设、民族复兴建功立业，将妇女事业发展推向全新的历史高度。

一、女权主义曾对社会进步发挥了什么样的作用？

女权主义源于欧洲启蒙运动，是 19—20 世纪推动欧美社会进步的重要思想流派。五四新文化运动中，女权主义被引介至我国。学者结合当时西方女权主义实践的特点和中国社会的现状，将“feminism”译为“女权主义”，传达了进步知识界的革命性期待。在汉语语境中，“女权主义”和“女性主义”的内涵各有侧重但也经常混用，总体表达的都是提高女性地位、争取妇女权益的思想。

（一）女权主义的由来

女权主义和妇女运动发端于 18 世纪末期的法国。资产阶级启蒙运动中的“自由”“平等”“天赋人权”等思想为女权主义的诞生做好了理论上的准备，1789 年 7 月法国大革命的爆发则为妇女运动正式走上历史舞台提供了契机。1789 年 10 月，一群巴黎妇女进军凡尔赛，向国民议会要求与男性平等的合法人权，由此揭开了妇女运动的序幕。1791 年，法国女权主义者奥兰普·德古热（Olympe de Gouges）发表《女权宣言》，提出 17 条废除男性特权的要求，标志着完整的女权思想的问世。1792 年，英国女权主义者玛丽·沃斯通克拉夫特（Mary Wollstonecraft）出版《女权辩护：关于政治和道德问题的批评》，猛烈抨击英国社会强加给女性的价值观和各类限制，要求给予女性与男性平等的受教育权、工作权和选举权。该书后来被称为“英美女权主义历史上的奠基之作”和“女权主义的独立宣言”，而玛丽·沃斯通克拉夫特也被尊为世界女权运动的先驱和“首位重要的女权主义者”。此后，女权主义伴随着资产阶级革命在欧美国家传播开来，成为 19—20 世纪资产阶级革命和社会改革运动的先锋力量。

相关链接

《女权宣言》原名《女权与女公民权宣言》。德古热意识到 1789 年发表的《人权宣言》依旧是男性的宣言，妇女没有从宣言中得到任何平等的权利。因此，她以《人权宣言》为改编依据，几乎以完全相同的形式写出了《女权与女公民权宣言》。该宣言包括前言和 17 项内容，其中有 14 项基本上是采用了《人权宣言》的内容，只不过将《人权宣言》中的“男人”和“公民”替换成了“女人”和“女公民”。在改写的同时，德古热也对妇女的权利进行了补充完善。

1837 年，“女权主义 / 女性主义”作为术语第一次以法语形式（féminisme）出现，后约于 1910 年进入英语词汇，旨在表达基于天赋人权而产生的、以男女平权或男女平等为核心的思想和理论。在西方，“‘女性主义’是关于一种复杂现象的一般性的一个词……它关心妇女的地位……现代女性主义的语言和目标出现于启蒙运动和法国大革命后，它追求妇女的权利、性别平等，并对‘妇女’一词重新定义”①。

立场不同，对女权主义的认识自然不同。对女权主义的支持者而言，女权主义代表的是那些独立的、觉醒的、追求自由的女性所持有的观点；而在女权主义的反对者眼中，女权主义者往往是些偏激、刻板、离经叛道的女人。今天，在女权主义内部，不同流派的自我理解也不尽相同。但总体而言，女权主义被认为涉及四个方面：在理论上，是一种追求男女平等的思想，反对女性遭受任何形式“重男轻女”的对待；在政治上，是一种政治斗争，呼吁女性为获得政治、经济和社会地位而抗争；在文化上，是一种意识形态，要求消除对女性的歧视，推翻男性对社会的统治；在实践上，是一种社会运动，呼吁女权主义者投身到反对女性压迫和创造女性空间的活动中去。

（二）女权主义的三次浪潮

从女权主义概念出现至今，西方女权主义经历了三次规模性的发展浪潮。这三次浪潮既一脉相承又各有侧重，反映了 200 余年来女权主义追随者对妇女压迫的积极抗争和女性意识的不断深化，体现了不同时代女性对性别权益的不同需求。

19 世纪中叶至 20 世纪初，女权主义逐渐转变为有组织的社会运动，史称第一波女权主义。1848 年，第一次女权大会在纽约州塞尼卡福尔斯

①David Miller(ed.), *The Blackwell Encyclopaedia of Political Thought*， London：Basil Blackwell Ltd.，1987，p.151.

市召开，标志着女权主义运动组织化和国际化就此开端。1909 年，纽约爆发了历史上第一次有组织的劳动妇女示威游行，并将妇女解放运动的火焰燃烧到全世界。1919 年，美国国会通过宪法修正案，承认了妇女的选举权。1920 年，这一修正案在 36 个州获得批准，美国女性终于赢得和男性平等的政治权利。在欧洲，被誉为“国际妇女运动之母”的克拉拉·蔡特金（Clara Zetkin）领导了妇女同工同酬运动。1921 年 9 月，蔡特金在莫斯科主持第二届国际共产主义妇女代表会议，会议决议把每年 3 月 8 日作为国际妇女节。第一波女权主义浪潮深深地植根于各个国家的社会政治生活当中，相信女性的价值能够在公共领域得到充分的展现，鼓励女性进入公共领域，要求女性的经济平等、政治平等和职业平等；其主导思想是争取妇女作为人的解放和作为女性的解放，目标是消除女性作为人获得全面发展的一切障碍。在第一波女权主义的不懈努力下，欧美等国家和地区最终正式确认了政治生活中女性拥有与男性同样的选举权。之后，女权主义思想家开始对妇女受压迫的根源及解放的路径进行更深层次、更多元化的思考。

1949 年，法国存在主义作家西蒙娜·德·波伏瓦（Simone de Beauvoir）出版《第二性》，深度探索了女性作为“他者”的根源与现实，认为“女人不是天生的，而是后天形成的”①，被认为预示了第二波女权主义的形成。随着 20 世纪 60 年代欧美民权运动的兴起，第二波女权主义正式登上历史舞台。第二波女权主义流派众多，其中影响力最大的是自由主义女权主义、马克思主义女权主义、激进女权主义等。自由主义女权主义是早期女性主义和第一波女权主义的延伸，强调每个人都与生俱来享有“天赋”的同样的权利。马克思主义女权主义从恩格斯关于“两性不平等的起源是私有制”的观点出发，认为对妇女的压迫伴随

① ［法］西蒙娜·德·波伏瓦：《第二性Ⅱ》，郑克鲁译，上海译文出版社 2011 年版，第 9 页。

相关链接

法国女作家，存在主义文学代表人物之一。所作小说《女宾》《人总是要死的》《名士风流》《他人的血》等，多以人生的孤独、存在的荒诞、生活的虚幻以及自由与责任的矛盾为主题，反映了第二次世界大战前后欧洲知识分子的精神状态。论著《第二性》表达了鲜明的女性主义观点，对欧美的女权主义运动产生了重要影响。

西蒙娜·德·波伏瓦

着私有制出现，如果要消灭压迫，就必须以社会主义取代资本主义，通过解放生产力使全部女性的经济独立于男性，进而实现女性的全面解放。激进女权主义认为现行社会是父权制社会，妇女不可能通过现有的政治改革和经济制度的改变得到解放，唯有推翻父权制社会，妇女才能从根源上解除压迫。较之于注重平权实践的第一波女权主义，第二波女权主义更擅长理论反思和批判。这在很大程度上是因为她们发现，获得了选举权的女性仍然处于文化和观念上的从属地位，进而导致个人和群体在生活方式选择、社会薪酬水平和职业发展等方面矛盾依然突出，而这些矛盾短时期内又难以从根本上解决，于是不得不从实践退回理论思考。

20 世纪 80 年代以后，在第二波女权主义持续分化发展的基础上，第三波女权主义以更激进的理论姿态走上历史舞台。第三波女权主义不仅批评男权，而且批评第二波女权主义。她们认为第二波女权主义过于强调妇女反对压迫和争取平权等目标的同一性，造成了“千人一面”的扁平化女性形象，忽略了不同地区、身份和文化背景的女性的不同需求，其理论已经过时。第三波女权主义强调，不论性别取向、高矮胖瘦、年纪大小、阶级出身如何，都要从自己的立场出发决定女性应有的特质和应争取的权利，展现女性个体的真实需要与个人魅力。但过犹不及，第三波女权主义者把“美”定义为她们想要的任何东西，导致第三波女权主义时常被讥讽为“高跟鞋女权主义”或“唇膏女权主义”。

（三）曾为时代强音的女权主义

女权主义作为西方进步主义的“合奏者”，曾在实践上和理论上均对西方资本主义国家乃至整个现代世界的社会进步发挥了积极的作用。

第一，推进政治平等。在政治上消除女性“缺位”，是女权主义实现男女平等的首要目标。现代社会开启之前，绝大多数国家和民族的女性在法律上并未享有与男性同样的政治地位，她们在选举权、劳动权和继承权等各方面均受到极大限制。法国资产阶级革命给予了女性挑战性别不公的现实契机。在早期女权主义者的不懈努力下，20 世纪的美国女性率先取得了与男性相同的选举权，之后在世界范围内逐步实现了女性与男性政治权利的均等。现如今，男女拥有同等权利写入绝大多数文明国家的宪法，女性在具体的劳动、财产、继承、受教育等权利义务方面与男性无异，法律对妇女以及弱势群体的特殊保护也直接或间接地得以实现。

第二，推进经济平等。在经济上争取独立，是女性追求与男性平等的物质源泉。传统社会女性囿于家庭事务无法展现其社会才能，这与女性在就业、收入以及财产所有权、继承权上和男性居于不平等地位有着直接关系。早期女权主义者争取就业权利和呼吁同工同酬，解除了女性“只有家庭”的生活方式，也打破了男性和女性在经济权利上的极度不平衡，推动女性走出家庭、参与社会生活、创造经济价值。现代女权主义者积极关注薪酬水平和个人与职业发展的不公，对女性实现经济独立、发挥社会才能以及两性分担家庭事务起到了积极的推动作用，使女性能够深度且全方位地参与到社会建设和社会治理中来。

第三，推进文化平等。在文化上注重女性教育、肯定女性价值，是女性获得平等地位的必然要求。传统社会女性普遍难以获得与男性同等的受教育权利。封建社会虽有“女校”或“女塾”，但多是特权阶级女性的教学场所，且教授的内容也与更好地服务男性相关。早期女性主义者不仅要求女性有普遍受教育的机会，而且严厉批判传统教育中的性别化现象，为男女享有平等的受教育权利以及义务教育的普及作出了贡献。20 世纪的文化女权主义主张创造一种社会历史层面的女性文化，重新开拓女性的文化空间，重估女性对人类技术发展的贡献，与自由女权主义合力推动了进步主义运动时期美国社会新女性的崛起。女权主义者的这些做法，均为实现教育上的男女平等、尊重女性价值起到了重要作用。

第四，影响性别观念变革。在观念上破除男权，是女性推翻压迫以及全社会实现平等的内在需求。男性把持家庭和社会话语权的历史漫长，社会意识形态也长期呈现男性为主导的特征。早期女权主义者重在挑战男性社会的固化意识，解除“女性应该在家庭中被教化”的观念；现代女权主义者则更注重突破父权意识形态的藩篱，积极营造女性化或去男性化的社会观念，如生态女权主义反对人类中心论和人统治自然的思想，第三世界女权主义关注发展中国家妇女和少数民族妇女遭受性别压迫和种族歧视问题。现代女权主义者对男权观念的挑战曾经直接推动了女权主义理论的兴起，为变革旧的男权思维、创造去男性化的社会意识、营造平等的社会环境提供了观念上的支撑。如今，女权主义者仍在反对家庭和社会暴力、职场潜规则，争取婚姻权和生育权自由，以及反对种族歧视、消弭贫富差距和保障老弱病残等方面发挥着积极作用。

二、形形色色的女权主义流派有着怎样的特点？

女权主义历经三波浪潮，其内部已经发生严重裂变，根据思想渊源、实践主体和任务目标的不同，形成了形形色色的流派。在众多流派当中，尤以第二波女权主义浪潮中的自由主义女权主义、马克思主义女权主义、激进女权主义以及第三波女权主义浪潮中的后现代女权主义影响最大。可以说，如今的女权主义流派多数是从以上流派发展而来的，既有继承亦有创新，从而构成了今日女权主义的整体图景。

（一）人权与自由：自由主义女权主义

顾名思义，自由主义女权主义源于对西方自由主义理念的遵循与革新。面对长久以来西方自由主义实践中仅将男性作为主体的“人”的现实，自由主义女权主义认为，由于“天赋人权”，妇女首先是作为主体的一般人，其次才是具有性别的人；妇女受压迫的根本原因是传统社会压抑和束缚了女性的潜能，使女性被迫屈服于男性所创造的法律和制度。有学者指出，如果女性的能力果真不如男性，那么不胜任的女性就会在竞争过程中被淘汰，不需要一开始就排除女性参与竞争的机会；并且，如果女性的能力不输给男性，那么开放机会给女性，会给社会带来更多优秀人才，使社会运作更有效率。自由主义女权主义者着力将女性纳入自由主义体系，呼吁政府保障女性享有自由的人权，开放自由市场满足女性个体需求。

自由主义女权主义者对传统女性的家庭角色进行了严厉的批评。她们认为，家庭主妇的形象和母亲照料孩子的责任是由父权社会所构建的，性别差异造成的社会分工是由文化塑造的，而非生理上的必然。因此，自由主义女权主义呼吁妇女走出家庭、奔赴事业、积极从事公共领域的活动，其政治主张与社会改革方案体现在废除歧视性法律、制定中性法律反对性别之分、制定反歧视法以及以法律加速性别平等的推行等方面。

自由主义女权主义的优势在于从人权的角度出发，关注女性作为人的基本权益，鼓励女性发挥个人潜能，以理性而非文化为评判价值的标准，客观上推动了文化上、政治上的性别平等。其局限在于，自由主义女权主义呼吁的是在现存资本主义社会内做教育上和法律上的改革和斗争，未能触及资本主义社会的本质和父权社会的灵魂，对资本主义的遵循与妥协注定其不可能引领一场彻底的女性革命。

（二）阶级与性别：马克思主义女权主义

20 世纪 60 年代末 70 年代初，部分西方女权主义者在探索女性受压迫及其解放的新解释路径和新实践可能性的过程中，或以马克思、恩格斯的基本思想、观点为理论支撑，或将马克思主义与其他时代思潮相结合，对现当代妇女——特别是生活在资本主义制度之下的妇女的现实境遇展开了理论反思。马克思主义女权主义由此发端，并发展出了社会主义女权主义。

马克思主义女权主义虽然和社会主义女权主义同源，但理论出发点有所不同。研究者一般认为，在探讨女性受压迫的根源时，前者以物质经济为出发点，后者以物质经济和父权社会的交叉为出发点。马克思主义女权主义以异化理论、剩余价值理论分析妇女受压迫的原因，认为在资本主义社会里，工人的劳动被异化，女性的生育养育劳动也被异化；资本家剥削了工人的剩余价值，男人也剥削了女人生育养育的剩余价值。支持者认为，只有将女性所做的家庭工作包含在社会生产领域内才能够解除女性受压迫的历史，而只有在社会主义制度下才能结束“家庭内丈夫是资产阶级，妻子代表无产阶级”的局面。

社会主义女权主义认为建立社会主义制度是实现女性解放的前提。其融合了马克思主义女权主义和激进女权主义的观点，发展出资本主义社会和父权社会相互交错重叠的统合系统理论（双系统理论），认为单一的反资本主义或反性别压迫无法实现妇女解放，只有双管齐下才可能真正实现性别平等。统合系统理论认为，资本主义社会对女性构成物质压迫，父权社会对女性构成精神压迫，两者不可分离，共同构成了资本主义父权社会。因此，社会主义女权主义意在通过社会主义消灭阶级压迫，通过女性生育自由消灭性别压迫，从而在社会结构上实现彻底的妇女解放。

对马克思主义的引入和对社会主义的追求使得马克思主义女权主义成为 20 世纪女权主义的先锋流派。随着理论的发展，马克思主义女权主义越发呈现多元文化视角，但多元化给女权主义带来的是加速分裂还是重获生命力，就目前的理论发展来看尚无定论。21 世纪以来，部分女权主义学者自觉回到马克思的思想范式，诉诸马克思主义方法论，以建构新的理论形态；但必须看到，这种“回归”路径也存在不可避免的缺陷。在现实层面，马克思主义女权主义难以从实质上突破资本主义的制度框架，在确立革命主体时未超越既有的阶级划分方式，难以在最大程度上实现女性的真正联合；就理论本身而言，对马克思主义的精髓和实质也缺乏统一的定论。总体而言，理论家们虽然认识到了马克思主义理论作为方法论的重要性，但如何在现实层面将其转变为改造世界的力量却是棘手的问题。

（三）政治与利益：激进女权主义

1969 年，女性主义者卡罗尔·汉尼斯克（Carol Hanisch）提出了口号“个人的就是政治的”（The Personal is Political），该口号成为第二波女权主义浪潮的箴言。作为美国新左派运动的代表，第二波女权主义与同时期的民权运动、青年反叛运动一样对现实制度不满，于是有人选择将个人和家庭的问题上升为政治和制度的弊端，从而催生了激进女权主义的出现。

激进的氛围势必造就激进的观点。激进女权主义认为对女性的压迫是最早、最广泛和最深沉的人类压迫形式，推翻父权制正是破解一切不

走上纽约街头的激进女权主义者

平等关系的起点。不可否认，激进女权主义的父权制理论具有时代合理性。其弥补了一种基于性别的政治分析范式，助力了弱势群体的觉醒和多元主义浪潮的形成。然而，激进女权主义不可避免地迅速走向分裂与偏执，客观上为当代世界范围内女权主义极端化的各种乱象滋生埋下了伏笔。反性别主义和女性中心主义逐渐泛滥并成为激进女权主义的主题，维护女同性恋与跨性别者权利、支持极端性解放与堕胎的公民团体开始“大展拳脚”。欧美选举政治对民意的倚赖，导致社会越发呈现出民粹主义的倾向，激进女权主义各团体的影响越来越广泛，进而渗透到政治决策当中。她们不懈地推陈出新，始终为群体利益发声，但本质上早已偏离了女权主义推翻父权制的理念，成为资本主义制度的拥护者与附属品，挑战着传统的性别观念与认知。

当旨在维护全体女性利益的女权主义成为特殊群体的维护者，反对现有制度的激进女性团体成为政治决策的既得利益者时，激进女权主义的拐点到来了——男女是否真正平等并不重要，女性不公或制造女性不公的话题，才是激进女权主义生存的关键。在党争与女性团体的双向互动中，政党通过争取女性团体获得选票，女性团体也要求政党在决策中兑现承诺。“个人即政治”最终演变成“政治即利益”。在利益的驱使下，激进女权主义形成了一套错误的斗争逻辑，不同的诉求形成不同的利益集团，但抗争的出发点都是可以获得资源的“政治正确”。女权主义理论家苏珊·布朗米勒（Susan Brownmiller）曾说：“一夜之间就有许多人转变为女同性恋者，我认识的许多运动家忽然都改变了取向。”不仅如此，欧美大量女性公民集团为了获取利益不惜制造对立与矛盾，不断强调社会不公，试图通过制造话题、扩大影响力来吸收信众、获取政治筹码，以期和参与党争的党派及其他利益集团互换支持。2022 年 6 月 27 日《纽约邮报》（*New York Post*）报道，在纽约市女子滑板比赛中，跨性别选手击败 13 岁女孩获得冠军。这再次引发了关于女子运动中跨性别者参赛公平性的辩论。如今，欧美激进女权主义的影响正在“东扩”。尽管东西方政治制度不同，“制造对立—吸引关注—获取利益”的套路却如出一辙，这种现象值得引起我国政府和社会各界的关注与警惕。

（四）差异与多元：后现代女权主义

随着西方国家进入后工业化进程，后现代女权主义流派应运而生。作为第三波女权主义浪潮的代表性流派，后现代女权主义也被许多理论家看作是第三次女权主义浪潮本身。后现代女权主义创造性地提出了“没有性别，只有区别”的看法，突出了后现代主义挑战和怀疑“知识普适性”的社会意识。

后现代女权主义虽然关心传统的父权制问题，但更多的是对之前的女权主义进行批判。她们不再将妇女受压迫的历史作为一种统一的社会存在，而是将妇女置于具体时空和特定文化中探讨女性受压迫的事实，使人们认识到不同妇女受压迫的方式和程度，了解妇女受压迫根源的特殊性。朱迪斯·巴特勒（Judith Butler）在《性别麻烦：女性主义与身份的颠覆》（*Gender Trouble:Feminism and the Subversion of Identity*）中提出性别操演理论，认为性别的实质是一系列操演行为在话语规则内的重复性规训。后现代女权主义认为，在普适性观念中，女性是缺席的、不可见的、沉默的，需要创造一套新的女性话语来否定一切宏大叙事和宏大理论体系。

需要看到的是，后现代女权主义在突出女性个体差异性的同时，也给女权主义的前途带来了若干无法回避的隐患。一是当宏大叙事被完全抛弃时，性别平等的共同目标亦有被抛弃的风险。如同列宁所说：“世界历史发展的一般规律，不仅丝毫不排斥个别发展阶段在发展的形式或顺序上表现出特殊性，反而是以此为前提的。”[①] 事物与事物发展的一般规律也恰是以事物的特殊性为前提的。因此，为强调个性而抛弃性别平等的共同目标，是一种本末倒置的做法，不仅不利于全人类妇女解放，更可能阻挡世界女性主义运动的发展。二是过于强调个体差异，会被逐利者或别有用心者放大为权利正当。借用后现代主义强调的个体差异性进行性别诡辩以达到个人逐利的目的，会导致社会秩序和伦理道德的混乱。在这个意义上，后现代女权主义之所以被认为是激进女权主义的延伸，正在于虽然前者强调个体，后者强调群体，但两者都造成了对女性身份的滥用，最终导致了女权主义的极端化倾向。

现如今，虽然女性主义理论和实践“该分该合”的根本分歧仍然存在，但总体而言，由于受到后现代主义和多元文化理论强调差异性的鼓舞，女权主义理论变得越来越具体，越来越关注妇女之间的差别——尤其是在种族、阶级、民族背景和性方面的差异性。在此影响下，女权主义不断发展，第三世界女权主义、黑人女权主义、基督教女权主义、跨性别女权主义等形形色色的流派应运而生，展示了当今女权主义的多元样貌。

三、网络上的伪女权主义从哪里来？

中国妇女解放运动有着不同于西方女权主义发展的逻辑与传统。虽然 19 世纪下半叶“西学东渐”的浪潮客观上向中国输入了西方妇女运动的理念和男女平等的思想，但直到 20 世纪初马克思主义妇女解放理论传入中国，人们才真正开始探究妇女受压迫的社会历史根源和制度根源，思考妇女解放的性质、目标和道路等问题，并进一步突破女权主义的局

① 《列宁选集》第 4 卷，人民出版社 1995 年版，第 776 页。

限，促进了中国妇女运动的发展。近年来，中国网络上出现了所谓的“女权主义”声音，以妇女解放和维护女性权益的名义制造网络暴力、挑动性别对立，被网友形象地称作“女拳主义”或“田园女权”。“女拳主义”打着“妇女解放”的幌子，却和中国共产党领导的妇女解放运动截然不同。本质上，活跃于中国网络上的“女拳主义”由国外输入，支持者通过制造不满获取利益，是西方极端化的女权主义渗透到我国后的变种。

女权与田园女权的区别

（一）走火入魔的极端女权

虽然极端女权宣称自己是“当代的女权主义”，但只是冠有“女权”之名，并不是真正的女权主义。从女权运动的发展史来看，女权主义从来没有形成过一个固定的教派或拥有一个真正的“教主”，20 世纪女权主义的发展恰是以多元文化思想为前提的。极端女权在鼓吹西方价值观的同时，呈现出一种“原教旨主义”倾向。极端女权没有系统化的教义，但一切质疑或不盲从的声音都会被看作是“女权主义的敌人”。

第一，极端女权丧失了女权主义的精神内核。女权主义和极端女权都是欧美女性最先发起的斗争，但女权主义主张的推翻性别压迫、追求男女平等、实现妇女解放，在极端女权看来却只是手段而非目标。极端女权使用了“女权”的名称、嫁接了女权主义的观念，形式上是激进的，内涵上却是排他的、保守的，对于“女性文化”“性别政治”的理解也十分狭隘。极端女权高举“标榜个性”的旗帜，为了反对而反对，更多的是通过宣泄暴力追求利益交换，彻底抛弃了女权主义“让女性变得更好”的精神内核，反而造成了对女性权益的无视和损害。

第二，极端女权是激进女权主义的畸变而非继承。激进女权主义对20世纪欧美社会改革产生过积极影响，在客观上具有时代进步性；极端女权既无自身理论建设，亦对社会进步产生较大危害。激进女权主义影响之大，一度使之成为女权主义的先锋。独立的女性文化是激进女权主义理论建构的基础；极端女权则通常以受害者的姿态出现，通过蛊惑民众、煽动暴力、制造不公换取“唯女性特权”或“人群特权”，引诱更多女性加入同盟，以近乎邪教般的言语和肢体暴力鼓动女性拒绝责任、压迫男性、仇视社会，最终走向了“政治正确”的偏差路径。

第三，极端女权是新自由主义的布道者。女权主义的极端化，代表着女权从资本主义的挑战者向“新自由主义的女仆”转变。作为新自由主义的伴生物，极端女权极力鼓吹“资本主义好”，利己主义、民粹主义和西方意识形态化正在泛滥。利己主义呼吁女性在任何地方争夺利益，使女性沦为利己主义者；民粹主义纵容女性集团扩大影响力不断“绑架”民众，以影响政治和获取资金支持；西方意识形态化使极端女权不断渗透到其他国家，企图向别国灌输西方价值观，制造崇洋媚外的社会气氛。近年来，活跃于中国的极端女权一方面通过吸引信众在网络空间中赚得盆满钵满；另一方面受到境外势力的资助企图大搞意识形态渗透、危害社会的安定团结。

（二）以“拳”牟利的灰色产业链

与欧美极端女权制造矛盾赚取资金支持相似，中国极端女权通过编造“女拳”故事牟取利益。极端女权利用中国人口基数大、网民数量众多的特点，打造“女拳”自媒体平台和大V，以“女拳”言论为载体吸引平台用户关注、增加阅读流量，通过粉丝经济获得巨大经济利益。以“拳”牟利的极端女权尽管在内容上有所差异，捞金的手法却基本相同。

第一，制造焦虑，打造网红。如“咪蒙”以“爽文”制造所谓的“警世通言”，曾在短短6个月时间吸引了近500万粉丝，其“不讨好世界，只讨好自己”“男人们不会长大，只会变老”的“女拳宣言”曾受到许多女性追捧。“Ayawawa（杨冰阳）”迎合了部分女性不劳而获的想法，常年教导女性“外貌就是一切”“利用性别优势嫁个好男人”，源源不断获取关注。“果子狸777”借热点挑动性别对立，其对“离婚冷静期”的误读曾吸引大量人阅读。值得注意的是，“女拳”选取争议性话题大做文章并非仅仅为了得到支持，炒热话题、收割关注才是其最终目的。因此，读者中很大一部分的“女拳”反对者客观上也被自媒体利用了。

第二，变现流量，扩展版图。微信公众号“咪蒙”2018年单篇文章广告费用已达到数百万元，缔造者马凌将触角伸向影视及付费教育等多个领域，并担任多家企业的法定代表人、股东与高管。“Ayawawa（杨冰阳）”向女性提供“情感培训课”，仅公司女高管的白金课套餐每年收费超过50万元。“果子狸777”嘴上喊着各种“主义”，在不断炒作引流的同时却干起了网络带货的生意。

第三，转移视线，指摘政治。“女拳”的尽头是政治。“咪蒙”以虚构“寒门状元之死”制造现实不公；“Ayawawa（杨冰阳）”在“慰安妇”问题上鼓吹“虽然被强暴，但她们还有机会存活下来”的所谓女性“性别优势”；“果子狸777”碰瓷汶川地震和南京大屠杀被微博封号后，以“果子狸7777”卷土重来，声称中国男性“殖民女性”，将其与日本侵华相提并论。极端女权与逆向民族主义的结合并非偶然，背后与境外势力的勾结是“女拳”灰色产业链最邪恶和最隐蔽的增长点。

相关链接

"咪蒙"微信公众号是一个由咪蒙创办的自媒体平台，号称"女拳教主"，曾经拥有大约 1400 万的关注人数，在社交媒体上引起广泛关注和争议。该公众号主打烹制毒鸡汤，所发布的文章通常以情感和个人关系为话题，多将女性描绘成情感脆弱、被动和依赖他人的形象，而男性则被描绘为情感麻木、不负责任的形象。该公众号一方面试图煽动女性对男性的仇恨情绪，鼓吹女性使用暴力手段来解决问题；另一方面，向社会传达一种极端利己和注重物质享受的价值观。其本质上是对女性权利和价值观的戕害。2019 年 3 月 30 日，咪蒙公司正式解散。

"Ayawawa（杨冰阳）"自称"情感教主""妇女之友"，以两性关系为讨论主题，在社交媒体上积累了大量的粉丝，然而她倡导的观点与女权主义背道而驰。她常常强调男女的性别差异，认为男性在感情和婚姻中更有优势，女性应该依赖男性，通过相貌、身材和所谓的"情绪价值"来吸引男性注意，从而攀附男性以获得幸福和成功。她推崇一种不择手段、自卑自贱和自我物化的女性价值观，将女性定义为男性的附属品，忽视了女性自身的价值和能力，使女性更难以追求自身的发展。

"果子狸 777"是新浪微博上的"女拳大 V"，被称为所谓的"微博女拳鼻祖"。她多次发表极端言论，认为男性和女性是完全对立的阵营，将男性一概而论地视为压迫者和敌对者，并往往将所有问题归结为性别问题，借此煽动性别对立；同时散布贪图享受、不劳而获等观念，鼓吹女性不婚不育、离婚反婚的价值观。此外，"果子狸 777"还对汶川地震、南京大屠杀等民族伤痛事件发表不当言论，最后被封禁账号。其新申请的微博账号"果子狸 7777"也于 2020 年 7 月 7 日后不再更新。

（三）极端女权背后的“黑金”与黑手

极端女权团体在国内兴风作浪，“金主”“教官”却在境外。近年来，境外反华势力对中国极端女权的资助越发呈现公开化和高频化的趋势。被中国封禁的拥有 12 万粉丝的“女权之声”微博和拥有 5 万粉丝的“女权主义”百度贴吧，其背后有福特基金会、乐施会的资助；俄乌冲突以来，海外中文社群 ChongLangTV 发起“大翻译运动”，将极少数网友的不当言论翻译成英文，通过名为“中国怎么了”（SupChina）的境外反华造谣网站大肆制造中乌对立的流言，抹黑中国男性、挑动乌克兰反华情绪，此类行为背后均有美国国家民主基金会、索罗斯基金会、福特基金会的资助；借“唐山打人事件”时间点发布指责中国女性权益报告的澳大利亚战略政策研究所（ASPI），仅一年就接受美国国务院资助近 140 万澳元，且全部用于反华项目。

名词解释

美国国家民主基金会（National Endowment for Democracy，NED）：由美国政府出资，于 1983 年在华盛顿成立的非政府组织。其宗旨是促进及推动全球的所谓“民主化”，并向相关的非政府组织及团体提供资助。以美国国家民主基金会为首的美国非政府组织是美国“民主输出”战略的“马前卒”，其目的是颠覆目标国政权、扶植亲美政权，将“美国式”民主制度移植到这些国家。

福特基金会（Ford Foundation）：福特基金会表面打着“非政府组织”的旗号，实际上是美国中央情报局“白手套”。该机构致力于在世界各地煽动“颜色革命”，并且赞助各种反华组织。1951 年，福特基金会为了协助美国中央情报局搜集远东方面的信息，建立了“中国学”的研究基地。仅 1959 到 1970 年间，福特基金会资助对中国的研究就达

2300 万美元。20 世纪 80 年代，福特基金会发展“福特人才培养计划”，资助大量国内学者、人才到美国著名大学进修，为后发国家培养新自由主义理论家等。1988 年 1 月，福特基金会在北京设立了中国办事处，涉及领域逐渐增多，如女权、生态环保等。其资助的学者、精英多在意识形态领域鼓吹所谓“普世价值观”“宪政论”等。近年来，多个乱港组织的资助方都能追溯到福特基金会。

索罗斯基金会（Soros Foundation）：成立于 1979 年，总部位于美国纽约，同时在全球各地设有办事处。索罗斯基金会通过资助非政府组织、媒体机构和社会运动对特定政治议程进行推动，通过“颜色革命”来推行西式民主制度，以实现自身的利益和意识形态目标。2003 年格鲁吉亚的“玫瑰革命”、2004 年乌克兰的“橙色革命”、2010 年的“阿拉伯之春”以及祸港乱港的一系列乱象背后都有其身影。

澳大利亚战略政策研究所（Australian Strategic Policy Institute，ASPI）：成立于 2001 年，作为智库机构标榜“独立”“无党派”，但却打着“学术研究”的幌子长期接受反华势力资助。据该机构发布的 2020—2021 年度所谓“年报”显示，其经费来源超八成来自澳大利亚和其他西方国家政府。近年来该机构不遗余力地炮制大量反华议题和危言耸听的言论，打造意识形态阵地煽动反华情绪，是披着学术外衣的反华“急先锋”。

乐施会（Oxfam）：全称“牛津饥荒救济委员会”（Oxford Committee for Famine Relief）。1942 年创立，总部在牛津，是英国最大的几家慈善机构之一，在英国之外的澳洲、中国香港等 17 个国家和地区都有分支。作为境外的非政府组织，乐施会捐助的女权组织包括“女权之声”“尖椒部落”等。“女权之声”曾假借“女权”之名在中国互联网上采取颠倒黑白、煽动性别仇视等一系列极端手段蛊惑人心、扰乱社会，于 2017 年前后被各类平台封杀。

在资助中国极端女权的基金会名单中，有一些是反华的常客。例如，福特基金会惯于在世界各地煽动“颜色革命”；被称作“换了马甲的中情局”的美国国家民主基金会不遗余力地向全世界推行“美国式”民主制度，培植各国反政府势力。以美国国家民主基金会为例，就其官网公布的 2019 年资助的中国本土非政府组织（Non-Governmental Organization, NGO）来看，赫然排在第一位的就是“促进女性权利”（Advancing Women’s Rights）组织。美国国家民主基金会声称该组织的目的是通过举办讲座、开展国际宣传，在中国倡导和提高国际妇女权利意识；并利用各种现有平台和建立的网络，开展提高国际社会对中国妇女权利问题认识的运动。事实上，“促进女性权利”组织就是西方“金主”支持下的极端女权团体，致力于培养中国的极端女权，抹黑中国的妇女发展事业，对中国形象产生了极坏的影响。

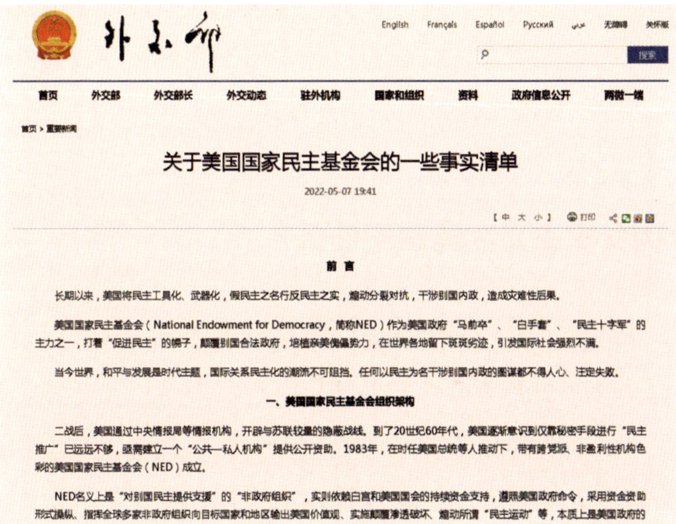

关于美国国家民主基金会的一些事实清单

2022-05-07 19:41

前言

长期以来，美国将民主工具化、武器化，假民主之名行反民主之实，煽动分裂对抗，干涉别国内政，造成灾难性后果。

美国国家民主基金会（National Endowment for Democracy，简称NED）作为美国政府“马前卒”、“白手套”、“民主十字军”的主力之一，打着“促进民主”的幌子，颠覆别国合法政府，培植亲美傀儡势力，在世界各地留下斑斑劣迹，引发国际社会强烈不满。

当今世界，和平与发展是时代主题，国际关系民主化的潮流不可阻挡。任何以民主为名干涉别国内政的图谋都不得人心、注定失败。

一、美国国家民主基金会组织架构

二战后，美国通过中央情报局等情报机构，开辟与苏联较量的隐蔽战线。到了20世纪60年代，美国逐渐意识到仅靠秘密手段进行“民主推广”已远远不够，亟需建立一个“公共—私人机构”提供公开资助。1983年，在时任美国总统等人推动下，带有跨党派、非盈利性机构色彩的美国国家民主基金会（NED）成立。

NED名义上是“对别国民主提供支援”的“非政府组织”，实则依赖白宫和美国国会的持续资金支持，遵照美国政府命令，采用资金资助形式操纵、指挥全球多家非政府组织向目标国家和地区输出美国价值观、实施颠覆渗透破坏、煽动所谓“民主运动”等，本质上是美国政府的

作为中国反华势力幕后黑手的美国国家民主基金会已经受到了我国政府的严正关注。2022 年 5 月，外交部在其官网重磅发布《关于美国国家民主基金会的一些事实清单》（下面简称《清单》），以大量确凿事

实，揭露了美国国家民主基金会的真面目。《清单》称，中国一直是美国国家民主基金会渗透颠覆活动的重点目标之一。2020 年美国国家民主基金会官网公开数据显示，其在一年中向与中国有关的 69 个项目提供 1000 多万美元，妄图推动各类危害中国政治社会稳定的活动“落地”。其中美国国家民主基金会涉疆项目炒作新疆“人权危机”，利用“增强妇女和青年在宣传和公民参与方面的能力”项目对维吾尔族妇女、青年两大群体进行重点培训，传授反宣造势技巧、手法，挑唆其对华开展反宣活动。

可以看到，境外势力资助中国极端女权不是一起个案，而是一场借人权话题针对中国的意识形态战争。极端女权的始作俑者贼喊捉贼，在干预别国内政的同时，将本国利益凌驾于他国利益之上，以践踏和牺牲他国人权满足自身需要。其目的是搅乱中国舆论，借机指责中国人权，鼓吹“洋人至上”优越论，以所谓的“女权”大搞民族虚无主义、价值虚无主义和家庭虚无主义，试图通过意识形态渗透引导社会文化、危害国家安全，在中国大搞文化殖民和精神殖民。

四、伪女权主义究竟想干什么?

女权主义跨越阶级和种族界限，以推翻社会对女性的压迫、争取女性合法权益、消除全人类男女不平等、实现妇女解放为己任。伪女权主义与女权主义的内容和任务背道而驰。伪女权主义看重政治利益和群体边界，以获取个人好处、制造女性特权为目标，不仅不能消除男女不平等，反倒加剧了性别对立，使妇女解放更加难以实现。由此可见，伪女权主义不是真女权，并且使真女权陷入了更深的被误解与被歧视的处境，是彻彻底底的假女权!

（一）崇尚利己主义，拒绝责任义务

中国自古崇尚“天下兴亡，匹夫有责”的责任观。进入新时代，“爱国、敬业、诚信、友善”作为中国公民思想道德基础和价值追求，引领着公民维护整体利益、注重个人与群体相协调的责任义务观。与中国主流的责任义务观不同，伪女权主义想要在个人、家庭和社会等各种环境中实现利益最大化，试图通过突出女性身份、宣扬女性特权来逃避责任、争名逐利，实际上是彻头彻尾的“利己主义”。

第一，追求个人利益。以无差别争夺女性权益为主张的伪女权主义，也可称为“女性利己主义”（“女利主义”）。女性利己主义者没有统一的是非观，主要依靠女性身份追逐利益。当有利可图时，女性利己主义者会放大女性权益，占领道德高地要求得到男性的照顾。“你负责赚钱养家，我负责貌美如花”“宁愿坐在宝马车上哭，不愿意坐在自行车上笑”等大言不惭的表达，其生成逻辑无外乎利用女性身份和特质将个人非正当的权益诉求合理化。现实稍有不顺其心意之处，女性利己主义者就会以性别歧视的受害者姿态出现，或将所有未满足其需求的状况归因于重男轻女，或痛斥现实对女性群体的“压迫”。这种大搞特权论、大打悲情牌的女性利己主义，不仅破坏了社会业已形成的促进性别平等的良好环境，而且导致了“其他一切群体权益都应让位于女性群体”的畸形思潮的出现。伪女权主义者不关心其他女性的生存状况，在其自居“女权”争夺利益的背后，是女性群体中占较低比例的女性利己主义者的自私自利。这种做法助长了特权论的歪风邪气，模糊了群体利益和个人需求之间的差别，使真正遭受不公的女性无法被发现、被解救。女性利己主义者会加深和强化传统社会对女权主义及女权主义者的刻板印象，即将真正的女权主义看作矫揉造作、无利不往，将真正的女权主义者比作妖魔鬼怪、褒姒妲己。这些行为不仅异化和抹黑了真正追求性别平等的举动，而且会造成对轻视妇女观念和妇女权益受损现象的漠视与放任。

第二，挑战家庭伦理。以解除乱伦禁忌为例。通常认为，解除乱伦禁忌会对人的行为和心理结构产生影响，且可能会给儿童带来伤害。但也有人鼓吹，解除乱伦禁忌可以消灭“俄狄浦斯式”[①]的家庭境况。解除乱伦禁忌的观点一经提出便受到强烈抨击。然而，少量的极端女权者仍在试图宣扬“解除乱伦禁忌”这一可怕的思想。从更多伪女权主义者的主张来看，其挑战家庭伦理不是为了重新举起激进女权主义的大旗、改变所谓的父权制阶级传统，而是借用激进女权主义的外壳包装自己，目的在于逃避一切有关家庭的义务与责任。挑战家庭伦理的伪女权主义者通常分为两类。第一类以“恐婚症”“恐育症”患者自居，一旦网络上出现有关“家暴”“出轨”“不孝”等的社会新闻，便全盘否定恋爱、婚姻、家庭与生育的意义，大肆宣扬不婚不育是杜绝冲突的唯一方式。第二类奉行“开放式婚姻”，即认可男女结合的基本家庭形式的存在，但漠视一夫一妻的现代法律制度，弘扬“出轨女性解放观”，对内不负责，对外不拒绝，作为父母甚至对子女的成长教育漠不关心。两者虽表现形式不同，但就内容而言，都是女性利己主义的表现。特别是对于母亲是否应该履行职责的问题，西方女权主义也早已从旧有的把“母亲职责当作被迫义务”的观念中实现了“革命性的转变”，主张“消除性别歧视是解决男性不共同参与或者根本不参与抚养小孩这一问题的方法”，认为无论是父母共同抚育或是女性独立抚育子女都应得到同样的尊重。然而，女性利己主义弘扬的却是“不负责”“漠不关心”的态度，由此也可看出其实质并非真女权。

第三，拒绝社会责任。激进女权主义自诞生起关心的就是女性或女性主义对社会文化的重构、对社会责任的重塑和社会利益的再分配。而

① 俄狄浦斯在不知情的情况下杀父娶母当上国王，但最终了解实情。他不肯原谅自己，在母亲自杀后刺瞎双目，远走他乡。这种血亲间的婚姻关系在许多文化中都被视为道德和伦理的禁忌。

女性利己主义者则只关心社会利益的再分配，对社会文化的重构、社会责任的重塑并不关心。在重构社会文化方面，女性利己主义的支持者宣称提倡“女性至上”或“女性特权”就是创造一种新的文化；然而稍加分析就会发现，这类极端女权的观点只是对“性别歧视”的“复辟”，本质上主张的是与传统“男权制”并无差别的“女权制”的意识形态。在重塑社会责任方面，女性利己主义无明确主张，常以逃避和推脱面对。在公共空间和工作场合中，一句“我是女的，你必须让着我”“我是女生，所以我干不了”就将所有分内职责抛开，伤害的不仅是与其相关联的男性，本质上更是借由女性身份搞特殊化，损害他人和集体利益，扰乱社会生态和公共秩序。

（二）制造性别不公，贩卖仇恨流量

伪女权主义以“女性灯塔”自居，宣称自己是“当代的女权主义”。这种所谓的“主义”，背后都是利益在作祟。在美国，政策俯首于“政治正确”，共和党和民主党轮流表现出拉拢女性群体的态度；这导致女性公民集团不断壮大、分裂、畸变，变本加厉制造群体不公以换取政治利益。在中国，虽然缺少了西方“政治正确”的生长土壤，但由于人口众多且互联网产业发达，流量市场蓬勃发展，伪女权主义也使出了一套通过制造群体不公换取经济利益的“组合拳”。

第一，制造对立话题，扩大自身影响。针对 2022 年 4 月的“极端女权事件”，“共青团中央”官微严肃批评了极端女权制造“性别对立”以吸引流量、借机敛财的实质。我们不禁会问，为什么极端女权没有选取更能反映重男轻女现象的事件进行批评，反而以图片上没有展现女性为借口，对一组以“每一代青年都无愧于时代”为主题，反映长征、抗美援朝、开凿红旗渠等重大历史事件的图片大肆抨击？事实上，这组图片当中并非没有女性，极端女权之所以颠倒黑白，其背后的逻辑值得警惕。“共青团中央”官微是一个粉丝数量超 1700 万、粉丝整体偏年轻化

共青团中央
2022-4-12
【声音：#极端女权已成网络毒瘤#！】

近期，一组以"每一代青年都无愧于时代"为主题，反映长征、抗美援朝、开凿红旗渠等重大历史事件的图片，居然被某些人大肆攻击"故意忽略女性"，闹得沸沸扬扬……他们有意忽视图片中的女性，制造对立。更有甚者，居然对新闻编辑人员实施"人肉搜索"，进行"网络暴力"——这些所作所为，已经完全突破底线，激起了公愤。

"极端女权"兴风作浪久矣。虽然每次"发作"都能蒙蔽不少网友，好在时间越长，其真面目暴露越明——凡事都能莫名其妙往"女权"上引的人，并非"脑回路"坏了，更不是真心维护女性权益，而是通过制造"性别对立"吸引流量、借机敛财。曝光度、爆款文以及隐藏其后的灰色产业链……一次次让"女拳"们名利双收。

"极端"，不是维护权益之道，却是有些人的歪门邪道。近期一连串事件表明，"极端女权"已经越来越猖獗，毒性越来越剧烈。全网齐心切除"毒瘤"，还网络一份清朗，已经刻不容缓！收起

且具有官方性质的微博大V，极端女权者借助“共青团中央”官微的政治影响力散播性别不公的假象，吸引了一批年轻网民查看和参与评论，迅速扩大了自身的影响力。无独有偶，在网络声讨问题教科书的同时，“女拳”又借此机会将脏水泼向《新华字典》。极端女权认为《新华字典》关于“玩弄”一词以“玩弄女性”举例属“低俗色情”，以此煽动网友和执法部门声讨出版社。仔细观察就会发现，网络极端女权热爱制造政治话题并大放厥词，在具体的妇女保障问题上却难有建设性意见。这反映出网络极端女权并不关心中国妇女解放的实质性进展，只是通过制造性别对立的话题，借助媒体扩大自己的影响力，从而吸收一群信众和读者，以再制造出一波更大的话题。“共青团中央”官微也揭露了这一现象的实质——凡事都能莫名其妙往“女权”上引的人，并非“脑回路”坏了，其背后是令“女权”们一次次名利双收的“曝光度、爆款文以及隐藏其后的灰色产业链”的狂欢。

第二，营销“女拳”文化，培植“女拳”产业。中国的极端女权通过制造网络暴力吸引关注、扩大影响，目的绝不仅仅是培育若干爆款话题或“女拳”网红。其更高的目标是通过培育极端女权文化，实现“女拳”的产业化。极端女权虽表现强势，但营销的是一种弱势或者畸形文化。2021 年，一则“近 3 万一节课的小三培训班”新闻登上热搜。此事一经曝光，极端女权的新样态走入公共视野。这些昧着良心赚钱的培训机构和那些所谓的“导师”们，根本就不考虑培训的女孩将来是否幸福、最终能否实现自我价值。在不断刷新“三观”、突破道德底线的背后，

“女拳”文化产业正在形成，极端女权还尝试在更广阔的公共消费市场中培植“女拳“文化。这一套“拳法”在欧美极端女权团体那里已经奏效并收获巨大经济利益，中国“女拳”的做法是对欧美“女拳”的模仿。欧美极端女权制造性别对立的话题，通过营造受害者的形象博取大众的同情与支持。在联合弱势群体和少数族群方面，极端女权将自身置于残障人士、跨性别人群、有色人种之列，通过控诉和制造事端使更多人成为自己的支持者。

（三）搅乱社会秩序，挑战国家安全

西方通过意识形态渗透颠覆别国政权的历史经验让我们确信，活跃于中国网络的极端女权绝不是自发与偶然的。其内容复杂、花招百出，服务于反华势力的黑手，目标就是利用舆论搅乱社会秩序，严重挑战中国的国家安全。

第一，寻衅滋事，违反法律。极端女权分子对“共青团中央”官微撰文批判“极端女权事件”的编辑进行人肉搜索和人身攻击，以及对“共青团中央”官微进行围攻和辱骂均已经构成寻衅滋事罪；反复罔顾事实对国家消防部门和公安部门等高危性和高体力型特殊岗位所造成的男多女少的招考比例进行攻击，大肆传播极端性解放价值观，都属于严重破坏社会秩序的行为。同时，极端女权将婚育女性称为“婚驴”“胎器”反复对其进行谩骂和精神损害，频繁围绕“某女性博主的子女冠姓权”实施攻击和骚扰，都属于违反《中华人民共和国妇女权益保障法》的情节。通过极端网络暴力，这些中国“女拳”在互联网上造成了严重的社会影响；其目的是通过掌握网络舆论，挑拨性别对立，破坏中国社会的安定团结，撕裂中国人民共同努力实现的稳定局面。网络不是法外之地，这些行为已经上升到违反法律、刑事犯罪的高度。

第二，鼓吹“洋人至上”，煽动国家分裂。贬低男性价值是极端女权的惯用手法。然而中国“女拳”并非贬低所有男性，其对中国男性和

洋精子代孕："洋人至上"的周边产业

白人男性的态度截然相反：对中国男性大肆贬低，对白人男性则极尽推崇。“洋人至上”的背后，隐藏的是西方意识形态的渗透和对中国人权的指摘与威胁。首先，推崇“洋人至上”的西方价值观。一面散播“中国男人为什么这么丑”“中国男人配不上中国女人”等言论；一面宣传“欢迎健康洋人留学”“不婚不育，女性不限人种，但只交白人男性”等价值观。极端女权在大力踩踏中国男性以制造弱势、贩卖焦虑的基础上，不断引导中国女性献媚外国男性。与此同时，一门“与洋人交友”的生意悄然开启，一些非法中介和个人充当“情感掮客”，为被“洋人至上”迷惑的中国女性提供与外国男性建立关系的机会。需要警惕的是，通过“奴化”中国女性为国外男性提供性服务的境外团体已经出现，一场有组织有预谋的围猎中国女性的罪恶活动正在进行。“围猎中国妇女”的周边产业，如“洋精子代孕”“赴美生子业务”等近年来也在中国社会暗流涌动。

这还不是极端女权主义者的最终目标。此前被封禁的极端女权组织“女权之声”的主要操纵者之一——洪理达公开支持“港独”，创始主编吕频转发“港独”媒体声援“女权之声”的内容；“对抗中国的女性先锋”许秀中 2016 年加入澳大利亚战略政策研究所，发表多篇歪曲新疆社会实情的文章。“黄皮白里”的“洋人至上”主义，本质上是一场关乎西方意识形态渗透和颠覆中国的战争。受境外势力资助的中国极端女权，假借“妇女解放”之名，鼓吹性别对抗、煽动民族对立，不断挑战着中国国家安全和社会安定。

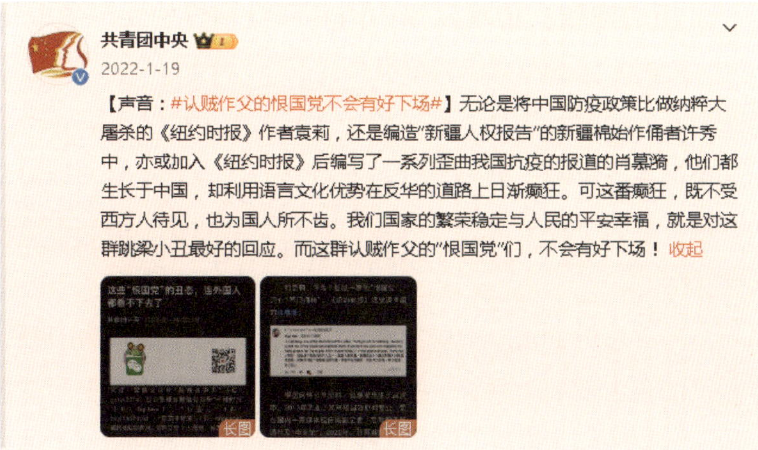

五、如何进一步促进妇女发展、抵御伪女权主义的思想毒害?

女权主义作为西方的舶来品，曾对19—20世纪中国的妇女解放产生积极影响。而在当今社会，同由西方传入和主导的伪女权主义却在毒害着中国女性，破坏着中国社会的安定团结。中国始终高度重视促进男女平等和妇女事业发展。党的二十大报告强调，坚持男女平等基本国策，保障妇女儿童合法权益。2022年10月30日，《中华人民共和国妇女权益保障法》修订通过，为加强和改进党对妇女工作的领导，建立并完善以立法保障妇女权益、以政协协商推动妇女事业发展的工作机制，提供了强有力的政治保障和制度机制保障。理解中国妇女解放的伟大成就，揭露伪女权主义的真面目，认真做好妇女权益保障工作，是中国进一步促进妇女发展、男女平等和人的全面发展的前提条件与任务要求。

（一）历史回望：传承发扬中国共产党领导妇女解放取得的宝贵经验

与西方女性不断向当局争取应得权益的历史不同，中国共产党自建党之初就提倡男女平权、鼓励女性投身革命。建党百年来，中国共产党领导妇女解放取得了伟大成就，创造了男女共享共建共治的中国特色社会主义民主制度。

第一，注重思想引领。中国共产党以马克思列宁主义为引领，以促进全体人民的自由发展为目标，从建党之初就将女性纳入中国革命的主体。中国共产党的成功离不开中国女性，中国女性摆脱封建礼教的束缚、以全新姿态登上历史舞台也离不开中国共产党的领导。在坚持男女平等基本国策和促进妇女解放的思想引领下，建党以来的各个时期均涌现了一批批先进的妇女代表。她们是新中国妇女追求理想、顽强拼搏的精神写照，影响着一代又一代中国女性投身于社会主义建设和民族复兴的伟大征程。

第二，出台法律，提供制度保障。中华人民共和国成立 70 余年来，我国先后颁布了多部法律保障男女平等和妇女合法权益。1950 年的《中华人民共和国婚姻法》是我国颁布的第一部法律，其中对男女婚姻自由、夫妻家庭地位平等、夫妻双方对于家庭财产有平等的所有权和处理权进行了明确规定。1954 年颁布的宪法也明确规定妇女在政治、经济、文化、教育等各方面享有与男子平等的权利。新中国先后出台的《选举法》《劳动法》《继承法》《教育法》等也均对男女平等做出了明确规定。1992 年颁布后又经 2005 年、2018 年、2022 年三次修订的《中华人民共和国妇女权益保障法》和 2015 年颁布的《反家庭暴力法》及同年通过的刑法修正案（九）废除嫖宿幼女罪，均从法律上加强了对女性的保护。除此之外，全国各地妇联组织、妇女儿童工作委员会，《女职工劳动保护特别规定》及地方省市的女职工保护条例都在维护着妇女的正当权益。

延伸阅读

大山里的女校长张桂梅

2008年8月，华坪女子高级中学建成，9月正式开学，张桂梅担任校长，并吸引来了16名教职员工。华坪女子高级中学是全国第一所全免费的公办女子高中，教师工资和办学经费均由县财政保障，学校建设由教育局负责。学校招收的主要是完成九年制义务教育后无法继续求学的山区女生。

知识在山里人的心中究竟是什么分量？张桂梅直言："女孩子受教育，是可以改变三代人的。"而为了改变命运，张桂梅与老师们付出的"几乎是生命"。

2014年，因为胳膊疼得抬不起来，张桂梅停止了授课，转当后勤。她既是校长，也是保安，每天拿着小喇叭，催促学生起床吃饭做操。每年寒暑假，她都坚持到贫困山区家访，把"知识改变命运、文化摆脱贫困"的理念带进大山。

张桂梅说："当听到学生大学毕业在为社会作贡献时，我们觉得值了。不管怎样，我救了一代人，不管是多是少，她们过得比我好、比我幸福，就足够了，这对我是最大的安慰。"

第三，促进全面协调发展。妇女是国家各项事业的重要建设者。建党以来，中国共产党支持妇女运动同盟，破除制约女性发展的封建陋习，尊重女性选择，组织女性扫盲，发动女性参与革命，推动女性参与公共政治事务，承认女性价值，重视女性需求，保护女性权益，使女性在社会生活的方方面面得以协调发展，共享社会主义建设的发展成果。党的十八大以来，以习近平同志为核心的党中央继续坚持男女平等基本国策，不断完善全社会参与的妇女工作机制，深化工会、共青团、妇联等群团组织改革和建设，有效发挥桥梁纽带作用，充分考虑两性的现实差异和妇女的特殊利益，在促进妇女全面发展方面作出了新的贡献。

（二）正本清源：以进一步贯彻男女平等基本国策为根本方向，促进妇女全面发展

伪女权主义近年来不断触及社会底线，不仅无法助力妇女解放，反而产生了奴化和物化女性的现象。对抗伪女权主义，消除极端女权的不良影响，必须从实际出发，坚持男女平等，认清男女有别，切实维护好广大女性的合法权益。

第一，坚持男女平等，认清男女有别。我国坚持贯彻男女平等的基本国策，女性在政治、经济、文化、社会和家庭等各方面均与男性享有同等的权利、负担同等的义务。同时，基于生理构造的不同，男性和女性在社会分工，特别是在家庭和职场的选择中具备不同优势。有人指摘我国公安、消防等部门部分岗位女性招考人数少或录取比例低。可对比就会发现，无论是欧美国家还是日韩等国，公安、消防岗位女性比例均远低于男性，这是由岗位的强度、危险性和工作内容决定的。在男女平等的基础上认可男女有别，能够更好地发挥各自性别优势并形成互补，进而共同推进社会生活的进步。

第二，保障女性权益，支持妇女发展。2021 年 9 月，国务院印发《中国妇女发展纲要（2021—2030 年）》（简称《妇女纲要》），对全面保障中国女性权益提出新的组织实施要求。党的二十大报告强调，重视女干部培养选拔工作，发挥女干部的重要作用。可见，“保障女性权益，支持妇女发展”在我国绝非一句空话。在发展中保障妇女权益，靠发展改善妇女民生，实现妇女事业和经济社会同步发展，党和国家切实在行动。在看到妇女事业取得历史性新成就的同时，也必须认识到我国社会主要矛盾发生了历史性变化，妇女群众对美好生活的需要日益广泛，

妇女发展的不平衡不充分问题仍然突出。完善妇女权益保障法，打击违法犯罪行为，充分发挥妇女在全面建设社会主义现代化国家中的“半边天”作用，保障妇女平等依法行使民主权利、平等参与经济社会发展、平等享有改革发展成果，推动妇女走在时代前列，是抵御外部风险和极端思潮的需要，也是营造更加平等、包容、可持续的内部环境的要求。

（三）去伪存真：坚决揭露和反对伪女权主义

进一步贯彻男女平等基本国策，更好地理解和巩固中国妇女解放的伟大成就，必须对伪女权主义予以坚决打击，揭露和消除伪女权主义的危害。

第一，认识女权主义和伪女权主义的区别。要认清伪女权主义的危害，就要了解女权主义的发展史和内容精神。女权主义经过多次分化发展，到 20 世纪下半叶尽管呈现出激进的倾向，但总体来说仍是一种反抗压迫、促成平等、推动社会进步的力量，已经形成了丰富且独立的女性文化和理论成果。伪女权主义不仅批判男性，同样威胁和损害女性的生存发展；不仅不能促成平等，反倒是破坏平等、造成社会动荡的因素。伪女权主义制造和传播消极、阴郁、放纵的价值观，粗暴地对一切异己力量实施暴力、对同类力量实施奴化，在加深了社会对立的同时，也践踏了女性的价值与尊严。

第二，揭露和批判伪女权主义的实质。必须认识到，近年来活跃于中国网络的伪女权主义并非“散兵游勇”，而是有预谋地煽动民众、实施犯罪。作为利己主义者，制造话题、打造所谓的“女性同盟”、传播极端利己价值观，吸收信众、扩大影响、赚取流量，在经济上获取巨大利益。作为种族主义者，贬低中国男性、冲撞中国政府，接受西方资助，大搞意识形态渗透，传播所谓自由主义价值观，指摘中国人权，危害国家安全。找出中国“女拳”的幕后黑手，理清其行动逻辑、掌握其犯罪事实、揭露其颠覆实质，有利于广大群众认清伪女权主义的真面目，自觉抵御极端女权的威胁。

第三，坚决反对网络伪女权主义。依靠行政手段，限制伪女权主义泛滥；加强法律监管，严惩极端女权违法犯罪。要压实互联网企业的主体责任，绝不能让互联网成为传播有害信息、造谣生事的平台。对于故意制造性别话题、挑动性别对立的个人或群体，应加强网络审核，限制其网络发表的权利。对于实施网络性别暴力构成寻衅滋事、勾结境外团体危害国家安全的行为，要依法追究其刑事责任。

第四，讲好中国女性故事，弘扬社会主义性别平等观。彻底消灭极端女权在中国的影响，有赖于社会治理的执行和法律制度的完善，更有赖于社会主义性别平等观和妇女解放价值观的弘扬。弘扬社会主义性别平等观的可为之举包括，讲好中国女性故事，挖掘更多女性时代楷模和妇女代表的生动案例；展现中国妇女运动成就，支持更多反映男女平等和妇女解放的优秀文艺作品生产传播；加强新时代中国妇女精神的国际传播，创造更多优秀女性参与中国国际事务和展露自身风采的机会；坚持“妇女能顶半边天”，引导中国社会树立女性“大有可为、大有作为”的时代精神；向世界提供男女平等和妇女发展的中国方案，为民族团结和世界人权平等贡献中国智慧。

（四）开创未来：以人的全面发展为理想目标，以自由平等为价值取向，继续做好妇女权益保障工作

习近平同志曾经深刻指出：“人，本质上就是文化的人，而不是‘物化’的人；是能动的、全面的人，而不是僵化的、‘单向度’的人。”[①] 进一步推进男女平等和妇女解放，是对马克思主义“人的全面发展”思想的践行，亦是中国特色社会主义民主制度的体现。深化社会治理，继续完善妇女权益保障工作，树立正确的婚育观，是抵御外部侵蚀、实现

① 习近平：《之江新语》，浙江人民出版社 2007 年版，第 150 页。

民族复兴的有力保障和潜在动能。

第一，坚持马克思主义“人的全面发展”思想在意识形态领域的引领作用。“代替那存在着阶级和阶级对立的资产阶级旧社会的，将是这样一个联合体，在那里，每个人的自由发展是一切人的自由发展的条件。”① “人的全面发展”思想，既是马克思对全人类最深沉的期待，亦是马克思主义理论宝库中最耀眼的明珠。应当坚持中国特色社会主义妇女发展道路，坚持“以人民为中心”的发展思想，坚持马克思主义“人的全面发展”思想在意识形态领域的引领作用，引导妇女树立“大有可为”的价值观，切实为女性解放创造更多更良好的空间。

第二，践行自由平等的社会主义核心价值观。进一步在全社会培育自由平等的价值理念，提高女性争取合理权益的能力；创造公正法治的制度环境，改善女性特别是偏远地区女性的生存状况，培养女性懂法用法的能力；弘扬以爱国主义为核心的民族精神、以诚信友善为核心的公民道德，弘扬社会主义先进性别文化，助力社会主义民主法治实现；加强家庭家教家风建设，加强和改进未成年人思想道德建设，充分发挥妇女在家庭生活中的独特作用，推动社会主义核心价值观在家庭落地生根。

延伸阅读

人社部、国家卫健委、最高检等联合发布文件
为“她”温暖守护

为指导用人单位完善工作场所女职工特殊劳动保护和消除工作场所性骚扰制度，切实保障广大女职工合法权益，同时为检察机关开展妇女权益保障公益诉讼提供参考，2023年3月8日，人力资源和社会保障部、国家卫生健康委、最高人民检察院、全国总工会、中国企业

①《马克思恩格斯选集》第1卷，人民出版社2012年版，第422页。

联合会/中国企业家协会、全国工商联联合发布了《工作场所女职工特殊劳动保护制度（参考文本）》《消除工作场所性骚扰制度（参考文本）》。

《工作场所女职工特殊劳动保护制度（参考文本）》共 7 章 26 条，以简洁明了的条文形式，对工作场所女职工劳动就业保护、工资福利保护、生育保护、职业安全健康保护等核心内容进行了一一列举。同时，为保障工作场所的正常生产秩序，对履行程序给出规范指引。

《消除工作场所性骚扰制度（参考文本）》共 7 章 20 条，分别对性骚扰定义及主要表现行为、公开承诺、宣传培训、职工举报投诉、调查处置、工会参与监督等主要内容予以明确。同时，指导用人单位对举报投诉人和调查处置工作予以保密，注意保护个人隐私权，通过采取调整工作岗位等措施，避免对受害者造成二次伤害。其中，第 2 条指出，本制度所称的性骚扰是指，违反他人意愿，以语言、表情、动作、文字、图像、视频、语音、链接或其他任何方式使他人产生与性有关联想的不适感的行为，无论行为实施者是否具有骚扰或其他任何不当目的或意图。第 14 条规定，对性骚扰实施者的处置措施包括警告、调整工作岗位、依法解除劳动合同等。涉嫌触犯有关法律法规的，移送司法机关处理。

两个参考文本，是将"条文中的法"落实转化为"现实中的法"的重要载体和有效途径，为用人单位将法言法语转化为广大职工读得懂、弄得通、可操作的具体行为规范提供了操作指南，有利于打通法律落地的"最后一百米"。

第三，加强社会治理，继续完善妇女权益保障。我国妇女发展事业任重道远，中国妇女权益保障仍有继续完善的空间。当前，妇女权益保障的基层治理仍存在短板，性别平等观念仍有待进一步普及。新修订的《中华人民共和国妇女权益保障法》中对性骚扰的规制成为增加最多的内容之一。相关行政执法部门应提高妇女权益保护的意识与能力，加强对危害女性现象的社会治理力度，对涉嫌违法犯罪人员予以严厉打击，

对失职渎职公职人员进行严肃问责，切实保障被害人员的合法权益，使女性能够自由平等放心地享有安全和谐的公共空间。目前，“县级以上地方各级人民政府根据中国妇女发展纲要，制定和组织实施本行政区域的妇女发展规划，并将其纳入国民经济和社会发展规划”，“县级以上人民政府应当将妇女权益保障所需经费列入本级预算”，等等要求也纳入《中华人民共和国妇女权益保障法》，为妇女权益提供了具体的政策保障和物质支持。

第四，树立文化自信，切实做好相关教育工作。进一步将先进性别文化纳入繁荣发展社会主义先进文化的整体安排，加强全民普法，提高妇女用法律保护自身的意识，提高损害妇女权益须承担法律责任的意识。《中华人民共和国妇女权益保障法》明确“将男女平等基本国策纳入国民教育体系”也为今后的工作提供了指导。有必要加强性别教育，编写或修订相关教材，将男女平等作为学习内容融入义务教育阶段，使学生形成正确的社会主义性别平等观。同时，开展高校婚恋教育课，加强青年婚恋教育，引导青年形成正确的择偶观、婚恋观和生育观。建立生育支持政策体系，降低生育、养育、教育成本，为青年人提供相应的生育体系支持等，切实增强全社会男女平等意识、形成尊重和关爱妇女的社会风尚。

妇女是人类文明的开创者、社会进步的推动者，是全面建设社会主义现代化国家的重要力量。社会主义的妇女发展，本质上关乎人的自由解放。尊重和保障人权是中国共产党人的不懈追求。面对如今网络上肆虐的伪女权主义和西方对我国人权问题的指责，我们要坚定“四个自信”，始终高举马克思主义“人的全面发展”思想和新时代“以人民为中心”的发展观，将性别平等落到实处，依法保障妇女合法权益，不断破除束缚妇女发展的桎梏，加强妇女保障的社会治理意识，提高妇女保障的治理能力，让社会主义的制度优势在全体女性中得到充分彰显，从而不断发挥妇女的积极性、主动性、创造性，推动妇女为强国建设、民族复兴持续奋斗。

深度阅读

《习近平关于妇女儿童和妇联工作论述摘编》，中央文献出版社 2023 年版。

习近平：《促进妇女全面发展　共建共享美好世界》，《人民日报》2015 年 9 月 28 日。

习近平：《在联合国大会纪念北京世界妇女大会 25 周年高级别会议上的讲话》，《人民日报》2020 年 10 月 2 日。

（执笔人：张亮、江珮）

后记

本书在编写过程中，得到有关部门负责同志与专家学者的大力支持。尚庆飞、唐正东、姜迎春、王智、王兵等同志提出了宝贵意见。本书还参考、借鉴了国内外有关专家学者的研究成果。中共江苏省委宣传部理论处负责本书的具体组织工作。

编　者

2024年5月